人文社科

经典文选导读

高建平　主编

清华大学出版社
北　京

内容简介

本书从浩如烟海的古今中外经典作品中精选出 16 篇选文，这些经典文选覆盖文学、历史、哲学、经济学、法学、教育学等领域，致力于让大学新生对人文社科经典有概略性了解，有利于大学生树立核心价值观，为大学生的成长提供正能量，并为大学生进一步学习人文社科知识提供入门级向导。本书共 16 章，每章分为 4 节，第一节为作者及作品介绍，介绍选文的作者和主要内容；第二节为原文选读，提供选文原文，必要时提供一定的注释；第三节为选文讲解，对选文的意义做提要性阐释；第四节为阅读思考与延伸阅读，向大学生深入学习提供阅读建议。

本书可供普通高等院校文、理、工、医等各专业本科一年级大学生阅读学习，也可作为人文社科通识课程的教材。

图书在版编目(CIP)数据

人文社科经典文选导读 / 高建平 主编. —北京：清华大学出版社，2020.9（2025.10重印）
ISBN 978-7-302-56484-3

Ⅰ. ①人… Ⅱ. ①高… Ⅲ. ①人文科学—文集 ②社会科学—文集 Ⅳ. ①C53

中国版本图书馆 CIP 数据核字(2020)第 181233 号

责任编辑： 王　定
封面设计： 周晓亮　纪劲鸿
插　　画： 刘　文
版式设计： 孔祥峰
责任校对： 马遥遥
责任印制： 杨　艳

出版发行： 清华大学出版社
网　　址： https://www.tup.com.cn，https://www.wqxuetang.com
地　　址： 北京清华大学学研大厦 A 座　　**邮　　编：** 100084
社 总 机： 010-83470000　　**邮　　购：** 010-62786544
投稿与读者服务： 010-62776969，c-service@tup.tsinghua.edu.cn
质 量 反 馈： 010-62772015，zhiliang@tup.tsinghua.edu.cn
印 装 者： 三河市人民印务有限公司
经　　销： 全国新华书店
开　　本： 190mm×260mm　　**印　　张：** 18.25　　**字　　数：** 376 千字
版　　次： 2020 年 10 月第 1 版　　**印　　次：** 2025 年10月第 4 次印刷
定　　价： 79.80 元

产品编号：086971-02

本书编委会

主　编： 高建平

编　委： (按姓氏笔画排序)

王　帅	孔庆平	叶　亢	刘　文
纪劲鸿	李　均	李　龚	李　健
李大华	李明伟	肖海涛	余　洋
余树苹	张　霁	张克听	陈　文
钟若愚	袁　磊	柴　婕	曹清华
隋　艺	黎业明		

序

《人文社科经典文选导读》是为刚刚跨入大学之门的学生准备的一份礼物。同学们可能会问：什么是大学？是中学学习的延长？是，又不是！进入大学，要继续学知识，这像中学；但大学的学习又与中学很不一样。大学要分专业，要进入一个个专门的系科，学习专业知识。大学阶段的学习，也会使学生在个性、思维方式和习惯、兴趣和爱好等方面留下深深的烙印，这些印记会跟随一生，并因此成为一位在数学、物理、化学、生物、计算机、人文、艺术、传媒、法律、经济或其他某个学科中“科班”出身的人。

专业的知识要学好，这极其重要。要学一行，会一行，精一行。但是，这还远远不够。大学不是某个专科的培训班，不是某种专门知识的高密度强化班，而是学生全面成长的地方。中国传统儒家哲学讲究“学以成人”。学知识很重要，“成人”更重要。现代意义上的“成人”至少包括三个方面的内容。

第一，要有现代人所具有的全面的知识，有受过大学阶段教育的人应有的一般意义上的博雅通识。学习各种学科的知识，还要融会贯通。有知还要有识，有智还要有慧。增加了知识，增强了智慧，提高了对事物的感悟能力，就使一个人的整体素质水平上了一个台阶，也使一个人的知识结构更加完善。

第二，要通过知识的平衡，达到心灵的健康。不同学科的知识起着互补的作用，同样，对不同学科知识的学习也是一种心灵成长过程中的调节。人的身体的生长需要蛋白质、脂肪、碳水化合物、各种维生素和微量元素的平衡供给，人在体育运动中，也是让全身心，从肌肉到内脏器官得到锻炼。同样，人的心智的成长，也需要各门学科基础知识所提供的全面发展的机缘。一个人的成就能有多大，取决于基础有多扎实，而基础是由各门学科的知识积累而成的。

第三，自由、全面的发展造就优质的社会成员。孔夫子曾经说：“君子不器。”朱熹注解：“器者，各适其用，而不能相通。成德之士，体无不具，故用无不周，非特为一才一艺而已。”人要成“器”，有专门的才能，但“君子”却有更高的要求，不能仅“成器”，还要“成人”。大学正是造就全面发展的人才的地方。孔夫子还说，“不学诗，无以言。”朱熹注解：“事理通达，而心气和平，故能言。”孔子以诗为例，说明不学习不能言。朱熹讲的是知识和融会贯通，以及由此产生的心理修养。只有通过对各门知识的通识性了解，提高见识，才能成为社会共同体的合格一员。追求人的自由、全面发展也是马克思主义的核心价值。在《共产党宣言》一书中，马克思、恩格斯指出，在未来的社会中，“每个人的自由发展是一切人的自由发展的条件”，并称这是“新社会的本质”。

知识的不足，还是需要知识来弥补。要做到这一点，就要跨越学科的藩篱，接触各门学科知识。

编纂本书的基本出发点就是提升大学生的知识素养，健全大学生的知识结构。为此，我们精选了人文和社会科学的一些经典文本，并做了必要的注释和讲解，供不同学科和专业的同学们阅读，同时还推荐了延伸阅读的书目。

全书共十六章，可分为六部分，其中有六章选文系中国作者所著，有十章选文系国外作者所著，所收录的内容覆盖文学、历史、哲学、经济学、法学、教育学等学科。

第一部分包括第一、第二和第三章，选文分别来自《论语》《庄子》和《典论·论文》，主要介绍古代中国的思想和文学。在先秦时期，出现了学术上的“百家争鸣”，涌现出众多的学派。《史记》中讲《论六家要旨》，概述了最有影响的阴阳、儒、墨、名、法、道德六家，《汉书·艺文志》中则记载有 189 家，共 4324 篇著作，说明当时曾有过一个学术上繁荣的时代。德国学者雅斯贝尔斯说，从公元前 800 年到前 200 年在当时的几个文明古国有一个“轴心时代”，中国的“诸子百家”就是在这一时期诞生的。

在这些学派中，最有影响的是儒和道两家。儒家的经典有被称为“四书”的《论语》《大学》《中庸》和《孟子》，以及被称为“五经”的《诗经》《尚书》《仪礼》《易经》《春秋》；道家的经典有《老子》（《道德经》）和《庄子》。本书从儒家的《论语》和道家的《庄子》中各选出一些段落做讲解。

《论语》是孔子的学生们记录的孔子的谈话录。全书内容丰富，这里仅选了其中的一个点，即强调“学”。从“志于学”开始，论不仅要“学”以致用，而且要“学”以成“人”，学以成“仁”。本书还从《庄子》中选了几则故事，分别讲述了一些人生哲理，如“大”与“小”、“道”与“技”、“直”与“曲”，等等。

本书所选的这些篇目，绝不能概括先秦诸子思想的全貌，但我们还是希望它们能引导同学们进入古代中国思想这一丰富多彩的园地。

在第一部分，我们还特别挑选了一篇文论的文章，即汉魏之交曹丕的《典论·论文》。中国古代的文学很发达。在先秦时期有《诗经》和楚辞，在汉代有汉赋和乐府民歌。在从先秦到两汉的这一漫长的时间里，还出现了许多史传性和议论性的文字，记叙生动，议论精妙，语言华美，具有高度的文学性。

丰富的文学作品促进了文学评论的诞生。先秦有众多关于《诗经》，以及关于诗与乐、诗与礼关系的论述，汉代有著名的《毛诗序》，还有许多关于楚辞和汉赋的论述。到了魏晋和南北朝时期，出现了一些重要的文学评论作品，其中特别值得注意的，除了《典论·论文》外，还有陆机的《文赋》和刘勰的《文心雕龙》。

曹丕的《典论·论文》是一篇文学批评专论。该文表达了文人各有所长，不要“相轻”而要“相重”，各自努力，以文章立身，实现名垂青史的追求等意义。文章语言简洁，内容精要，是古代文论的名篇。

第二部分包括第四、第五和第六章，选文均选自古代希腊的名著。第四章选自荷马的《伊利亚特》。相传由荷马所作的《伊利亚特》和《奥德赛》两大史诗是古希腊文明的源头。《伊利亚特》讲述希腊联军跨海远征特洛伊的故事，《奥德赛》则讲述参加希腊联军的一位将领奥德修斯在战争结束后返回家乡途中的经历。希腊的文学，除了两大史诗外，还有众多的悲剧、喜剧及抒情诗。本书从《伊利亚特》中节选了一段，讲述了阿基琉斯从因愤怒而拒绝出战，到抑制个人情绪回到战场参加决战的故事，刻画了阿基琉斯性格成长变化的过程。

第五章的选文节选自柏拉图的《枚农篇》。古希腊哲学大致产生于公元前六世纪初，从提出水是万物本原的泰勒斯，到主张数是万物本原的毕达哥拉斯学派、否定运动和变化的巴门尼德、强调万物皆变的赫拉克利特、提出原子论的德谟克利特，各领域均出现了众多的哲学家。与“百家争鸣”的中国先秦时期一样，这些哲学家提出了丰富多样的哲学思想，使希腊成为哲学的摇篮。这些思想后来在雅典得到了汇聚，出现了以苏格拉底、柏拉图、亚里士多德为代表的三代哲学家，希腊哲学发展到了顶峰。他们所建立的学园，成为后来学术研究机构的典范。

本书在柏拉图的众多对话录中挑选《枚农篇》，主要说明柏拉图对知识和学习的理解。在这里，我们可以看到柏拉图对他著名的“理念论”的论述。世界是多样的，在这“多”中，要把握“一”。这种“一”，是事物的本质和原型。关于学习，柏拉图强调“学习即回忆”。尽管学习要求知，但真正的学习是反求诸已，追求自我灵魂中的真善美的彰显。

第六章的选文节选自修昔底德的《伯罗奔尼撒战争史》。古希腊时期，在历史学方面有两本最著名的书：希罗多德的《历史》和修昔底德的《伯罗奔尼撒战争史》。《历史》是一部关于当时希腊人所知的世界的通史，相当于中国的《史记》，具有崇高的地位。《伯罗奔尼撒战争史》记载的是一段长达三十多年的，对于希腊人来说令人伤心的故事。在经历两次与波斯人的战争以后，希腊的实力增长到了顶点，特别是在雅典，建立了帕台农神庙祭祀众神，显示出其超越其他城邦的崇高地位，戏剧、雕塑和哲学都达到了高度的繁荣。雅典的强大，引发了与另一个强大城邦斯巴达的战争，这本书所讲述的就是这两强相争，并相互削弱的故事。最终，民主的雅典暴露出它的种种弊端，以武力立国的斯巴达战胜了雅典，但自身也实力受损，希腊众城邦最终被来自北方的马其顿征服。

第一和第二部分从上古时期中国和古希腊时期选文，分述两个文明源头的情况。在这里，我们要强调说明，中国与希腊并非是世界上仅有的两个文明的源头。世界的文明有着多重起源，黄河和长江流域的中国，印度河和恒河流域的南亚次大陆，幼发拉底河和底格里斯河流域的苏美尔、阿卡德、巴比伦等多国，以及波斯、埃及，都是文明古国。依照雅斯贝尔斯的轴心理论，在那一时期，除了中国文明和希腊文明外，还有希伯莱、印度、波斯等众多的文明，留下了大量的文献。本书仅从中国与希腊选出一些文献进入读本，但这丝毫不意味其他文明没有留下可读的材料。相反，这恰恰说明本书编选之难，面对浩翰的经典，我们只能感叹本书容量的有限性。

第三部分包括第七、第八和第九章，主要介绍清朝和近现代中国的经典选文。选文分别节选自《红楼梦》《少年中国说》和《补天》，这也只是从众多经典文本中选出的三篇而已。

第七章的选文节选自曹雪芹的《红楼梦》。《红楼梦》是一部文学名著，被列为中国古典长篇小说四大名著（其他三部为《三国演义》《水浒传》《西游记》）之首。中国明清时期有很多优秀的小说，除了这几部以外，还有《聊斋志异》《儒林外史》《封神演义》等。在所有这些小说中，《红楼梦》被公认是最为杰出的一部。这部小说无论从思想深刻性方面，还是从艺术水平方面，都代表着中国古代小说的最高水平。本书从《红楼梦》中节选了一个片断，细致地讲述了小说中复杂的人物关系，介绍了作者如何栩栩如生地刻画了人物性格的多重性特点，以及作者“草蛇灰线、伏脉千里”的艺术技巧。

第八章选取了梁启超的《少年中国说》一文。梁启超是近代中国著名的政治活动家和学者。他一生经历丰富，早年与康有为等维新人士推动变法改良运动。戊戌变法失败后流亡国外，继续从事爱国、救国运动和维新思想的宣传。辛亥革命后，梁启超回到国内，积极参与政事，曾成功挫败袁世凯称帝的图谋。他在学术上涉猎广泛，卓有建树，一生笔耕不辍，有千万余言《饮冰室合集》存世。中华民族是一个古老的民族，在清末处于内外交困、民族危亡之际，很多仁人志士呼唤国家通过改良而新生，恢复少年的活力。这篇《少年中国说》气势昂扬，激发面向未来、积极乐观的精神，发出了时代的强音。

第九章的选文节选自鲁迅的《补天》。鲁迅是现代中国的著名作家。他的作品包括小说、散文及散文诗、论文论著，以及杂文等多种，很多文章被选入中小学教材，为人们所熟知。《补天》一文原登在小说集《呐喊》中，取名《不周山》，后从《呐喊》中取出，放入《故事新编》一书，并改用现名。这部小说通过讲述“女娲补天”这一古代神话故事，采用了“神”与“人”对照的方法，揭露了作为封建卫道士的“人”的猥琐、虚伪和装模作样，表现了以自然的人和理想的人为代表的“神”的高大形象，以及充沛的活力和行动力。

第四部分包括第十、第十一和第十二章，主要涉及到经济学和法学。这两个学科的内容非常丰富，在当代也极其发达。限于篇幅，本书只节选了几位著名作者的经典文本。

第十章的选文节选自英国古典政治经济学家亚当•斯密的《国富论》。《国富论》是经济学的奠基之作、古典经济学的经典之作、市场经济理论的创始之作。这部著作确立了以“富国裕民”为政治经济学的明确目标，主张自由竞争的市场经济制度，是帮助我们深入理解市场经济的逻辑以及当代中国伟大转型历程的经典。选文讲解以分工作为《国富论》论述与分析的逻辑起点，延伸至“看不见的手”及斯密问题。

第十一章的选文节选自马克思的《资本论》，主要阐释了劳动价值的理论。马克思在辩证唯物主义和历史唯物主义的哲学、科学社会主义理论等诸多方面都有重要的发现，在政治经济学方面更是用力最多，影响重大。

第十二章的选文节选自孟德斯鸠的《论法的精神》。《论法的精神》是一部关于法学和政治哲学的重要著作。孟德斯鸠认为，法既是自然界的规律，也是制约人活动的法律，它们都依据理性的原则。他把政府区分为共和、君主和专制三种，并对各种政体的原则进行了分析。在孟德斯鸠的思想中，有两点受到广泛的重视：第一是分权的原则，第二是气候对政治的影响。

第五部分包括第十三、第十四和第十五章，主要介绍近现代的哲学和社会科学方面的选文。近现代的哲学和社会科学包括太多的学科，有太多的名著，我们仿佛是在现代知识的汪洋大海中取出几朵浪花，或者是在现代学术的大森林中摘下几片树叶，以对20世纪丰富多样的人类新知识做一些举例说明。

第十三章的选文节选自美国哲学家约翰·杜威的《艺术即经验》一书。西方哲学史分为古代、中世纪和近现代时期。在古希腊时期，柏拉图和亚里士多德留下了诸多重要著作。在古罗马时期，普罗提诺建构了新柏拉图主义的哲学体系。中世纪的经院哲学也有着丰富的内容，有众多的哲学家，托马斯·阿奎那是当时最重要的哲学家之一。从意大利文艺复兴，到以法国为中心的欧洲大陆上的理性主义，再到英国的经验主义，构成了一个近代哲学的发展线索。真正建立起现代哲学大厦的是康德和黑格尔。在他们之后，19 世纪后半期有叔本华和尼采等人。到了 20 世纪，则出现了众多影响这一世纪美学的重要代表人物。例如，有胡塞尔开始的现象学，有海德格尔、萨特、梅洛-庞蒂等人的存在主义哲学，有维特根斯坦开启的分析哲学，还有以皮尔士、詹姆士、杜威为代表的美国实用主义哲学。《艺术即经验》是约翰·杜威的一部重要的哲学美学著作，该书建立了一种完全不同于康德和黑格尔的美学体系。在杜威的思想中，像海德格尔等人一样，有着对哲学中的生命精神的关注，但他所使用的却是另一套更加平易近人的术语和词汇。我们选择了杜威讨论审美经验的性质的几段文字，重点讲述杜威关于“活的生物”“一个经验”等核心概念，并以此说明审美经验与日常生活经验之间的连续性。

第十四章的选文节选自德里克·安东尼·帕菲特的《理与人》。《理与人》避开自利的伦理学理论，在当代西方哲学界具有重要而广泛的影响力。本章的选文聚焦于对人的历时的“同一性”进行分析，希望通过选文的讲解，使读者了解到思想实验在哲学推理中的重要性，了解现当代哲学探讨问题的分析论证方式，并希望读者能够对现当代哲学产生好奇与兴趣。

第十五章的选文节选自加拿大学者麦克卢汉的《理解媒介——论人的延伸》。媒介与信息的关系，原本是载体与内容的关系。但是，麦克卢汉发现，媒介不仅向我们推送四面八方的信息，还能建构我们周围的现实，框定我们的视野，形塑我们的社会。当下，我们正身处一个高度媒介化的社会和时代，万物皆媒，万媒互联。《理解媒介——论人的延伸》绕开具体的传播内容，从媒介环境切入，洞见社会巨变，既为我们展现了一幅社会变革的巨幅画卷，又为我们理解当下和未来提供了一个别致而开阔的视野。

本书最后一章即第十六章从内容上单独成为一部分，选文节选自纽曼的《大学的理念》一书。在大学教育中，大学的理念是一个基本而有永恒价值的问题，它涉及“大学是什么”“大学应提供什么样的教育”“大学培养应培养什么样的人才”等内容。纽曼明确提出：“大学是教授普遍性知识的场所”“大学的宗旨是提供博雅教育和从事智力训练”等。通常说，现代大学有三大基本职能：人才培养、科学研究、服务社会。其中，人才培养就是由纽曼的大学理念总结和提炼而来。

这部《人文社科经典文选导读》只是大学生学习人文社会科学的“入门向导”。我们希望同学们在大学期间用更多样、更经典、更新型的知识丰富自身，在知识的海洋中，把握自己所学学科的定位，在大千世界中，找到自己的人生座标。

大学是从对知识的爱好开始的，也将以寻找到自我而结束。

祝同学们成功！

高建平

2020 年 7 月

目录

第一章 为学与成人
——《论语》导读

第一节 作者及作品介绍

孔子，名丘，字仲尼，春秋时期鲁国人，是商代贵族的后裔，生活于公元前551年至公元前479年。现有关孔子生平的记载多出自《论语》《史记·孔子世家》《孔子家语》。孔子年幼时便失去父亲，家境贫困，他曾做过管理仓库和牛羊一类的工作，后来因生活困窘，也会做一些粗活（“吾少也贱，故多能鄙事”）。孔子从小热爱并推崇周代的礼，长大后成为颇有名气的礼学专家。他热心救世，以推行周礼为己任，期望能够说服各诸侯继承周礼、以礼治国。孔子给鲁国的当权贵族季氏当过家臣，50多岁时再次被鲁国任用，位至大司寇并摄行宰相的职务。后来孔子失意于鲁定公，55岁开始周游列国，到过卫、曹、宋、郑、陈、蔡等地。在战乱的年代推行礼治仁政，孔子的理想很难实现。孔子提倡有教无类，是我国教育的先行者，是我国历史上第一位伟大的教育家。

司马迁称孔子有弟子三千，“孔门十哲”“七十二贤人”是其中的佼佼者。孔子被后人尊称为“至圣先师”，其“因材施教”等教育理念对教育界产生了深远的影响。

《论语》由孔子的弟子及再传弟子编纂，成书于战国早期。“论”是编纂之义，“语”是言语的意思。《论语》是一本以语录体为主的儒家经典，记录了孔子和他的弟子及同时代人的问题应答，以及孔子的日常行事。《论语》共 20 篇，每篇以开篇的两三字作为篇名，各篇由多个短章组成，没有共同的主题，篇与篇之间也没有一定的顺序。《论语》中的问答内容包括为政、问德、问人等。《论语》在汉代即是初学者的必读书目，至唐代被立为经典，宋代朱熹定《大学》《论语》《孟子》《中庸》为“四书”，进一步确立了《论语》的重要地位。《论语》记录了孔子及其弟子的思想与生活的丰富信息，被认为是中国文化的“心魂”所在，对塑造汉民族文化心理结构起到了无可替代的重要作用，是中华民族伦理共识与文化认同的重要基础。

第二节 原文选读①

一、孔子的自我评价

子曰：“学而时习之[1]，不亦说[2]乎？有朋自远方来，不亦乐乎？人不知，而不愠，不亦君子乎？”（《学而》）

【注释】

[1] 时：可理解为“时常”，但严格来讲，它的意思是“在一定的、适当的时候”。习：在古书中有“实习”“演习”的意思。学而时习之：即学习是有实践性的，学习的重要意义在于实践。

[2] 说：通“悦”。

子曰：“吾十有五而志于学，三十而立[1]，四十而不惑，五十而知天命[2]，六十而耳顺[3]，七十而从心所欲，不踰矩[4]。”（《为政》）

【注释】

[1] 三十而立：指立于礼，懂礼仪，说话做事有把握。

[2] 孔子不是宿命论者，有人评价他为“知其不可而为之”者，但他也认同天命的存在。

[3] 耳顺：有两种解释，一种是可以从别人的言语中分辨真假，判明是非；另一种是可以对善言恶语有同等的接受，不受坏话的困扰。

[4] 从心所欲，不踰矩：指一切心中所想都不逾越规矩，这是很高的境界。

① 选文所据版本：杨伯峻. 论语译注[M]. 北京：中华书局，1998.

子入太庙，每事问。或曰：“孰谓鄹人[1]之子知礼乎？入太庙，每事问[2]。”子闻之，曰：“是礼也。”（《八佾》）

【注释】

[1] “鄹”为鲁之邑名，孔子的父亲叔梁纥曾当过鄹大夫，故称“鄹人”。

[2] 每事问：一般理解为孔子为人谦逊和对礼的敬畏。

子曰：“十室之邑，必有忠信如丘者焉，不如丘之好学也。”（《公冶长》）

子曰：“加我数年，五十以学《易》[1]，可以无大过矣。”（《述而》）

【注释】

[1] 《易》：古代占卜之书。朱熹《论语集注》说：“学《易》，则明乎吉凶消长之理，进退存亡之道，故可以无大过。”此处既可见孔子之好学，也可看到古人对《易》书的重视。

叶公[1]问孔子于子路[2]，子路不对。子曰：“女奚不曰，其为人也，发愤忘食，乐以忘忧，不知老之将至云尔。”（《述而》）

【注释】

[1] 叶(shè)：地名，当时属楚。叶公：即叶地的县长，在楚国算是一位贤者。

[2] 子路：仲由，字子路，又字季路，孔子的学生；孔门十哲之一，以政事见称。

子曰：“我非生而知之者，好古，敏以求之者也。”（《述而》）

子曰：“若圣与仁，则吾岂敢[1]？抑为之不厌，诲人不倦，则可谓云尔已矣。”（《述而》）

【注释】

[1] 孔子被学生及儒家后学圣化，但孔子本人并不自认为是圣人和仁者。在《论语》中，孔子提到的圣人是尧、舜等圣君明主，孔子也不轻许人以“仁”，提到的“仁者”只有六人，即伯夷、叔齐、微子、箕子、比干、管仲。

二、学习的内容

子曰：“弟子入则孝，出则悌，谨而信，泛爱众，而亲仁。行有余力，则以学文。”（《学而》）

子夏[1]曰："贤贤易色[2]；事父母，能竭其力；事君，能致其身；与朋友交，言而有信。虽曰未学，吾必谓之学矣。"（《学而》）

【注释】

[1] 子夏：卜商，卜氏，名商，字子夏；孔门十哲之一，以文学见称，是春秋末期的思想家、教育家。

[2] 贤贤易色：一般的解释是重视贤能的品德并以此交换或改变爱好美色之心。杨伯峻解释为"对妻子，重品德，不重容貌"，这一解释使"贤贤易色"与另外三种关系"事父母""事君""与朋友交"相对应，有一定道理。

子曰："君子食无求饱，居无求安[1]，敏于事而慎于言，就有道而正焉。可谓好学也已。"（《学而》）

【注释】

[1] 食无求饱，居无求安：即君子不以饮食饱足和居处舒适为追求，富足能安享，困窘也能安度，因其心里有不以外在条件为转移的追求。

子曰："古之学者为己，今之学者为人。"（《宪问》）

子夏曰："仕而优[1]则学，学而优则仕。"（《子张》）

【注释】

[1] 优：有余力。

三、学习的目标

有子[1]曰："其为人也孝弟，而好犯上者，鲜矣；不好犯上，而好作乱者，未之有也。君子务本，本立而道生。孝弟也者，其为仁之本与！"（《学而》）

【注释】

[1] 有子：孔子学生，姓有，名若。"子"是尊称，《论语》记载孔子的学生一般称字，唯独曾参和有若称"子"，有可能《论语》就是由他们两人的学生所撰述的，也可能是由于两人在孔子死后曾一度为孔门弟子所尊重的缘故。

子曰："人而不仁，如礼何？人而不仁，如乐何？"（《八佾》）

子曰："参乎！吾道一以贯之。"曾子[1]曰："唯。"子出，门人问曰：

“何谓也？”曾子曰：“夫子之道，忠恕而已矣。”（《里仁》）

【注释】

[1] 曾子：孔子弟子，名参（“参”字流行的读法是 shēn，但也有学者认为应读 cān，通“骖”，与曾子的字“子舆”相呼应），字子舆，比孔子小 46 岁。据传曾参撰写了《大学》《孝经》，在儒学发展史上占有重要的地位，被后世尊为“宗圣”，成为配享孔庙的四配之一。

子贡[1]曰：“如有博施于民而能济众，何如？可谓仁乎？”子曰：“何事于仁，必也圣乎！尧舜其犹病诸！夫仁者，己欲立而立人，己欲达而达人。能近取譬，可谓仁之方也已。”（《雍也》）

【注释】

[1] 子贡：复姓端木，名赐，字子贡；孔门十哲之一，善于辩论和经商。

樊迟[1]问仁。子曰：“爱人。”（《颜渊》）

【注释】

[1] 樊迟：孔子的学生，名须，字子迟，是孔子弟子中七十二贤人之一。

子贡问曰：“有一言而可以终身行之者乎？”子曰：“其恕乎！己所不欲，勿施于人。”（《卫灵公》）

宰我[1]问：“三年之丧[2]，期[3]已久矣。君子三年不为礼，礼必坏；三年不为乐，乐必崩。旧谷既没，新谷既升，钻燧改火[4]，期可已矣。”

子曰：“食夫稻，衣夫锦，于女安乎？”

曰：“安。”

“女安，则为之！夫君子之居丧，食旨不甘，闻乐不乐，居处不安，故不为也。今女安，则为之！”

宰我出。子曰：“予之不仁也！子生三年，然后免于父母之怀。夫三年之丧，天下之通丧也。予也有三年之爱于其父母乎？”（《阳货》）

【注释】

[1] 宰我：宰予，孔门十哲之一，以口才见长，曾因白天睡觉而被孔子骂“朽木不可雕也”。

[2] 三年之丧：指为亲人守孝三年，其实际时间是 25 个月（另说 27 个月）。在

外当官者在父母去世时要回家守孝，在此期间，守丧者的容体、声音、言语、饮食、衣服、居处等方面均有一定的要求。这一礼制的确立，在《礼记·三年问》中讲到，是“称情而立文”，即为了表达对至亲之人逝去的哀伤之情。

[3] 期：音 jī，指一年。

[4] 钻燧改火：《论语集解》中引马融的解释：“《周书月令》有更火之文。春取榆柳之火，夏取枣杏之火，季夏取桑柘之火，秋取柞楢之火，冬取槐檀之火。一年之中，钻火各异木，故曰改火也。”即因不同季节的取火之木不同，因而称“改火”。

四、目标的达成

(樊迟)问仁。曰：“仁者先难而后获，可谓仁矣。”（《雍也》）

子曰：“仁远乎哉？我欲仁，斯仁至矣。”（《述而》）

颜渊[1]问仁。子曰：“克己复礼为仁。一日克己复礼，天下归仁焉。为仁由己，而由人乎哉？”（《颜渊》）

【注释】

[1] 颜回：字子渊，鲁国人，春秋末期鲁国思想家，孔门七十二贤之首，以德行见称，是孔子最得意的门生，被后世尊称为“复圣颜子”。

仲弓[1]问仁。子曰：“出门如见大宾，使民如承大祭。己所不欲，勿施于人。在邦无怨，在家无怨。”仲弓曰：“雍虽不敏，请事斯语矣。”（《颜渊》）

【注释】

[1] 仲弓：冉雍，字仲弓，孔门十哲之一，以德行见称。

樊迟问仁。子曰：“居处恭，执事敬，与人忠。虽之夷狄，不可弃也。”（《子路》）

子曰：“知及之，仁不能守之；虽得之，必失之。”（《卫灵公》）

子张[1]问仁于孔子。孔子曰：“能行五者于天下为仁矣。”“请问之。”曰：“恭，宽，信，敏，惠。恭则不侮，宽则得众，信则人任焉，敏则有功，惠则足以使人。”[2]（《阳货》）

【注释】

[1] 子张：复姓颛孙，名师，字子张，春秋战国时期陈国人，孔门十二哲之一。

[2] 庄重，宽厚，诚实，勤敏，慈惠。庄重就不致遭受侮辱，宽厚就会得到大众的拥护，诚实就会得到别人的任用，勤敏就会工作效率高、贡献大，慈惠就能够使唤人。

子曰："好仁不好学，其蔽也愚；好知不好学，其蔽也荡。"（《阳货》）

子夏曰："博学而笃志，切问而近思，仁在其中矣。"（《子张》）

第三节 选文讲解

本章选取的内容主要围绕一个问题，即孔子之"学"。以往人们的关注点一般放在孔子作为教师，即孔子之"教"上。这里突出孔子之"学"，以孔子对学习的态度和观点作为了解《论语》的一个角度。其中包括四个要点：一是孔子的自我评价，二是孔子对"学"之内容的理解，三是孔子对"学"之目标的设定，四是"学"之目标的达成。

一、孔子的自我评价及对学习的态度

孔子的身份与形象在后人的演绎中呈现出多面性，但其中最为真实且突出的，是他作为中国历史上第一位教育家，也是最著名的教育家，对后世的教育者们产生了深远的影响。孔子在教育领域的突出成就是如何来的？一个很重要的基础是他自身对"学"的爱好与独特体会。"教"体现的是孔子的身份和社会作用，"学"则彰显了孔子的个人喜好与个体魅力。孔子对"学"的执着是一个榜样，也是作为教师"言传"之外的"身教"。

《论语》开篇即讲到"学"："学而时习之，不亦说乎"。这样的编排虽非有意为之，但对于理解孔子其人其学有很重要的意义。纵观全书，"好学"是孔子唯一认可自己并多次强调的优点。《公冶长》篇中说到，"十室之邑，必有忠信如丘者焉，不如丘之好学也"。十户人家的小地方，一定有像我这样又忠心又信实的人，只是都不如我好学。"发愤忘食，乐以忘忧，不知老之将至"，勤奋学习到了"忘食"的程度，乐在其中并几乎忘记了忧愁，也忘记了年龄的增长，是孔子对自己人生所做的朴素又颇有自豪感的总结。虽然弟子们对自己的老师多有推崇，不乏"仁人""圣人"等赞誉，但孔子从不自诩为圣人，甚至觉得自己连"仁人"都谈不上，只不过"为之不厌，诲人不倦"，能够将学习、践行与教学三者坚持不懈罢了。在孔子看来，学习的要点有两个：第一，学习是一件快乐的事；第二，学习是一件需要不断坚持的事。强调这两点意味着孔子有意忽视一般人很看重的因素，即人的天生资质对学习效果的影响。孔子承认人在资质禀赋上有先天的差异，“生而知之”为资质之最优，“学而知之”则是其次。孔子认为自己并非生而知之者，而只是“好古，敏以求之者”。孔子指出自己异于他人的地方体现在对周礼的热爱上，并努力、勤敏地去追求，如此而已。虽然人有禀赋上的差异，但有突出的优势或劣势的人毕竟只是少数，对于大部分人来说，相近多于差异。孔子为人所熟知的“性相近”之说，其中的“性”既指人趋向于善的德性，也指大多数人相差无几的智性。因此，孔子并不强调人的天生资质，而更重视后天的努力，他认为拉开人与人之间差距的是后天的学习和不懈追求。对学习的热爱与坚持贯穿孔子的一生，从“十有五而志于学”“五十而学易”到“子入太庙，每事问”，无一不体现孔子勤学好问的学习态度。所谓“志于学”，不应理解成以学习为志向，而是立下了志向，并以学习为实现其志向的途径，为实现自己的抱负而学。可以说，“学”是孔子的生活方式，孔子是活到老学到老的典范。

二、学以成“人”

孔子对学习的热爱，源自他对所学内容的热爱。孔子所讲的“学”与人们现在的“学”在内容上有很大的区别。孔子对“学”有过这样的描述：

子曰：“弟子入则孝，出则悌，谨而信，泛爱众，而亲仁，行有余力，则以学文。”

子夏曰：“贤贤易色；事父母，能竭其力；事君，能致其身；与朋友交，言而有信。虽曰未学，吾必谓之学矣。”

子曰：“君子食无求饱，居无求安，敏于事而慎于言，就有道而正焉。可谓好学也已。”

孔子在这三句话中区分了两种“学”以及这两种学的先后关系：一种是道德伦常的学习与实践，另一种是知识性的学习。与现代人强调学习知识与技能不同，孔子所讲的“学”，首先是学习人之为人的处世之道，这是以上三句话所表达的共同内涵。从对长辈、兄长的尊敬，到对君主的尊重与服从，再到与朋友的相知与诚信，每种关系都有与之相应的相处方式与态度。处世之道的学习以家庭为中心，层层外扩。对人有“礼”，对事持“敬”，对己则不求口腹之欲、行住之安，认真做事，谨言慎行，并多向别人学习。第二句和第三句中提到，“虽曰未学，吾必谓之学矣”“可谓好学也已”，可见这种对处世之道的学习并不是当时人们所一致认同的，而是孔子所强调的，是他所认为的重点。在孔子看来，人之为人有一个重要的前提，得先成为一个“人”，为了成为一个真正的人所进行的德性培养，这是必须要做，而且必须是首要的学习内容，是“成人”之学。第一句中提到“行有余力，则以学文”，这是第二种类型的学习，即知识性的学习，在古代主要是指对“六艺”的学习，即礼、乐、射、御、书、数。“文”的学习是当时的贵族阶层都会进行的活动，是大家所认可的“学”，但孔子认为这一类学习内容的重要性在德性修养之后。

“成人”之学有两种方式：一种是在日常生活中耳濡目染，另一种是对《诗经》《礼记》等经典的学习。不管哪种方式，学习的效果都可以在日常的待人接物中体现。它不是在书斋中由老师专门传授，不是学院派的学习，也不是某种技能的训练。儒家的另一个代表人物朱熹对此有过相应的探讨，他认为教育应先“以事教”，然后再“以理教”。他在《童蒙须知》中讲到，15 岁以下孩童的学习内容主要是生活习惯和与人相处的行为举止的培养，“教人洒扫、应对、进退之节，爱亲、敬长、隆师、亲友之道”。这是将“成人”之学放到日常生活中，磨炼并践行。做到人之为人的基本要求后如还有余力，才开始学“理”，这也算是对孔子为“学”观点的进一步延伸，只不过到朱熹时已经将此正式纳入“教”的范围。

现代的教育以学习知识与技能为主，以升学和工作为目标，所学的内容都是外化的，知识性与应用性是重要标准。孔子虽也认可“学而优则仕”，认可对财富与地位的合理追求，但这不是孔子所关注的重点，更不是“学”的终点。就像前文所讲，人应先讲孝悌，有余力才去学文。同样道理，“仕”也是有余力才去做，是随之而来的可能性，并非一开始就设定的目标。孔子十分推崇古人的学习态度，“古之学者为己，今之学者为人”。所谓“为己”，不是从利益的角度上讲。古人多解释为“履而行之”，即“学”之为要在于能践行，将所学的道理作为自己立身行事的准则和依托。或者如后人所探讨的，学的目的在于“觉”，追求对人对事的省思和觉悟，而不是为了诉诸言语或在人前炫耀。简言之，为己和为人的区别在于，前者专注于个人心性修养的提升和人伦道德的践行，后者则重视学成之后可能获得的声誉和利益。现代学者认为，孔子及后来儒家学者所崇尚的“学”是“身心性命之学”，这种“学”的重点是自我成就、自我实现、自我满足，它不以外在的标准、世俗的眼光为转移，追求的是尽善尽美。

三、学以成“仁”

“仁”是孔子之学的目标，也是《论语》的核心概念。孔子重“礼”，但在礼崩乐坏的春秋时期，“礼”的仪式已经执行不下去，“礼”的内涵也已经丢失，为什么要循“礼”是一个需要解答的问题。孔子曾感慨：“人而不仁，如礼何？人而不仁，如乐何？”礼的产生与古代的祭祀活动有关，最初是人向鬼神致敬祈福的简单仪式。经过慢慢演变之后，礼所服务的对象由神转向人，它们的功能也由最初事神致福的“神人之事”变成“别尊卑，序长幼”的人间事务。礼以玉帛和钟鼓等为仪式之表征物，但玉帛和钟鼓代表的只是形式，而非“礼”的内涵。在历史的长河中，礼的形式和内涵并非一成不变，而是在缓慢地发生变化，礼的意义也在不断被赋予。孔子重礼，并努力对为什么要循礼提出了自己的解答，他用“仁”来解释礼在周之后仍适用的合法性。在孔子的思想中，“仁”比“礼”更重要，没有了“仁”，礼乐也只剩躯壳而没有了灵魂。孔子在坚守传统礼仪时，更重视的是对其内在德性的建构，其核心便是“仁”。

什么是“仁”呢？《论语》中所有的概念范畴都没有一个完整、精确的定义，“仁”也是如此。我们可以先从一个例子来看“仁”的内涵，即上文所引《阳货》篇中宰我对“三年之丧”的质疑。这是一个反例，讲的是“不仁”，但我们可以从中看到“仁”的核心要义。宰我向孔子提出疑问，认为子女为父母守丧的时间太长了，应该将三年改为一年，以免影响正常的工作和生活。孔子反问宰我，你在守丧期间享美食、穿华衣，是否能心安。当宰我回答“安”时，孔子斥其为“不仁”。在孔子看来，守丧三年是丧亲者心理状态的行为表达。父母初丧时，子女们感到伤心难过，处于一种灰暗而悲伤的情绪中，食不甘味，闻乐不喜。子女之所以会如此伤心，是因为父母与子女之间的血缘亲情，因为父母在子女成长过程中无微不至的关照。为什么是三年呢？孔子的解释是，幼儿离开父母的怀抱需要三年的时间，因此当父母离去之时，我们也用三年的时间来回报。这是孔子依据当时的特定语境所做的回答，并非真的以此三年抵偿彼三年，父母和子女之间的感情有更长的时间积淀。三年之丧之所以天下通行，并非因为它是一种礼制、一种规定，相反，正是出于人的自然情感，出于亲人之间不可分割的爱。因此有“称情而立文”之说，礼仪之制定，因于人情。孔子所努力的是试图恢复、阐发礼之“义”。随着时代变迁，必定有很多礼仪形式如守丧三年一样不具备可行性，墨子也讥笑儒者对丧礼的固守如婴儿般愚昧。孔子为维护不合时宜的“礼”做出了很大的努力，他用温暖的情与心作为“礼”的内涵，试图为“礼”的保存寻找人性化的依据。他所看重的并不是“礼”之为“礼”，而是“礼”背后所体现的“人”之为“人”，而成“人”即是成“仁”。

“仁”是人最基本的自然情感的体现，同时也是儒家安身立命的根本。孔子对什么是“仁”有过一个最简洁的回答：爱人。“仁”在《论语》中有各种各样的描述，孔子随机作答，答案常因人因事而异，但其中最基本的原则是不变的，即“仁”中的“爱”。这种爱以家庭为原点，以孝悌为践行仁的根本(孝弟也者，其为仁之本与)，孟子也认为仁之实质在于侍奉亲人(仁之实，事亲是也，未有仁而遗其亲者也)，如此等等，都在表达仁最基本的，也是最核心的内涵。仁爱从家庭内部出发，由孝到爱人，由爱自己的亲人到爱亲人之外的人，将“爱”由内而外层层推扩。因此，儒家很注重由己及人的“推”，在人讲推爱，为政则重推恩。曾子指出，孔子一以贯之的道是“忠恕”之道。“忠”表述为“己欲立而立人，己欲达而达人”，自己希望有所建树，同时也愿意帮助别人去建立、去完成他们的目标。“恕”则表达了相反的一面，其内容是“己所不欲，勿施于人”，自己所不喜欢的事物，不强加于别人。“忠”和“恕”是“仁”的重要内容，也是当代伦理学的宝贵思想资源。与“忠”相比，“恕”所表达的人与人之间交往的态度更符合现代人的生活经验。在 1993 年召开的世界宗教议会大会所制定的《走向全球伦理宣言》中，“恕”被视为“金规则”，成为当代重要的道德行为原则。从伦理学的角度来看，“忠”有特定的适用范围，一般指下级对待上级的“效忠”，或朋友、夫妇之间的忠诚；“恕”则有更广泛的适用性，是所有人际关系中都可能用到的态度和相处方式，有更普遍的伦理意义。同样是由己及人，“忠”和“恕”都是高尚的道德要求，其中体现着对自己的深刻认知、对他人的尊重，这种尊重的表现就是——我把你当成自己来对待。但问题是，我们如何判断这是最大的善意？如何知道人们真的具备这种“同感能力”？又如何避免因“由己及人”而可能导致的将一己之意愿强加给别人？面对这样的质疑时，“恕”比“忠”更有优势。“恕”的通俗表达是，你不希望别人这样对待你，你就不要这样对待别人。“勿施于人”中的“勿”字是关键，它所导致的结果可能恰恰是没有结果，即不会有明显的动作、行为，不会有直接的后果。这比起“忠”所表现出来的互相推动、互相成就的强势意愿，更符合现代人不喜欢被规定、被驱动的心理特征，因而也更具有普适性。

由孔子开始，儒家就有一种推己及人的愿望，如大家所熟知的孟子的“老吾老以及人之老，幼吾幼以及人之幼”（《孟子·梁惠王上》），又如《大学》中的“修身、齐家、治国、平天下”，《中庸》中的“成己”“成物”，都是这种“推”的表现。有研究者认为，“仁”是一种人道主义思想，不无道理。以自然情感释仁，由仁释礼，可见孔子所执着的并非礼，而是礼中蕴含的仁爱之义。仁爱既包括对家人的小爱，也包括对家国的大爱。不能爱家何以爱国，孔子及儒家对家的重视，某种意义上也是因为他们对国的重视。

四、“仁”之达成

“仁”以爱为基础，以“推爱”为方式，同时又表现为人的各种品质。《论语》中多处提到“仁”的具体特征，如恭、宽、信、敏、惠、勇等，这些都是“仁”的表现，但都只是各占一面。冯友兰先生曾说，孔子所说的“仁”不是指某一种德行，而是指一切德行的总和。但作为德行总和的“仁”多少有些高深莫测，这里借用深圳大学王立新教授对“圣”的评价：“高于俗而不离于俗，入于俗而不流于俗”，这一句用来讲“仁者”也很合适。如果要说区别，应该是“仁”比“圣”离俗更近。仁离俗有多近？关于这一问题，《论语》中有两段对话值得注意。

仲弓问仁。子曰：“出门如见大宾，使民如承大祭。己所不欲，勿施于人。在邦无怨，在家无怨。”

樊迟问仁。子曰：“居处恭，执事敬，与人忠。虽之夷狄，不可弃也。”

这两段文字都是弟子向孔子请教什么是仁，孔子的两次回答看似不同，实际内容是一致的。“出门如见大宾，使民如承大祭”和“执事敬”，讲的是做事情的态度，即现在所讲的工作、行事的作风。对待工作要怀敬畏之心，再小的事情也要当成大事来认真对待。“己所不欲，勿施于人”和“与人忠”，讲的是与人相处的原则，前者是互相尊重，后者是互相促进。“在邦无怨，在家无怨”和“居处恭”，讲的是日常居处谦恭而不抱怨，类似现在所讲的心态平和。对待工作严肃认真，对待他人忠心诚恳，日常生活端正庄严，这些都是“仁”。因此，与其说“仁”是一种遥不可及的道德要求，不如说它是出自于人的内在情感并可以实现于日常生活的道德行为。《论语》中的“仁”是德行的实践，而不仅停留于语言文字，“仁”体现在日常生活的细微之处。

仁是学的目标，反过来，学也是成仁的保障。子夏说：“博学而笃志，切问而近思，仁在其中矣。”“仁”的达成是一个一心一意学习的过程，是人们思考并力行的结果，简言之，这个过程就是学、思、行。这里还涉及一个重要的问题，即知识与道德的关系问题。苏格拉底说“美德即知识”，西方哲学从苏格拉底、柏拉图到康德之前，大体是以讲知识的态度来讲道德，没有把知识和道德做一个明确的区分。孔子则对此做了厘清。“好仁不好学，其蔽也愚”，孔子重视学习，以之为成“仁”的重要基础。“学”的展开，包括知、思与智，即知识的增加、思考的提升和智慧的增长。孔子并没有把美德等同于知识，也没有把知识等同于智慧，而是将两者的关系进行了有效的区分。知识和智慧以道德(仁)为目标，同时又是成就道德的基础和保障。孔子又说：“知及之，仁不能守之；虽得之，必失之。”因此，道德也为有效学习和保持智慧的正确使用提供重要指导。

除了学习并践行不怠之外，“仁”的达成有一个重要的动力因素：“己”的意愿和决心。“学”是为“己”，能否成仁也是由“己”。汉学家芬格莱特在他的《孔子：即凡而圣》中对“仁”有如下表述：“‘仁’其实就是一个人决定遵从‘礼’”，“‘仁’就是一种关怀的形式。……‘仁’的关怀就是‘是否你有志于仁’”。这一说法源自《论语》中的这两段：

子曰：“仁远乎哉？我欲仁，斯仁至矣。”

颜渊问仁。子曰：“克己复礼为仁。一日克己复礼，天下归仁焉。为仁由己，而由人乎哉？”

关于“克己复礼”有两种解释：一种是克制自己(的私欲)，复归于礼；另一种是将“克”字解释为“能”，即“己能复礼”，自己能主动地遵循礼，而不是被动地接受礼。后一种解释的好处是更着重人的自主性，能更好地与“为仁由己，而由人乎哉”呼应，强调了“仁”是个人的积极愿望而非消极接受。但两种解释归根结蒂都与“己”相关。欲仁而仁至，只要你开始有“为仁”的愿望，开始在生活中进行“仁”的实践，那你就走在了通往“仁”的道路上。“仁”从来不遥远，仁由爱而发，由礼而立，由己而成。“仁”从来都是关于“己”，与其说仁是道德要求，不如说这种要求只有一个，即个体的道德自觉。“仁者先难而后获”和《中庸》中的“力行近乎仁”相似，当个体有了“仁”的愿望之后，身体力行，付出努力，才能越来越接近仁，才能有所收获。“学”和“仁”说的是同一件事，为己，践行，成仁(人)，这就是孔子所理解的成人之学。

“学”是孔子的毕生所行，仁则是他的终生所求。为学与为仁的统一是《论语》的核心内容，既表现了孔子的思想观念，也是整个儒家伦理思想的关键。孔子的关注点始终是“己”，其伦理思想更接近于“德性伦理”，或称“美德伦理”。以修养自身为目的的美德伦理，强调的是内在自觉而非外在规范，它以典范(如圣人)为学习的榜样，强调示范的作用。它是自足的，重视自觉和践行，不需要超越性存在的制约。我们把导读的重点放在理解孔子“为学”和“为仁”的日常性和实践性，只从“人”的角度来阅读《论语》。只有把孔子从某个特定的身份中解绑，由“神”“圣”回到“人”的层面时，他的思想和精神才对所有人都有启发、有意义。中外学者不乏从这个角度来看待、描述孔子的，相关的著作如《圣者凡心》《孔子：即凡而圣》《去圣乃得真孔子》等，都是希望在“圣”之余看到孔子“凡”的一面，以期对孔子有更真实的理解，对他的思想的现代意义有更准确的把握。

经典之为经典，正是因为它可以在跨越千年的历史中不断进行诠释，常读常新。《论语》不是一个关乎知识的文本，它不提供精确的概念，但给予了一个宽阔的空间，是关于个体生命、德性修养的思考和实践。期待大家在阅读《论语》时不仅可以感受到孔子的所学、所好、所乐，更能从中得到属于自己的感悟，品味到既善又美的乐趣。

第四节 阅读思考与延伸阅读

一、阅读思考

1. 从孔子对“学”的观点出发，思考当代大学教育中“博雅教育”与“专业教育”各自的优劣。

2. 如何理解“己所不欲，勿施于人”作为全球伦理“金规则”的意义？

3. 如何理解“仁”在孔子思想中的意义？“仁”在当代有无价值？如果有，这种价值如何体现？

二、延伸阅读

1. 杨伯峻. 论语译注[M]. 北京：中华书局，1998.
2. 朱熹. 四书章句集注[M]. 上海：上海古籍出版社，2001.
3. 李零. 丧家狗[M]. 太原：山西人民出版社，2007.
4. 王立新. 圣者凡心[M]. 长沙：岳麓书社，2010.

5. [美]郝大维，安乐哲. 通过孔子而思[M]. 何金俐，译. 北京：北京大学出版社，2006.

(本章由余树苹撰稿)

余树苹，女，中国哲学博士、深圳大学哲学系副教授，研究方向为中国古代哲学、中国古代伦理思想，侧重于“孔子形象”及“四书”中的伦理思想研究；主要成果有《再寻“孔颜乐处”——以〈论语〉中有关颜回的资料为背景》(《浙江学刊》2003 年第 3 期)、《创新与唤起式教化——评〈通过孔子而思〉中的孔子形象及安乐哲的儒学研究》(《现代哲学》2018 年第 4 期)。

第二章 虚己而游世
——《庄子》导读

第一节　作者及作品介绍

《庄子》这本书现存三十三篇，其中内篇七，外篇十五，杂篇十一。据说，在西汉时期，历史学家司马迁看到的是五十二篇，司马迁在《史记·老庄韩列传》里说："其著书十余万言，大抵率寓言也。作渔父、盗跖、胠箧，以诋訿孔子之徒，以明老子之术。畏累虚、亢桑子之属，皆空语无事实。"就是说，司马迁所见到的《庄子》没有内篇、外篇、杂篇之分。《汉书·艺文志》也记载道："庄子五十二篇。"从字数来看，现今的《庄子》三十三篇总共有六万多字，而司马迁看到的《庄子》有"十余万言"，远比现在的篇幅大。西晋时期，郭象在解注《庄子》一书的时候，他把自己认为不似庄子本人的作品剔出去了，于是留下了三十三篇的格局。现今我们能够见到的《庄子》的各种版本都是三十三篇，这其实就是晋人郭象注解的《庄子》，然而，这却不是西汉的司马迁所见到的《庄子》。

《庄子》全书各篇的篇名是如何来的，是庄子本来就有的，还是后来的学者编纂的？苏轼有个说法："凡分章名篇皆出于世俗，非庄子本意。"[①]也就是说，各篇的篇

① 《庄子祠堂记》，见焦竑《庄子翼》，广文书局印行。

名很可能是后人在编纂《庄子》的时候加上去的。对于内、外、杂三篇的真伪问题，学界历来意见纷纭，多数人相信，《内篇》属于庄子本人所作，《外篇》《杂篇》属于庄子学生以及后来的学者记述或编纂而成。然而，这种看法未必正确，现当代的研究进一步表明，虽然《外篇》和《杂篇》中并非所有篇章皆属于庄子所作，但有些篇章，诸如《外篇》中的《天地》《田子方》，《杂篇》中的《徐无鬼》《则阳》《外物》《寓言》《天下》等当属于庄子的作品。而且，许多记述庄子言论的篇章，依照先秦思想家"述而不作"的习惯，记述庄子言论的著作，基本的思想都属于庄子，是可以信任的作品，诸如《外篇》中的《在宥》《天运》《秋水》《至乐》《达生》《山木》《知北游》等，《杂篇》中的《庚桑楚》《列御寇》等皆属此类。

庄子大概生活在与孟子同时期的战国时代，为宋国的蒙(今河南商丘)人，他的生活时代离我们很久远，而他的思想却离我们很近，我们寻常想问题、做事情，不知不觉就落入了他的思想世界。他的思想穿越了历史时空的局限，我们似乎走不出他设定的那个"局"，在思想之路上他甚至比我们现代的人走得还要远；他诙谐风趣的寓言故事，奇绝精妙，如享醴泉，令人回味无尽；而他无所羁绊、汪洋恣肆、仪态万方的文笔，则成了文人千年的至爱。庄子本人既平实又孤高，既简单又智慧，也正因为如此，庄子的思想享有着持久而弥新的影响力。

第二节　原文选读①

一、大有大的用处

逍遥游

惠子[1]谓庄子曰："魏王贻我大瓠之种[2]，我树之成而实五石[3]，以盛水浆，其坚不能自举也[4]。剖之以为瓢，则瓠落无所容[5]。非不呺然大也，吾为其无用而掊之[6]。"庄子曰："夫子固拙于用大矣[7]。宋人有善为不龟手之药者，世世以洴澼絖为事[8]。客闻之，请买其方百金[9]。聚族而谋曰[10]：'我世世为洴澼絖，不过数金，今一朝而鬻技百金[11]，请与之。'客得之，以说吴王[12]。越有难，吴王使之将[13]，冬与越人水战，大败越人，裂地而封之[14]。能不龟手，一也；或以封，或不免于洴澼絖[15]，则所用之异也。今子有五石之瓠，何不虑以为大樽而浮乎江湖[16]，而忧其瓠落无所容？则

① 选文所据版本：郭庆藩. 庄子集释[M]. 北京：中华书局，2004.

夫子犹有蓬之心也夫[17]！”

【注释】

[1] 惠子：即惠施，战国时期宋国人，名家代表人物，主张“合同异”说，庄子之友。

[2] 魏王:即魏惠王，姓魏名罃。因迁都大梁(今河南开封)，又称梁惠王。贻：赠送。大瓠(hù)：大葫芦。种，种子。

[3] 树：种植。石(dàn)：120斤。五石：未必是实指，系形容其大。

[4] 水浆：汤水。坚，历来解释不一。《韩非子•外储左上》有段文字与《庄子》相近，略云：“齐有居士田仲者，宋人屈谷见之，曰：‘谷闻先生之义，不恃人而食。今谷有树瓠之道，坚如石，厚而无窍，献之。’仲曰：‘夫瓠，所贵者，谓其可以盛也。今厚而无窍，则不可剖以盛物；而任重如坚石，则不可以剖而以斟。吾无以瓠为也。’曰：‘然，谷将弃之。’今田仲不恃人而食，亦无益人之国，亦坚瓠之类也。”据《韩非子》之言，坚犹言坚厚，引申为很重。两句大意为：用它来装汤水，又太重不能让自己一个人举起来。

[5] 瓠落：犹廓落，很大的样子。瓠落无所容：指瓢太大没有地方可容(没有地方可放得下)。

[6] 呺(xiāo)然：虚大的样子。掊(pǒu)：击破。

[7] 拙于：不善于。

[8] 龟(jūn)：皮肤因寒冷而开裂。不龟手：使手脚不被冻裂。洴澼(píng pì)：漂洗。絖(kuàng)，棉絮。

[9] 方：药方。百金：形容很多钱。金：古代计算货币单位，或以一斤为一金，或以一镒为一金，后亦以银一两为一金，因时而异（参见《辞源》）。

[10] 谋：商量。

[11] 数金：几个钱，形容其少。鬻(yù)：出售。

[12] 说(shuì)：游说、说服。

[13] 越有难：越国发动对吴国的军事行动。难：难事，指军事行动。将：率领军队。

[14] 裂地：割出一块地方。封：封赏、封赐。

[15] 或：有人。

[16] 虑，考虑；想办法。大樽：腰舟(救生设备)。钟泰《庄子发微》云：“虑，计也。虑、忧皆以心言。”(案：“虑、忧”之“虑”，原误作“计”。)两句意为：如今你有容量达到五石的葫芦，为什么不考虑把它用作腰舟来浮渡江湖呢?

[17] 蓬之心：与《孟子•尽心下》“今茅塞子之心矣”同义，指心灵茅塞不通、心灵不开窍。这句意为：那么，你还是有着一颗不开窍的心啊!

【评议】

大有大的用处，小有小的用处。大小事物各有用处，只看你会不会用它，有没有用对地方。惠子拙于用大，当他考虑到这个葫芦可以做水瓢的时候，他却以为没有地方容它。而在庄子看来，你那个家的确是容不下它，可是江河可以容得下它呀！有的东西适合实用，有的东西适合观瞻。惠子长于用实，却拙于用虚，他总是从生活圈子的实用角度考虑“用”，而不会从生活圈子之外的角度考虑物尽其“用”。当葫芦做成的瓢放在江河上漂流的时候，那不是绝美的景象么！换句话来说，偌大的江河不正好差这么个大瓢么！

庄子拿不裂手的药方来说事，确乎高妙！小小的药方，给两种人带来不同的命运，世代漂洗丝絮的人虽也懂得不裂手药方的作用，却只会往小处用它；买药方的客人也懂得药方的作用，却会往大处用，自然可以封爵了。对于事物用处大小的理解，与用这些事物的人的心思大小有关，小心思的人只会往小处着想，大心思的人才可能往大处着想。

所以，庄子说惠子有蓬草蔽塞之心，不懂大有大的用处。

二、游刃有余

养生主

庖丁为文惠君解牛[1]，手之所触，肩之所倚，足之所履，膝之所踦[2]，砉然响然，奏刀騞然，莫不中音[3]。合于桑林之舞，乃中经首之会[4]。文惠君曰：“嘻，善哉！技盖至此乎[5]？”庖丁释刀对曰[6]：“臣之所好者道也，进乎技矣[7]。始臣之解牛之时，所见无非牛者。三年之后，未尝见全牛也。方今之时，臣以神遇而不以目视，官知止而神欲行[8]。依乎天理，批大郤，导大窾[9]；因其固然，技经肯綮之未尝，而况大軱乎[10]！良庖岁更刀，割也；族庖月更刀，折也[11]。今臣之刀十九年矣，所解数千牛矣，而刀刃若新发于硎[12]。彼节者有间，而刀刃者无厚[13]；以无厚入有间，恢恢乎其于游刃必有余地矣，是以十九年而刀刃若新发于硎。虽然，每至于族，吾见其难为，怵然为戒[14]，视为止，行为迟，动刀甚微，謋然已解，如土委地[15]。提刀而立，为之四顾，为之踌躇满志，善刀而藏之[16]。”文惠君曰：“善哉！吾闻庖丁之言，得养生焉[17]。”

【注释】

[1] 庖丁：厨子、厨师。文惠君：具体情况不详。（崔譔说“文惠君，梁惠王也”，但王懋竑认为这属于附会。）解牛：宰牛。

[2] 触：接触、触及。倚：靠着、抵住。履：踏、踩。踦（yǐ）：通“倚”，抵着。这几句意为：他的手所触及之处，他的肩所靠着之处，他的脚所踩着之处，他的膝所抵着之处，即他用手抓住，用肩支着，用脚踩着，用膝抵着。

[3] 砉然（xū rán）：皮肉相离的声音。嚮然：解牛时的声音。騞然（huō rán）：牛被分解、裂开的声音。中音：合乎音律。这几句意为：解牛的时候，其皮肉分离的声音，用刀分割骨肉的声音，没有不合乎音律的。

[4] 桑林：商汤时乐曲名。经首：尧时咸池乐章名。这两句意为：解牛的动作，符合桑林的舞步；解牛的声音，又符合经首的韵律。

[5] 盖：通“盍”，怎么。

[6] 释：放下。

[7] 进：超过。

[8] 官知止而神欲行：陆德明《庄子音义》引向秀云，“专所司察而后动，谓之‘官智’；从手放意，无心而得，谓之‘神欲’”。这句意为：现在这个时候，我全凭心领神会而不是以眼睛来观看，感觉器官的作用都停止了，而心神的活动还在进行。

[9] 天理：天然的纹理。大郤（xì）：筋骨间的衔接处。大窾（kuǎn）：骨节之间的空隙。这句意为：我依照牛的天然纹理，先用刀劈开其筋骨间的衔接处，然后把刀引向其骨节之间的空隙。

[10] 技经：“枝经”之误，犹言经络。肯綮（kěn qìng）：筋骨相连的部位。大軱（gū）：大骨。这句意为：顺着牛的本来结构，在经络、筋骨相连的部位，都未曾敢一试刀锋，又何况是大骨呢？

[11] 更：更换。族：犹言“众”，普通、一般。族庖：一般的厨子。折：以刀折骨。

[12] 发：磨。硎（xíng）：磨刀石。

[13] 间：间隙、空隙。无厚：很薄、很锋利。

[14] 族：筋骨交错聚结为族。怵然：小心谨慎的样子。

[15] 謋然（huò rán）：牛被解体的样子。委：放置。

[16] 善刀：拭刀。

[17] 得：悟得、悟到。

【评议】

《养生主》讲述的虽然是一个肢解牛的小故事，要说明的却是一个大道理。

首先，庖丁虽然从事的是一件卑微平常的事情，可他要从肢解牛的事情中追求一个大道理。其内心的丰富性不是一般所说的“技艺”可以表达的，这符合庄子一向的看法：尊高的人未必有德有道，未必境界就高；而低微的人却可能有德有道，是思想境界很高的人。这也犹如一个汽车修理师，他刚开始接触汽车时，看到的是一部完整的汽车，不知如何下手；三年过后，看到的是一堆零件；后来，再看到的又是整部的汽车了，这个时候，他不用仔细检查，只要听一听汽车发动的声音，就知道问题所在了。

其次，从庖丁肢解牛的出神入化的全过程可以明了，事情无论巨细繁简都有道可循，即便是交错繁复的骨节也有路可走。骨节再错杂，也有空间；刀刃并非无厚度，只是比起骨节之间的空隙来说，它的厚度就几乎可以忽略不计了。这是典型的相对主义观念。事物的大小、厚薄、宽窄，虽然有其具体的性质，可这些性质并不是孤立的，它们存在于相互的关系中，在这个关系中，它们的性质就只是相对的了。

其三，这里所说的养生并非身体的调养，而是指在社会中的生存。每个人都有自己的路可走，也不必因为某一次的失败而沮丧，俗称“鱼有鱼路，虾有虾路”，天不绝人，社会本来有多条路可循，不必挤在一个独木桥上。庄子处于乱世，他却以这种“游刃有余”的悠闲态度求得了自在自由。

三、内直而外曲

人间世

颜回见仲尼，请行[1]。曰：“奚之[2]？”曰：“将之卫。”曰：“奚为焉？”曰：“回闻卫君，其年壮，其行独，轻用其国，而不见其过[3]。轻用民死，死者以国量乎泽若蕉[4]。民其无如矣[5]。回尝闻之夫子曰：‘治国去之，乱国就之。医门多疾。’愿以所闻思其则，庶几其国有瘳乎[6]！”仲尼曰：“嘻，若殆往而刑耳[7]。夫道不欲杂，杂则多，多则扰，扰则忧，忧而不救[8]。古之至人，先存诸己而后存诸人。所存于己者未定，何暇至于暴人之所行！且若亦知夫德之所荡而知之所为出乎哉[9]？德荡乎名，知出乎争。名也者，相轧也；知也者，争之器也。二者凶器，非所以尽行也[10]。且德厚信矼，未达人气，名闻不争，未达人心[11]。而强以仁义绳墨之言术暴人之前者，是以人恶有其美也，命之曰菑人[12]。菑人者，人必反菑之，若殆为人菑夫！且苟为悦贤而恶不肖，恶用而求有以异[13]？若唯无诏，王公必将乘人而斗其捷[14]。而目将荧之，而色将平之，口将营之，容将形之，心且成之[15]。

是以火救火，以水救水，名之曰益多。顺始无穷。若殆以不信厚言，必死于暴人之前矣[16]！且昔者桀杀关龙逢，纣杀王子比干，是皆修其身以下伛拊人之民，以下拂其上者也[17]，故其君因其修以挤之，是好名者也[18]。且昔者尧攻丛枝、胥敖，禹攻有扈，国为虚厉，身为刑戮[19]，其用兵不止，其求实无已，是皆求名实者也[20]。而独不闻之乎？名实者，圣人之所不能胜也，而况若乎[21]！虽然，若必有以也，尝以语我来[22]！”

颜回曰：“端而虚，勉而一，则可乎[23]？”曰：“恶！恶可！夫以阳为充孔扬，采色不定，常人之所不违[24]。因案人之所感，以求容与其心[25]。名之曰日渐之德不成，而况大德乎[26]！将执而不化，外合而内不訾，其庸讵可乎[27]！”“然则我内直而外曲，成而上比。内直者，与天为徒[28]。与天为徒者，知天子之与己皆天之所子，而独以己言蕲乎而人善之、蕲乎而人不善之邪[29]？若然者，人谓之童子，是之谓与天为徒。外曲者，与人(之)为徒也[30]。擎跽曲拳，人臣之礼也[31]，人皆为之，吾敢不为邪！为人之所为者，人亦无疵焉，是之谓与人为徒。成而上比者，与古为徒。其言虽教谪之实也[32]，古之有也，非吾有也。若然者，虽直而不病，是之谓与古为徒。若是则可乎[33]？”仲尼曰：“恶！恶可！太多政法而不谍，虽固亦无罪[34]。虽然，止是耳矣，夫胡可以及化！犹师心者也[35]。”

颜回曰：“吾无以进矣，敢问其方[36]。”仲尼曰：“斋，吾将语若！有[心]而为之，其易邪[37]？易之者，皞天不宜[38]。”颜回曰：“回之家贫，唯不饮酒、不茹荤者数月矣。若此，则可以为斋乎[39]？”曰：“是祭祀之斋，非心斋也。”回曰：“敢问心斋。”仲尼曰：“若一志[40]，无听之以耳而听之以心，无听之以心而听之以气[41]。听止于耳，心止于符[42]。气也者，虚而待物者也。唯道集虚。虚者，心斋也。”颜回曰：“回之未始得使，实自回也；得使之也，未始有回也，可谓虚乎[43]？”夫子曰：“尽矣。吾语若！若能入游其樊而无感其名，入则鸣，不入则止[44]。无门无毒[45]，一宅而寓于不得已，则几矣[46]。绝迹易，无行地难[47]。为人使易以伪，为天使难以伪[48]。闻以有翼飞者矣，未闻以无翼飞者也；闻以有知知者矣，未闻以无知知者也。瞻彼阕者，虚室生白，吉祥止止[49]。夫且不止，是之谓坐驰[50]。夫徇耳目内通而外于心知，鬼神将来舍，而况人乎[51]！是万物之化也，禹舜之所纽也，伏戏、几蘧之所行终，而况散焉者乎[52]！”

【注释】

[1] 颜回：字子渊，又称颜渊，孔子弟子。仲尼：孔子的字。请行：辞行。

[2] 奚之：到哪里去。

[3] 行独：行为专断。不见其过：不敢说出其过失，也就是没有人敢劝谏。

[4] 量乎泽：奚侗说，“《吕览·期贤篇》：‘死者量于泽矣。’高[诱]注：‘量犹满也。’此言死者已量乎泽，义与彼同。”若蕉：章太炎说，“蕉，《说文》云：‘生枲也。’言死者其多如枲，犹云死人如麻耳”。(转引自王叔岷《庄子校诠》。)这句大意为：卫君不关心老百姓的死活，因为国事而死去的人到处都是，可说是死人如麻。

[5] 如：去。无如：无路可走、走投无路。

[6] 思其则：考虑所以处之法。有瘳(chōu)：可以治愈、有救。

[7] 若：你。殆：大概、恐怕。

[8] 扰：乱。忧：忧患。不救：不可挽救。

[9] 荡：沦丧。知：智谋。所为：王叔岷《庄子校诠》说，“‘所为’犹‘所以’”。出：产生。这句意为：而且你知道道德之所以沦丧、智谋之所以产生的原因吗？

[10] 尽：犹言听任。

[11] 矼(qiāng)：敦实、悫实。德厚信矼：道德醇厚，行为敦实。未达人气：尚未有很多人了解。

[12] 绳墨：原指匠人以绳濡墨打直线的工具，这里比喻规矩、法则。术：曹础基说，“借为述，陈述”。有：换取。(陆德明《庄子音义》说，“崔本‘有’作‘育’，云：卖也”。)菑(zāi)：害。这句意为：你如果勉强用仁义规范的言论陈述于残暴的人面前，这是以别人的恶行来换取自己的美名，人们把这叫作害人。

[13] “用而”之“而”：同“尔”，你。这两句意为：假如卫君喜欢有贤德的人而厌恶没有品德的人，哪里用得着你以求显得与众不同呢？

[14] 诏：谏诤、劝谏。斗：竞胜、比赛。捷：捷辩。这句意为：你唯有不谏诤，否则，卫君一定会利用你说话的漏洞而以其辩才争胜。

[15] 荧：眩惑。对这句，王先谦《庄子集解》解释说，“汝目将为所眩，汝色将自降，口将自救，容将益恭，心且舍己之是以成彼之非”。

[16] 不信厚言：宣颖《南华经解》说，指“未信而深谏”。王叔岷说，“‘不信厚言’，犹言‘交浅言深’”。这两句意为：你大概因为并没有得到信任而做太多的谏诤，一定会死于那个残暴的人面前！

[17] 关龙逢：传说为夏桀的贤臣，夏桀无道，为酒池糟山，关龙逢极谏，夏桀于是囚而杀之。比干：商纣王的叔父。传说商纣淫乱，比干犯颜直谏，商纣大怒，剖其心而死。伛拊(yǔ fǔ)：怜爱、爱护。拂：违逆。

[18] 挤，排挤、陷害。

[19] 丛枝、胥敖、有扈：上古时代小国名。(丛枝、胥敖，有断句作“丛、枝、胥敖”的，也有断句作“丛枝、胥、敖”。)虚厉：陆德明引李氏云，“居宅无人曰虚，死而无后为厉”；宣颖说，“城为丘墟，人为厉鬼”。

[20] 实：利。名实：名利。

[21] 胜：克服。若：你。

[22] 以：原因。来：语助词。

[23] 端而虚，勉而一：宣颖说，指“外端肃，内谦虚；笃其志，专其德”。

[24] 阳：亢阳之性。孔：甚、极。扬：张扬。孔扬：极为张扬，犹言锋芒毕露。采色不定：喜怒无常。违：违逆。这句意为：卫君由于亢阳之性，因而锋芒毕露、盛气凌人，并且其人喜怒无常，一般人都不敢违逆他。

[25] 案：压抑。感：感触、思绪。容与：放纵、欢畅。这句意为：卫君常常压制别人的思想，来寻求自己内心的欢畅。

[26] 日渐之德：每天有所进步之德，即小德。

[27] 执：固执。訾：诋毁、批评。庸讵：怎么、何以。这句意为：而且卫君固执不化，即使他外表迎合你，其内心并没有自我批评(反省)之意，你所谓“端而虚，勉而一”又怎么可行呢?

[28] 徒：同类之人。

[29] 蕲：求。两“而人”之“而”：王叔岷说，“两‘而’字并与‘其’同义”。

[30] 与人(之)为徒也：“之”字为衍文，据王叔岷之说删。王叔岷说，“南宋蜀本《南华真经》(即赵谏议本)无‘之’字，是也”。

[31] 擎跽曲拳：注释不一。王叔岷说，“擎，拱手。跽，跪足。曲，鞠躬。拳，曲膝”。

[32] 教谪：训导督责。

[33] 关于《庄子·人间世》“然则我内直而外曲，成而上比”至“若是则可乎”这段文字，蒋门马说，“细味上下文，疑颜回之语仅首尾两句：‘然则我内直而外曲，成而上比。若是则可乎？’其余皆为注文羼入经文”。(陆西星《南华真经副墨》，校勘记。)

[34] 政法：法则。谍：安妥、稳当。固：固陋。

[35] 师心：师心自用、自以为是。

[36] 进：奉上。无以进：没有什么拿来奉上，指无法提出更多的理由、方法。

[37] 心字原缺，据刘文典之说补出。刘文典《庄子补正》说，“‘心’字旧脱，碧虚子校引张君房本‘有’下有‘心’字。……今据张本补”。其：犹“岂”，难道。

[38] 皞天：自然。这两句意为：你如果把它看得很容易，是与自然之道不合宜的。

[39] 茹荤：吃肉。

[40] 若一志：你要使心志专一。

[41] 这两句意为：你不要用耳朵来聆听，而应当用心来领会；不要用心来领会，而应当用气来感应。

[42] 听止于耳，心止于符：郭庆藩《庄子集释》引俞樾曰："'听止于耳'，当作'耳止于听'，传写误倒也，乃申说'无听之以耳'之义。言耳之为用止于听而已，故无听之以耳也。'心止于符'，乃申说'无听之以心'之义。言心之用止于符而已，故无听之以心也。符之言合也，言与物合也。与物合，则非'虚而待物'之谓矣。"

[43] 得使：犹言受教。这几句意为：我还没有领受您的教诲时，我实在还记着自己是颜回(尚未忘我)；我在领受您的教诲之后，我就忘记自己是颜回了(已经忘我)，这可以说是虚了吧？

[44] 樊：藩篱、樊笼。这几句意为：你入到樊笼之中(指卫国)，不要为名利动心，他能听得进去就说，不能听进去就不说。

[45] 无门无毒：解释不一。王先谦说，"门者，可以沿为行路；毒者，可以望为标的。无门无毒，使人无可窥寻指目之意"。杨柳桥说，"《白虎通·五祀篇》：'门，以闭藏自固也。'《广雅》：'门，守也。'王逸《楚辞注》：'毒，恚也。'韦昭《国语》注：'毒，犹暴也。'无门无毒，犹言勿固闭、勿暴怒也"。(《庄子译诂》)案：根据庄子后文"绝迹易，无行地难"云云，似以王先谦之说于义为长。

[46] 宅：居处。这句大意为：你应该处心至一之道，不得已而应之，这就差不多了。(参成玄英说)

[47] 绝迹：不见行迹，即不走路。这句意为：你要不走路很容易，但是你走路而又没有行路(行地)之迹就很难。王叔岷说，"此喻避世易，入世而超世难也"。

[48] 为：被。伪：作伪、作假。

[49] 阕：空灵、空虚。白：纯白，比喻道。止：停止、居止、来临。止止：郭庆藩《庄子集释》引俞樾说，"'止止'连文，于义无取。《淮南子·俶真篇》作'虚室生白，吉祥止也'，疑此文下'止'字亦'也'字之误"。这几句意为：你观照那空灵的心境，在空灵的心境之中就能呈现道，吉祥也就来临了。

[50] 坐驰：形坐而神驰。

[51] 徇：使。外：排除。舍：居住。这句大意为：如果能使聪明之德敛藏于内，将心知之思排除于外(亦即使得心境空灵)，则鬼神也会来居处，何况是人呢？

[52] 是：此、这，指道。万物之化：应作"万物之所化"。张默生《庄子新释》说，"据下文，'化'上当有'所'字"。纽：关键。伏戏、几蘧(qú)：传说中的上古君王。伏戏：即伏羲。散焉者：众人。这句意为：道是万物变化的原因，是舜、禹治理天下的关键，是伏羲、几蘧终身奉行的准则，又何况是对一般人而言呢？

【评议】

庄子经常借寓言故事来说道理,《人间世》是借孔子与颜回的对话说了自己的话。

这段对话里，颜回本来是遵照孔子向来的教诲，打算去救治丧乱不堪的卫国，不料被老师一瓢冷水泼了个透凉。孔子从动机上是肯定了颜回，却认为效果不佳，意思是颜回规劝卫国国君的那些措施并不十分奏效，而且，那种做法有张扬自己美德而陷对方无德的嫌疑，卫国的国君一旦意识到这一点，就会反过来陷害颜回，所谓灾人者，必定反被人所灾。

在修养自己与治理国家两个方面，前者更重要，自己都没有打理好，如何搭救别人？自己都心神未定，如何使残暴的国君静定下来？孔子于此点出了潜藏在颜回内心的关键问题：是否存有功利的企图。你只要有丝毫的行迹，都会为人察觉的，而任何功名的企图都会产生危害，既害事情，又害自己。反之，如若心斋忘己，则能在不得已的处境中安然独存，产生纯美吉祥的境界。

再者，人可能被他人使唤，那种情形下，你可以违背自己的心愿去做一些事情，但那么做的时候一定会使你自己内心难受，只不过，你尽可以把自己的不高兴伪装成高兴的样子，因为你要在这个社会上生存，不得不委屈自己；可是，你要是依照天性去行事的时候，你就很难把自己的不高兴伪装成高兴的样子了。那么，如何既不失自己的天性，又能游刃有余地在世间生存下去呢？庄子的意思是，你把这一切高兴的或不高兴的事情，统统看成自己的际遇，看成人生难得的体验，如此，那些在寻常的人看来是尴尬的、难堪的、不得已的情形，正好是成就自己超然人格的时候。到了这个境界，就不再被高兴的或不高兴的情绪困扰了，一切的作为都会合乎天然本性了。

四、相濡以沫，不如相忘于江湖

大 宗 师

泉涸，鱼相与处于陆[1]，相呴以湿，相濡以沫，不如相忘于江湖[2]。与其誉尧而非桀也，不如两忘而化其道[3]。

【注释】

[1] 泉涸(hé)：水源干竭。陆：陆地，此指没有水的地方。

[2] 呴(xǔ)：吐气。濡：沾湿。这句大意为：鱼互相以口沫使彼此湿润，还不如在江河湖泊之中互相忘记对方。

[3] 誉：称誉、赞扬。非：批评、否定。化：潜移默化。化其道：林希逸《庄子鬳斋口义》说，“付之自然，是化之以道也”。这句意为：与其称誉尧而批评桀，还不如把两者都忘记而潜移默化于大道之中。

【评议】

相濡以沫是一种感人的境界，表达了人在弱小、孤苦、无助，甚至垂死的情景下，人们彼此的关爱和怜悯。要知道人在很多情形下都会遭遇到如此境况的，此时最需要它。可是，庄子却说不如相忘于江湖。“不如”是一个选项，就是说，如果可以选择的话，宁愿相忘于江湖。既是一个选项，就不能说不需要关爱和怜悯，而是更愿意选择相忘于江湖。相濡以沫是很感人，但结果并不好，毕竟那是个被动的境地，是一种悲情。相忘于江湖，虽然少了些爱，却很自由、自在，自己处于主动的境地。相比来说，相濡以沫是小天地、小境界，而相忘于江湖是大天地、大境界。也就是说，自由的价值高于爱。裴多菲有诗曰：“生命诚可贵，爱情价更高，若为自由故，二者皆可抛。”可以作为这个典故的佐证。

自庄子说出这个典故之后，两千多年来，这便成为至理名言：相依为命的人追求相濡以沫，洒脱自如的人追求相忘于江湖。

五、以己养养鸟

至　乐

颜渊东之齐，孔子有忧色[1]。子贡下席而问曰[2]：“小子敢问，回东之齐，夫子有忧色，何耶？”孔子曰：“善哉女问！昔者，管子有言[3]，丘甚善之，曰‘褚小者不可以怀大，绠短者不可以汲深[4]’。夫若是者，以为命有所成而形有所适也，夫不可损益[5]。吾恐回与齐侯言尧舜黄帝之道，而重以燧人神农之言[6]。彼将内求于己而不得，不得则惑，人惑则死[7]。且女独不闻邪[8]？昔者，海鸟止于鲁郊，鲁侯御而觞之于庙[9]，奏《九韶》以为乐，具太牢以为膳[10]。鸟乃眩视忧悲[11]，不敢食一脔，不敢饮一杯，三日而死。此以己养养鸟也，非以鸟养养鸟也[12]。夫以鸟养养鸟者，宜栖之深林，游之坛陆，浮之江湖，食之鳍鲦[13]；随行列而止，委蛇而处[14]。彼唯人言之恶闻，奚以夫谤谤为乎[15]？《咸池》《九韶》之乐，张之洞庭之野，鸟闻之而飞，兽闻之而走，鱼闻之而下入，人卒闻之相与还而观之[16]。鱼处水而生，人处水而死。彼必相与异，其好恶故异也[17]。故先圣不一其能，不同其事[18]。名止于实，义设于适，是之谓条达而福持[19]。”

【注释】

[1] 颜回：字子渊，故又称颜渊，孔子弟子。之：往。忧色：忧愁的表情。

[2] 子贡：姓端木，名赐，孔子弟子。

[3] 管子：指管仲。

[4] 褚(zhǔ)：囊袋，袋子。绠(gěng)：打井水用的绳索。这两句意为：袋子小的，不可以容纳大的东西；绳子短的，不可以打到深井的水。

[5] 成：定，不变。适：合，适宜。损益：减少与增加，即改变、改动。这几句意为：这样看来，认为性命有所固定不变、形体各自有所适宜的观点，是不可加以改动的。

[6] 燧人：燧人氏，古帝王名，传说其发明钻木取火。神农：传说古帝王名，相传他始教民为耒耜以兴农业，尝百草为医药以治疗疾病。

[7] 彼：指齐侯。内求于己而不得：反求于己而不能像尧舜那样。惑：困惑。

[8] 女：同“汝”，你。

[9] 御(yà)：通“迓”，迎接。觞(shāng)：原指酒器，此处指以酒招待。

[10] 《九韶》：舜时乐曲名。(下文《咸池》，黄帝时乐曲名。)太牢：宴会或祭祀时并用牛、羊、豕三牲，叫作太牢。

[11] 眩视：看得眼花。

[12] 这两句意为：这是用养自己的方式来养鸟，而不是用养鸟的方式来养鸟。

[13] 坛陆：广阔的大地。坛：通“坦”。食(sì)：以……喂养。鳍(qiū)，同“鳅”，泥鳅。鲦(tiáo)：同“鲦”，白鲦。

[14] 委蛇(wēi yí)：此处指从容自得。

[15] 唯：即使。恶(wù)：厌恶。浇浇(náo)。喧闹的声音。

[16] 人卒：民众。还：通“环”，环绕、围绕。这句意为：民众听到之后则一同来围观。

[17] 这句意为：他们一定是彼此之间的品性各不相同，他们的好恶也因此而不一样。

[18] 这句意为：以前的圣人不要求才能都一样，使得他们的事情都相同。

[19] 名止于实：名义要限定于与实际的事物相符。义设于适：义理要设定得与适当的事情相应。条达：条理通达。福持：备要在握。(钟泰《庄子发微》云：“‘条达’者，通乎条贯。‘福’有备义，《小戴礼记·祭统篇》云‘福者备也’是也。‘福持’者，握其备要。”)

【评议】

借孔子与子贡的对话，庄子表达了这样的思想：

首先，每一物皆有自己的性情，有其自己的生存环境。性情和生存环境不应受到外在力量的随意改变，就像衣囊本来是用来装衣物的，但如果给它塞多了会吃不消，又像系水桶的绳索本来是用来打水的，但如果水井太深，它也够不着。人们做事情，想问题，都应该设身处地为对方着想，哪怕你是出于好意，如果不符合对方的性情和习惯，也会让对方感到不舒适、不自在，甚或出于好心而害了对方。

其次，庄子借此推出了一个“以己养养鸟”和“以鸟养养鸟”的问题，即以养自己的方式养鸟和以养鸟的方式养鸟的问题。鲁侯应该是太重视海鸟的缘故，试图以最隆重的方式、最精美的酒和食物、最动听的乐舞来伺候这个神物，岂不知这海鸟全然不解其意，它既感到困惑，又厌烦人间的嘈杂与喧嚷，竟然在鲁国人的朝拜、簇拥声中死去了。它或许是饿死了，也可能是在困惑中烦死了。从鲁侯方面来说是好心好意，问题恰恰就是这好心好意扼杀了它。在这个意义上，我们常说的“己所不欲，勿施于人”这句话，尽管表达了人的善良意愿，但还是有问题的。顺着这个思维，我们必然得出另一句话：“己之所欲，施之于人”，但这也就如同庄子这里所说的“以己养养鸟”的问题了。应该反过来想想，我们自己愿意的，是否对方也愿意？

最后，庄子借养鸟的故事说人的事情。颜回试图教化齐侯，然而，他所奉行的尧、舜、黄帝，以及燧人、神农的那套理论，或许并不适合齐侯。依照庄子的思想，但凡要让人接受某种思想，必须要倾听者在内心引起共鸣，或者需要使这种思想在倾听者内心落地生根、发芽开花。如果没有这样的条件，如同种子播在石头上不会生根开花，那么这些理论会让倾听者感到困惑，而困惑久了会要了人的命。这里也隐含了这样的道理：凡事不必求之过高，恰当就好。要求能做好诸侯的齐侯做尧舜并不可行，同样的道理，将能教好小学的教师提至教中学，将适合当班长的士兵提至连长，这未必是做了好事。

第三节　阅读思考与延伸阅读

一、阅读思考

1. 在《逍遥游》这则寓言中，庄子如何论述他的相对主义观点？

2. 庄子为何说“彼节者有间，而刀刃者无厚，以无厚入有间，恢恢乎其于游刃必有余地矣”？

3. 如何理解“一宅而寓于不得已，则几矣”？

4. “相濡以沫，不如相忘于江湖”的寓言表达了什么样的价值观？
5. 分辨“以己养养鸟”与“以鸟养养鸟”两种思路的区别和道理。

二、延伸阅读

1. 陈鼓应. 庄子今注今译[M]. 北京：中华书局，2001.
2. 李大华. 庄子的智慧[M]. 北京：北京大学出版社，2019.
3. 李大华. 自然与自由 庄子哲学研究[M]. 北京：商务印书馆，2015.
4. 曹础基. 庄子浅注[M]. 北京：中华书局，2007.

(本章由黎业明、李大华撰稿)

黎业明，男，哲学博士，现为深圳大学哲学系教授；主要著作有《梁漱溟评传》(合著。百花洲文艺出版社，1996年；人民出版社，1999年)、《湛若水年谱》(上海古籍出版社，2009年)、《陈献章年谱》(上海古籍出版社，2015年)、《明儒思想与文献论集》(商务印书馆，2017年)。

李大华，陕西紫阳人，武汉大学哲学博士，现为深圳大学哲学系教授，宗教文化研究所所长，博士生导师，华夏老子研究会副会长；主要著作有《生命存在与境界超越》(上海文化出版社，2001年)、《自然与自由：庄子哲学研究》(商务印书馆，2013年)、《隋唐道家与道教》(人民出版社，2011年)、《老子的智慧》(北京大学出版社，2019年)、《庄子的智慧》(北京大学出版社，2019年)、《香港全真教研究》(人民出版社，2019年)、《中国宗教的超越性问题》(四川大学出版社，2015年)、《李世民》(东方出版社，2009年)等，主编《文化与生活方式》丛书。

第三章　一种豁达的文学批评情怀——《典论·论文》导读

第一节　作者及作品介绍

曹丕(187—226)，字子桓，沛国谯(今安徽亳州)人，三国曹魏时期著名政治家、学者、诗人、文学批评家，曹操次子。建安二十一年(216年)，曹操被封为魏王。二十五年(220年)，曹操死，曹丕袭位为魏王，不久，废汉献帝自立，史称魏文帝。

曹丕"天资文藻"，"才艺兼该"(《三国志·魏书·文帝纪》)，政治才能和文学才能都很高，而且有胆有识。作为一个政治家，他主张"以德化民"，被郭沫若称为"旧时明君的典型"。作为一个学者，他博览群书，曾经动员桓范、刘劭等大批学有专长的人士将当时众多书籍分门别类，编成《皇览》一书，专供皇帝阅读。这是我国第一部大型的类书，今已失传。同时，他还是一个文学家、诗人，和父亲曹操、弟弟曹植一起，被后世称为"三曹"。他平生写了不少优秀诗歌，有五言，有七言，大都感情真挚，文辞优美。其中，最为著名的是《燕歌行》(秋风萧瑟天气凉)，这是我国文学史上较早的、比较成熟的七言诗。《大墙上蒿行》是一首杰出的杂言诗，对后世歌行体诗歌创作产生很大的影响。在诗歌体裁的开拓上，曹丕取得了杰出的成就。正是因为他本身是个作家，深谙创作甘苦，所以他的文学批评能够切中要害。

汉献帝建安年间，曹丕与父亲曹操、弟弟曹植处于政治与文学的核心地位，作为政治和文学上的双重领袖，统领着庞大的邺下文人集团，据《三国志》记载，这个集团的成员多达一百多人，最著名的是建安七子、蔡琰、繁钦、杨修、吴质等人。《典论·论文》评论的对象就是建安七子，“七子”这一概念便是曹丕命名的。建安时期虽然处于乱世，文学却非常兴盛。刘勰在总结这一时期的文学现象时说：“魏武以相王之尊，雅爱诗章；文帝以副君之重，妙善辞赋；陈思以公子之豪，下笔琳琅；并体貌英逸，故俊才云蒸。”（《文心雕龙·时序》）那是一个文学的辉煌时代，在中国文学史上留下了浓墨重彩的篇章。

就“三曹”而言，曹丕是个新派人物，他的政治观念和文学观念都带有强烈的革新要求，思想比较开放，具有很强的民主意识。表现在他对文士的态度上，能够与众文人和谐交往，与七子相处不拘礼仪。据史载，有一次，曹丕与七子在一起饮酒，酒酣之时开玩笑，有人提议，听说太子妇美貌，能不能让她出来见见，让大家一睹芳容。太子妇即甄氏，原为袁绍的儿媳，曹操灭袁后改嫁曹丕，以貌美名闻遐迩。曹丕果然以甄氏出见。按照当时的礼法，太子妇出面，众人不能仰面而视，于是，众皆伏地。众人之中只有刘桢平视，看清了甄氏的芳容。曹丕并不把这当作一回事。而曹操知道此事后大怒，惩罚刘桢去做苦役。可见父子二人思想观念的差别。相比于曹操，曹丕的思想还是比较开明的。七子之中，孔融最年长，与曹操的关系原本亲近，后来却变得很紧张，他常常对曹操发泄不满。有一次，两人信中论事，孔融说，武王伐纣，妲己赏赐给周公。孔融博学，曹操一直很钦佩，然遍查典籍，也没找到如此记述，于是问孔融缘故。孔融回答：“以今度之，想当然耳。”显然是在讥讽曹操，说他讨伐袁绍，却让曹丕娶了原本为袁绍儿媳的甄氏一事。曹操大怒。207年，曹操上书献帝北征乌桓，孔融又出来说风凉话，曹操忍无可忍，就找个由头把孔融杀了。孔融死后，曹丕不惜重金，收买孔融的文章，为的是更好地保存它们，使之能够长期流传。可见，曹丕对文士的重视，对文学事业的重视。王粲病死，曹丕带领文士们亲自给王粲送葬。王粲生前有一个嗜好，那就是喜欢听驴鸣。于是，曹丕就建议：王粲既然喜欢听驴鸣，我们每人都学一声驴鸣送别他(事见《世说新语·伤逝》)。这种民主的态度使他能够以清醒的眼光对待文学创作和批评。这种态度在他的《典论·论文》及相关文章中表现得非常充分。

鲁迅在《魏晋风度及文章与药及酒之关系》这篇演讲录中曾经这样评价曹丕及其所处的时代：“他(注：曹丕)说诗赋不必寓教训，反对那些寓训勉于诗赋的见解，用近代的文学眼光看来，曹丕的一个时代可以说是文学的自觉时代，或如近代所言是为艺术而艺术的一派。”在这里，鲁迅评价曹丕，说他反对“寓训勉于诗赋”，是针对《典论·论文》《与吴质书》等文章所表达的文学观念。在这些文章中，曹丕谈文体，说文气，论文章价值，把人的生命价值与文章价值联系起来，并不像《诗大序》纯粹从政治伦理道德教化的角度谈论文学，给文学创作和文学批评找到了一个审美的支点。因此，鲁迅借用法国唯美主义“为艺术而艺术”的观念评价曹丕。

关于建安文学，人们经常谈论的一个话题是，谁是文坛领袖？“三曹”“七子”以及邺下文人，如此庞大的文人集团，论政治地位和文学地位，领袖当然是“三曹”。其中，曹操是核心。因为曹丕是太子，在文学创作和文学观念上都有成就，故而能引导、规范着建安、黄初时期的文学创作，所以，曹丕是建安文学的实际灵魂，堪称领袖。鲁迅所说的“曹丕的一个时代”，意图恐怕也在这里。他显然是认同曹丕是建安文学的领袖的，不仅着眼于曹丕是一代君主，具有很高的政治地位，而且，更主要的是，着眼于曹丕的文学地位，这两方面共同确立了他文坛领袖的地位。客观地说，曹丕的文学创作成就不如曹植高，然而，衡量一个人的领袖地位不能只看一个人文学创作成就的高低，还应看一个人的思想观念、领导能力、组织能力。在这方面，曹丕显然比曹植更为突出。作为一个文坛领袖，他身体力行，不断进行艰苦的文学耕耘，著有《典论》一书，主要讨论各种事物的法则，被时人视为规范文人言行的法典，《论文》是其中重要的一篇。可惜的是，这部书的大部分内容已经散佚。据《隋书·经籍志》著录，《典论》共五卷二十篇文章。陈寿《三国志》载，魏明帝太和四年(230年)，曾经将此书刊刻在洛阳太学的石碑之上，凡六碑，供太学生阅读。又据清严可均《全三国文》考证，唐时石本亡，宋时写本亦亡。可见，在宋代的时候，这部书就基本散佚了。只有《自叙》一篇见载裴松之《三国志》注，《论文》被萧统收录在《文选》中，保存完好至今。

据《艺文类聚》载卞兰《赞述太子表》云，《典论》成书于曹丕为太子时，《典论·论文》有“融等已逝，唯干著论，成一家言”之语，由此可以断定，此书成书于建安末期。

除《典论》之外，曹丕还创作了大量诗文，大部分散佚。《隋书·经籍志》著录十卷，明代张溥《汉魏六朝百三家集》辑有《魏文帝集》二卷。今传曹丕著述大多出自张溥辑录。

第二节　原文选读①

文人相轻，自古而然[1]。傅毅之于班固[2]，伯仲之间耳[3]，而固小之[4]。与弟超书曰[5]：“武仲以能属文为兰台令史[6]，下笔不能自休[7]。”夫人善于自见[8]，而文非一体[9]，鲜能备善[10]，是以各以所长[11]，相轻所短。里语曰[12]：“家有弊帚，享之千金[13]。”斯不自见之患也[14]。

今之文人，鲁国孔融文举[15]，广陵陈琳孔璋[16]，山阳王粲仲宣[17]，北

① 选文所据版本：萧统编，李善，注. 文选[C] 北京：中华书局，1977.

海徐干伟长[18]，陈留阮瑀元瑜[19]，汝南应玚德琏[20]，东平刘桢公干[21]。斯七子者，于学无所遗[22]，于辞无所假[23]，咸以自骋骥騄于千里[24]，仰齐足而并驰[25]。以此相服，亦良难矣[26]。盖君子审己以度人[27]，故能免于斯累而作论文[28]。

王粲长于辞赋[29]，徐干时有齐气[30]，然粲之匹也[31]。如粲之《初征》《登楼》《槐赋》《征思》[32]，干之《玄猿》《漏卮》《圆扇》《橘赋》[33]，虽张、蔡不过也[34]，然于他文[35]，未能称是[36]。琳、瑀之章表书记，今之隽也[37]。应玚和而不壮[38]，刘桢壮而不密[39]。孔融体气高妙[40]，有过人者，然不能持论[41]，理不胜辞[42]，至于杂以嘲戏[43]。及其所善，扬、班俦也[44]。

常人贵远贱近[45]，向声背实[46]，又患闇于自见[47]，谓己为贤[48]。

夫文本同而末异[49]，盖奏议宜雅[50]，书论宜理[51]，铭诔尚实[52]，诗赋欲丽[53]。此四科不同，故能之者偏也[54]；唯通才能备其体[55]。

文以气为主，气之清浊有体[56]，不可力强而致[57]。譬诸音乐，曲度虽均[58]，节奏同检[59]，至于引气不齐[60]，巧拙有素[61]，虽在父兄[62]，不能以移子弟[63]。

盖文章，经国之大业[64]，不朽之盛事[65]。年寿有时而尽[66]，荣乐止乎其身[67]，二者必至之常期[68]，未若文章之无穷[69]。是以古之作者，寄身于翰墨[70]，见意于篇籍[71]，不假良史之辞[72]，不托飞驰之势[73]，而声名自传于后。故西伯幽而演《易》[74]，周旦显而制《礼》[75]，不以隐约而弗务[76]，不以康乐而加思[77]。夫然则古人贱尺璧而重寸阴[78]，惧乎时之过已。而人多不强力[79]，贫贱则慑于饥寒[80]，富贵则流于逸乐[81]，遂营目前之务[82]，而遗千载之功[83]。日月逝于上[84]，体貌衰于下[85]，忽然与万物迁化[86]，斯志士之大痛也[87]！

融等已逝[88]，唯干著论[89]，成一家言。

【注释】

[1] 轻：轻视，看不起。然：如此，这样。句意为：文人相互轻视，自古以来都是这样。

[2] 傅毅(? —89)：字武仲，扶风茂陵(今陕西兴平)人，东汉文学家。之于：

对于……来说，表示比较。班固(32—92)：字孟坚，扶风安陵(今陕西咸阳东北)人，东汉文学家、史学家。句意为：傅毅和班固相比。

[3] 伯：哥哥。仲：弟弟。间：差别。句意为：哥哥和弟弟之间的差别。

[4] 小：小看，轻视。之：代指傅毅。

[5] 与：写给。超：班超，字仲生，班固之弟。书：信。

[6] 以：因为。属文：写文章；属，音 zhǔ。兰台令史：官名，典校图籍、管理文书档案之官。句意为：傅毅因为能写文章做了兰台令史。

[7] 休：停止。句意为：写起文章无止无休，意谓文章拖沓冗长。

[8] 夫：发语词，用于句首。自见：自我了解，即自己知道自己身上的优点和缺点。

[9] 体：体裁。句意为：文章并不仅仅有一种体裁。

[10] 鲜：很少。备：完备。善：完美，完善。句意为：很少有人能把所有文体的文章写得完美。

[11] 是以：因此。各：每人。以：用。长：长处，擅长。句意为：每人都用他们的长处。

[12] 里语：俗语，里谚。

[13] 家有敝帚：家里有把破旧的扫帚。享之千金：把它看得价值千金。比喻无客观标准地重视自己的个人物品。

[14] 斯：这。自见：与注[8]“自见”意义同而有偏差，意即看见自己的缺点。患：毛病，弊端。句意为：这是不能够看见自己的缺点所产生的弊端。

[15] 孔融(153—208)：字文举，鲁国(今山东曲阜)人。

[16] 陈琳(？—217)：字孔璋，广陵(今江苏宝应)人。

[17] 王粲(177—217)：字仲宣，山阳(今山东微山)人。

[18] 徐干(171—217)：字伟长，北海(今山东潍坊)人。

[19] 阮瑀(165？—212)：字元瑜，陈留(今河南尉氏)人。

[20] 应玚(177—217)：字德琏，汝南(今河南项城)人。

[21] 刘桢(？—217)：字公干，东平(今山东宁阳)人。

[22] 于：对于。学：学问。遗：遗漏。句意为：在学问上没有什么遗漏的，意谓学识渊博。

[23] 辞：言辞。假：凭借。句意为：在言辞上没有什么凭借的，意谓言辞创新。

[24] 咸：都。以：认为。骋：驰骋。骥騄：千里马。句意为：都认为自己是驰骋千里的良马。

[25] 仰：凭借。齐足：疾足，快腿，比喻有才能。并驰：齐头并进。句意为：凭借自己的才能并驾齐驱。

[26] 良：十分。难：困难。

[27] 盖：发语词，用于句首。君子：曹丕自称。审己：审视自己。度：音 duó，

衡量。句意为：我审视自己，衡量别人。

[28] 故：因此。免：避免。累：累赘，毛病，指文人相轻。作：写作。句意为：因此，能避免文人相轻这种毛病而写作《论文》。

[29] 长于：擅长。

[30] 时有：经常存在。齐气：齐地风气。《左传》《论衡》等典籍均记载齐地风俗具有“舒缓”的个性特征，在这里指徐干的辞赋有拖沓的毛病，这是他齐人的性格所决定的。句意为：尽管徐干的辞赋有拖沓的毛病。

[31] 匹：匹配，相当，比得上。句意为：然而，也比得上王粲，意谓徐干的辞赋创作成就和王粲不差上下。

[32] 《初征》《登楼》《槐赋》《征思》：王粲的四篇赋，其中《征思》已失传。

[33] 《玄猿》《漏卮》《圆扇》《橘赋》：徐干的四篇赋，其中《圆扇》尚存，其余三赋失传。

[34] 虽：即使。张：张衡(78—139)，字平子，东汉辞赋家。蔡：蔡邕(133—192)，字伯喈，东汉辞赋家、书法家。过：超过。句意为：即使张衡、蔡邕也不能超过他们。

[35] 然：然而。于：至于。他文：其他文体。

[36] 称：说。是：写得好。句意为：不敢说写得好。

[37] 章、表、书、记：四种应用性文体，用于上书陈情，言事说理。隽：通俊，才智出众。句意为：陈琳、阮瑀的章、表、书、记，是当今写得最好的。

[38] 和：和缓。壮：雄壮。句意为：应玚的文章写得和缓但不雄壮。

[39] 密：细密。句意为：刘桢的文章写得雄壮但不细密。

[40] 体气：个性气质、才气。句意为：孔融的才气和个性气质都很高妙。

[41] 持论：坚持立论。句意为：不能坚持自己的立论，即完美地论述自己的观点。

[42] 理不胜辞：言过于理，即言辞不能很好地说理。

[43] 杂：掺杂。嘲戏：滑稽，搞笑，不严肃。意谓孔融的文章经常会掺杂着一些滑稽搞笑的成分，不能很好地说理。

[44] 善：指写得好的文章。扬：扬雄(公元前53—18)，字子云，西汉辞赋家、思想家。班：班固。俦：俦侣，俦辈，同类。句意为：至于那些写得好的篇章，也与扬雄、班固同类。

[45] 常人：一般人。贵远：贵，意动用法，以远为贵。远：指生活的时代离当下遥远，或指古代。贱近：贱，意动用法，以近为贱。近：指生活的时代离当下不远，或就是当下。此句批评崇古卑今的倾向。

[46] 向：追逐，追求。声：声音，指虚幻的东西。背：背向，违背。实：实在，真实。句意为：追求虚幻的东西，背向真实的东西。“远”就是虚幻，“近”就是

真实。

[47] 闇于：受蒙蔽，不能看清。句意为：不能看清自己身上的缺点。

[48] 谓：认为。贤：有才能的人。

[49] 本：本质，根本。末：枝节，此处指文体。句意为：文章本质是相同的，文体有差异。

[50] 奏、议：两种文体名称，是上书给皇帝的文书。雅：典雅。

[51] 书、论：两种文体名称，是书信、论述一类的文体。理：讲究条理。

[52] 铭：铭文，铸在青铜等礼器上用以记述功德的文字。诔：诔文，哀悼文。实：真实。

[53] 欲：必须，一定。丽：辞藻、形式华美。

[54] 四科：四类，即奏议、书论、铭诔、诗赋，八种文体。能之者：八种文体写得都好的人。偏：很少。

[55] 唯：只有。通才：才能全面的人。备：完备，写得好。句意为：只有才能全面的人才能写好所有文体的文章。

[56] 气：个性、气质。清浊：气的两种类型。古代区分气有阴阳、刚柔之说，清浊与之有关联。阳、刚近于清，阴、柔近于浊。体：体统，指促成清之所以为清，浊之所以为浊的本源。

[57] 力强：强力而为，硬性而为。致：达到，实现。

[58] 曲度：曲谱。均：相同。句意为：演奏的曲谱虽然相同。

[59] 检：法度。句意为：节奏属于同一法度。

[60] 引气：运用气息。齐：一致。

[61] 巧拙：演奏技巧的高低。素：素质，指天赋、修养。句意为：演奏技巧的高低取决于个人的天赋、修养。

[62] 虽：即使。在：存在，指父兄具备的演奏才能。

[63] 移：移动。句意为：也不能移动到儿子、弟弟身上，意谓演奏技巧只能由个人的个性、气质、修养所决定。

[64] 经国：治理国家。大业：伟大的事业。

[65] 不朽：永恒。盛事：盛大的事。

[66] 年寿：年龄、寿命。有时：有一定的时限。尽：完结。

[67] 荣乐：荣耀、快乐。止：停留。身：身体，指人活着的时候。

[68] 二者：指年寿、荣乐。常期：一定的期限。句意为：二者能达到一定的期限。

[69] 未若：不能像，比不上。无穷：没有时间限制。句意为：比不上文章(在延长人的年寿、荣乐方面)会无穷无尽。此句意在张扬文章的生命价值。

[70] 寄身：寄托身心。翰墨：笔墨，指写文章。句意为：把自己的身心寄托在文章写作之中。

[71] 见意：表达思想情感。见：通现，表现之意。意：指思想情感。篇籍：文章。句意为：把自己的思想情感表现在文章中。

[72] 良史：优良史家。句意为：不依靠优良史家的历史记述。

[73] 托：仰仗，依赖。飞驰：达官显贵。势：权势。句意为：不依靠达官显贵的权势。

[74] 西伯：周文王。幽：拘囚。演：推演，指创作。

[75] 周旦：周公旦，周武王弟弟。显：显贵，显达。

[76] 隐约：穷困，处境艰难。务：指写文章。

[77] 康乐：富贵，安乐。加：转移，改变。思：想法。句意为：不因为富贵安乐改变著述的想法。

[78] 然则：用于句子开头，意即，既然……那么……。贱：见注[45]。重：意动用法，以……为重。

[79] 强力：坚强的毅力。

[80] 慑：威慑。

[81] 流于：沉浸在。逸乐：安逸，享乐。

[82] 营：经营。务：事务。

[83] 遗：遗忘，忘却。千载之功：指写文章，著述。

[84] 逝：消失。上：天上。句意为：日月在天上一天一天的升起、落下，意谓时间在慢慢流逝，人一天一天地变老。

[85] 体貌：身体，外貌。衰：衰老。下：地上，人间。

[86] 忽然：突然有一天。迁化：变化，指死亡。

[87] 志士：有志向有理想的人。痛：悲痛。句意为：这才是有志之士的最大悲痛。

[88] 融：孔融。逝：去世。句意为：孔融等六人已经去世。

[89] 干：徐干。著论：写文章。

第三节　选文讲解

《典论·论文》是一篇杰出的文学批评论著，讨论的核心问题是文人相轻。文人相轻是文人之间相互轻视、不服气，这种轻视、不服气可能是文人之间的恩怨矛盾人为形成的，也可能是不经意间自然而然存在于文人心中的，即便是朋友之间也会存在这种心理。在曹丕看来，这是一种恶劣的心理，由于它普遍存在于文人之间，挥之不去，严重阻滞了文学创作和批评的进步。围绕文人相轻，曹丕从各个角度进行了富有说服力的论证，发表了他的文体观、文气观和文学价值观，提出一系列具有原创性的文学观念，不经意间推动了中国古代文学观念的发展，促成了魏晋南北朝文学观念的自觉，将中国古代的文学理论和批评引向正轨。

一、文人相轻的创作与批评心理

文人相轻的原因是多方面的，除了文人之间的恩怨矛盾之外，大致还有以下数端：其一，两方水平旗鼓相当，差距不大，一方可能在某一方面胜过另一方，而另一方也有胜过对方之处，故而相轻、不服气；其二，两人水平差距较大，因一方获得名声大、利益多，另一方则被忽视，故而心生嫉妒，言语相轻；其三，一方与另一方处在不同的领域，相互之间不能准确认识，故而相轻。此外可能还有其他诸多原因，不能一一列举。可见，这不是单纯的相互不服气的问题。文人为什么会相轻？这是因为，任何人、任何能力、任何表现都不是完美的，任何人、任何能力、任何表现都既有长处，也有短处。文章写作、文学创作也是如此。

曹丕从古往今来的文学创作和批评实践中深刻地领悟了文人相轻这一心理，深切地认识到了这一心理对文章写作、文学创作、文学批评的危害。他要揭露并批判这种心理，这是具备公正心理和勇气的表现。《典论·论文》开篇说："文人相轻，自古而然。"这里首先强调文人相轻是一种普遍的心理，然后承认这种心理从古至今一直困扰着文人，成为文人们和谐交往的障碍，成为事业进步的绊脚石。曹丕将它看作一种恶劣的心理，是一种长期积淀而成的人性陋习，尽管有时呈现为一种不自觉、不经意的行为，甚至会遭到人们的忽视，但是，危害极大，必须揭露。从根本上说，文人相轻是一种不良的心理在文学创作和批评中的表现。曹丕深刻剖析了这一心理产生的原因，在他看来，其中有作家、批评家认识偏差的问题，只做到了"知己"，而没做到"知彼"。即便"知己"，也只是选择性的，只看到自己的长处，看不到自己的短处。而看别人的时候，则是另一种姿态，只看到别人的短处，有意或无意地无视别人的长处。这就是曹丕所说的"善于自见"。这当然不是作家、批评家看问题的角度单一的问题，而是在不良心理的引导下的主观故意，即主动屏蔽对自己不利、对别人有利的事实，不愿意客观、深入地去研究别人。也就是说，衡量自己和衡量别人用的不是一把尺子，衡量自己用的尺子短，而衡量别人用的尺子长。

为了更加有力地论证文人相轻的危害，曹丕现身说法，选择与他交往密切、长期共事的建安七子，以他们为例，从他们对具体文体的擅长与适应与否以及个人才性的角度深入探讨这个问题。曹丕之所以选择建安七子作为文人相轻的论述对象，不仅因为他对他们非常熟悉，还因为七子的文章才能、文学才能都很高，即便在这群高知、高素质群体中依然存在文人相轻的风气。七子之间朝夕相处，情同手足，但是，这并不能消弭这种文人相轻的风气。这是值得反思的。曹丕长期与他们生活在一起，对他们之间的各种情形有精准的把握，批评他们"咸以自骋骥騄于千里，仰齐足而并驰，以此相服，亦良难矣"。确实，七子之中每人都有自己的长处，也有自己的短处，可能就是因为有长处，便放大并利用它作为轻视别人的资本。曹丕说：“王粲长于辞赋，徐干时有齐气，然粲之匹也。如粲之《初征》《登楼》《槐赋》《征思》，干之《玄猿》《漏卮》《圆扇》《橘赋》，虽张、蔡不过也。然于他文，未能称是。琳、瑀之章表书记，今之隽也。应玚和而不壮，刘桢壮而不密。孔融体气高妙，有过人者，然不能持论，理不胜辞，以至乎杂以嘲戏。及其所善，扬、班俦也。”王粲、徐干二人都擅长辞赋这种文体，他们创作的精品水准不相上下，可是，徐干的辞赋有一种不好的特点——齐气，那是一种拖沓之气，是他的性格使然，也是他的故土风俗赋予他的，是深入血液骨髓，无法改变的。陈琳、阮瑀都擅长章表书记，但写法、风格差异很大。应玚、刘桢擅长诗歌，两人的诗风却有很大的不同，一者“和而不壮”，一者“壮而不密”。在曹丕看来，不同的作者对文体的驾驭才能是有差别的，每个人都有局限性，不可能人人都是通才。他的基本态度是：文非一体，鲜能备善。作家只能在某些文体领域保持优势，即他只可能在一种或几种文体创作方面独领风骚，很少有人在所有文体的创作上全面发展。这是由作家的修养、气质、情感、性格等因素所决定的。具体地说，一个作家的性格、气质决定他只擅长这一类文体，因此，这类文体就写得好，而对其他文体就不一定擅长了。这是文学创作中很正常的现象。而不少人认识不到这一点，或者根本不愿意承认这一点。他们只看到自己对某种文体的擅长，看到别人对这种文体的不擅长，于是在心理上沾沾自喜，轻视别人，认为别人不如自己。曹丕真切地看到了这种风气的危害，将之上升为一个人的劣根性来加以讨论，并为此提出了“文人相轻，自古而然”的命题，具有强烈的批判精神。这种文人相轻的心理所产生的影响是极其恶劣而深远的，它导致了文学创作领域妄自尊大、故步自封的风气，也导致了文学批评领域相互吹捧、虚夸不实等不公现象。曹丕认为，这种风气应该予以纠正。正是在对文人相轻这一心理陋习的分析批判基础之上，曹丕展开了他的文学主体批评和文学价值批评，提出著名的“文气”说，充实了立言不朽的理论内涵。

由此可见，曹丕的思维是怪异的，非常敏锐。这种“怪异”是指超越普通惯常的思维模式。他要开展文学批评，评论作家及其创作，却从“文人相轻”引出话题。这不是一个纯文学问题，而是一个文化命题，涉及深层的心理问题。这正说明曹丕的心理是健康的，理论切入点非常精准。他就是要从作家、批评家的心理出发，去讨论文学创作、文学批评中最本质的问题，即作家、批评家的创作与批评心理问题。这就充分证明，曹丕是中国古代文学批评家中能够保持头脑清醒的一位。在中国思想文化史上，他是第一位从文学批评的角度对中国人的心理劣根性进行反省的人，也是实质性地从作家、批评家主体出发来认识文学创作与批评的人。“文人相轻”在今天仍然是一个有意义的话题，虽然这一话题不直接在文学创作中呈现，却从根本上影响甚至决定文学创作的成败，值得我们从深层去发掘、研究。曹丕的文学理论也因此显得弥足珍贵。

二、对作家主体性特征的认识

在对文人相轻这一心理陋习的批判基础之上，曹丕展开了他对作家创作主体的认识，提出了著名的“文以气为主”说。他说：“文以气为主，气之清浊有体，不可力强而致。譬诸音乐，曲度虽均，节奏同检，至于引气不齐，巧拙有素，虽在父兄，不能以移子弟。”

“文以气为主”说，后人简称“文气”说。将作家个人的素质与文章写作、文学创作联系起来，是曹丕的创造。当然，这种创造是建立在前人关于人的认识与礼乐教化基础之上的。“气”作为中国古典哲学的一个重要范畴，早在先秦时期就已经产生，《周易》就曾经用“气”来解释自然万物，对后世哲学思想的影响是全方位的。无论儒家还是道家乃至汉代以来的经学、黄老之学、魏晋玄学，无不深受《周易》的沾溉。从古人对“气”的运用状况来看，“气”的内涵非常广泛，既可意指物质性的内涵，又可意指精神性的内涵。在古人看来，“气”作为自然界的一种物质，是用来充实生命的，对人的生命有涵养作用，人的生命本身是离不开“气”的。当然，“气”也无法摆脱伦理道德，先秦诸子都用它来阐释自己的观念与主张，最为典型的是孟子的“知言养气”论。“养气”就是涵养儒家的伦理道德，谈论的是“气”对儒家人格的培养、对人的伦理道德精神的培养。在孟子那里，“气”显然意指精神，是指人的生命力。与儒家不同，汉代的元气自然论源自黄老思想，把“气”看作生命的涵养，是人的生命不能缺少的。曹丕的“文气”说受这些观念的影响，只不过，他讨论的是作家精神气质方面的问题，与哲学之“气”有所不同。“文气”之“气”已经转化为文学和美学的范畴，意在强调作家的性格气质等对文学创作的主导作用。

曹丕创造性地提出“文气”说，他真诚地认为，作家的创作是以“气”为支撑的。这个“气”呈现在作家的身上，具化为作家主体的性格、气质、文化素养、道德品质、审美修养等，广泛地渗透到作家的文章写作和文学创作之中，丰富了文章、文学作品的意义。任何一个人都有属于他(她)个人的性格、气质、文化修养、审美修养、思想观念、道德品质等，人与人之间有着显著的差异。这些因素都会渗透到他(她)的语言表达和作品赋意之中，使其作品呈现出与别人显著不同的个性特征。这种个性特征就是风格。西方文学理论所说的“风格即人”可以与“文气”的意涵互相参照。因此，“文气”包括对作家、作品的深刻认识，它是传统知人论世观念的进一步发展。并且，和知人论世观念一起，完成了中国古代文论中的作家论、批评论、鉴赏论的理论主干的创造，是认识文章体性论、文学风格论的理论基础。

“气”属于作家自身的性格、气质、文化修养、审美修养、思想观念、道德品质等，这些要素有些是天生的，有些是经过后天的熏染培养的。天生的素质与血缘、遗传有关系，这个问题难以说清楚；后天的素质则与自己的家庭、生活地域、生活环境与人生经历有关。先天的素质和后天的素质结合在一起，产生奇妙的碰撞，形成了作家独特的气质，表现在文章、文学作品中，融入文章、文学作品诸因素中，则是文章、文学的风格。任何一种风格都是独特的，不可重复的，因为作家的个性不可复制，个人经历、文化修养、审美修养、思想观念、道德品质等也不可复制，只有独特，才能称之为风格。曹丕在进一步认识这一问题的时候还提出清、浊问题，他借用汉代以来人物品评所使用的清、浊概念，将“文气”分为清、浊两类。汉代人物品评所使用的清、浊概念，意义是有褒贬之别的，而曹丕所使用的清、浊则没有褒贬，只是强调那是气的两种类型。这两种类型的气一方面指人的性格，另一方面指称文章、文学风格，是对文章、文学风格的简单举例。清是清爽、清刚，是指人的性格所呈现出来的阳刚、俊秀、豪迈的特征。浊是浑浊、重浊，是指人的性格所呈现出来的阴柔、凝重、沉郁的特征。这些具化到文学创作之中，形成了不同的风格特征。

曹丕的“气之清浊有体”的观点，我们可以从以下两个方面去理解：其一，单纯从创作主体这一角度理解，不同的作家，其性格、气质、文化素养、道德品质、审美修养等不可能相同，大致可以分为清和浊这两个方面。这两个方面基本是稳定的，尤其是作家的性格、气质，总体上是不可能改变的。假如一个人的性格原本是外向型的，在经过一些人生变故之后，遭受打击，性格可能会发生一些变化，但是，这些变化不可能是根本性的，只能是外部的、表层的，不可能转变为内向型性格；反之，亦然。其二，从文章、文学创作这一角度理解，同一作家处在不同的地域、环境之中，其性格、气质、审美修养等可能会发生一些变化，但这种变化是暂时的，情绪高涨时则清刚，情绪低落时则重浊。这一点，我们从三曹、七子的诗歌创作中可以看得非常分明。曹植的诗歌有些写得热情奔放，如《斗鸡》，有些写得沉郁顿挫，如《送应氏》《赠白马王彪》。环境的变化导致了诗风变化，这种变化只是表面的、暂时的。对于这个问题，一般都强调第一个方面，而对第二个方面有所忽略。这种认识是不科学、不全面的。文章、文学创作之所以会形成清和浊的差别，一方面与作家的性格、气质密切关联，另一方面还与环境有关，因为环境能够暂时改变人的性格和情感取向。而在这里，曹丕更加强调的是人的先天因素。他以演奏音乐为例来说明这一问题。父子兄弟同台演出，演奏的是同一支曲子，由于各自性格与修养的不同，演奏的效果与风格会截然不同。这是不可漠视的事实。所谓“引气不齐，巧拙有素”，兼及了先天与后天两个方面。这是我们应该重视的。

曹丕的“文气”说第一次正式讨论作家主体性的特征及其在文章、文学创作中的作用，把文学研究真正地与人的研究结合起来，把作家看作文学活动中的一个重要组成部分。这是非常难得的。它标志着文学创作中人的自觉，也标志着文学批评中人的自觉。这种观念对研究作家主体，指导文学创作，具有重要的理论意义。

三、关于文学价值和人的价值的思考

关于文学（文章、立言）价值，在曹丕之前，已经有不少人思考这一问题。早在春秋时期，《左传》就已经提出“三不朽”说，其中之一就是“立言不朽”。“立言”显然包括文章写作、文学创作。随着经学的发展，汉代产生了《毛诗序》，其论述的核心是“诗言志”，阐发的是诗歌的政治、伦理、道德教化功能。“故正得失，动天地，感鬼神，莫近于诗。先王以是经夫妇，成孝敬，厚人伦，美教化，移风俗。”诗的作用如此巨大，意谓诗的价值无比崇高。那是一个奉“诗”为经的时代，这个“诗”特指《诗经》，是经过儒家政治、伦理、道德赋意之后的经典。我们认为，《毛诗序》对文学价值的认识是夸张的、扭曲的。因为汉代的《诗经》经过了经学家的阐释，被赋予了政治、伦理、道德的内涵，已经不是一个纯粹的文学文本，而是一个政治、伦理、道德的经典文本，诗的价值因此被提到了无比崇高的地位。

曹丕对文学(文章)价值的认识与《毛诗序》有很大的差异，这种差异主要表现在，他把文学价值与人的价值联系起来，认为人的价值主要表现在写文章的能力上，文章的不朽成就人的不朽，鼓励后人发奋著文。这是文学观念自觉的一个重要标志。

曹丕说：“盖文章，经国之大业，不朽之盛事。年寿有时而尽，荣乐止乎其身，二者必至之常期，未若文章之无穷。是以古之作者，寄身于翰墨，见意于篇籍，不假良史之辞，不托飞驰之势，而声名自传于后。”这里必须要辨析这么一个概念：文章。在中国文学史上，“文章”是一个意义宽泛的概念，不仅指审美性的文学作品，而且指非审美性的实用性文章。曹丕的“文章”显然是包括这两个方面的。从他所讨论的“四科八体”(奏议、书论、铭诔、诗赋)中可以看出，这里既有审美性的文学文体(如诗赋)，也有非审美性的实用文体(如奏议)。文学是文章的一部分。曹丕认为，文章有两大功能：第一是“经国之大业”，有益于国家；第二是“不朽之盛事”，有益于自身。这两者是相辅相成的。也就是说，文学也有这两个方面的功能，也能在治国方面发挥巨大的作用，这就把对文学价值的思考与人的生命价值的思考联系在一起，表现出一种进步的文学观念。

文学能否治国，能否在伦理道德传播中发挥巨大作用？其实，关于这个问题一直在争论，观点差异很大。《左传》说“立言不朽”，这个“言”是指政治、伦理、道德方面的学说，虽然包括《诗三百》(《诗经》)，但是，文学的意指性不强。因为，先秦时期的人并不把《诗三百》看作一个文学文本，而是看作一个政治、伦理、道德文本。后来，荀子、扬雄等人都把文章写作与明道、征圣、宗经联系起来，强调文章对伦理道德内容的传播，其中自然包括文学。可以联想，那个时代，文学并不发达，文学文体并不兴盛，文章主要是指应用性文体，即能够参与治国理政的文体，而对纯文学的认识是有偏差的。扬雄是一个辞赋大家，他曾经说过，辞赋创作是“童子雕虫篆刻”，“壮夫不为”(《法言·吾子》)。这里隐含着一段令他刻骨铭心的历史。司马相如写《大人赋》试图劝谏汉武帝不要好神仙而失效，“赋劝而不止”，导致扬雄发誓再也不写辞赋。曹丕的弟弟曹植也说过：“辞赋小道，故未足以揄扬大义，彰示来世也。”(《与杨德祖书》)似乎也隐含着对文学(辞赋)的贬低。曹植是中国文学史上一流的文学家，写作了这么多优秀的诗文，文学成就如此之高，怎么会说出这样的话？他的观念是否与曹丕相左？在笔者看来，曹植之所以说出“辞赋小道”的话，一方面是延续扬雄的观点，另一方面是将人生的重点放在建功立业上，把“以翰墨为勋绩，辞赋为君子”（《与杨德祖书》）的行为看得低一个层次，重点不在贬低文学，而在弘扬战功和治理之功。不过，我们确实要承认，像曹丕那样对文学做出如此崇高评价的人还不多。曹丕的文学价值观，在他的《与王朗书》中再一次彰显：“生有七尺之形，死唯一棺之土，唯立德扬名，可以不朽，其次，莫若著篇籍。疫疠数起，士人凋落，余独何人，能全其寿。故论撰所著《典论》、诗赋盖百余篇。”别的不说，在对文学(文章)价值和人的价值认识上，曹丕的境界比曹植高，他远远超越了历史上众多杰出的政治家、文学家。

第四节　阅读思考与延伸阅读

一、阅读思考

1. 如何认识“文人相轻”在中国文学批评发展史上的理论意义？对当下的文学批评有怎样的启迪？

2. “文气”说的理论内涵是什么？曹丕“文气”说与中国传统哲学有怎样的关系？

3. 如何评价曹丕的文学价值观？

二、延伸阅读

1. 陆机撰，张少康，集释. 文赋集释[M]. 上海：上海古籍出版社，1984.
2. 刘勰撰，范文澜，注. 文心雕龙注[M]. 北京：人民文学出版社，2000.
3. 钟嵘撰，陈延杰，注. 诗品注[M]. 北京：人民文学出版社，1961.
4. 严羽撰，郭绍虞，校释. 沧浪诗话校释[M]. 北京：人民文学出版社，1961.
5. 王国维撰，彭玉平，疏证. 人间词话疏证[M]. 北京：中华书局，2014.
6. 郭绍虞. 中国文学批评史[M]. 北京：商务印书馆，2010.

(本章由李健撰稿)

李健，深圳大学教授，博士生导师，美学与文艺批评研究院副院长，国家社科基金重大项目首席专家，深圳大学领军学者，深圳市国家级领军人才；兼任中国中外文艺理论学会理事、中国文艺理论学会理事、中国比较文学学会文学理论与比较诗学研究会副会长；出版《比兴思维研究——对中国古代一种艺术思维方式的美学考察》《魏晋南北朝的感物美学》《中国古典文艺学》(与胡经之合著)等学术专著 5 部，发表论文近百篇。

第四章 英雄的愤怒
——《伊利亚特》导读

第一节 作者及作品介绍

《伊利亚特》和《奥德赛》(又名《伊利昂纪》和《奥德修纪》)是古希腊现存最早的文学作品，标志着欧洲文学的滥觞。相传荷马是古希腊这两部伟大史诗的作者。有关荷马的信息，比如他的出生地、生卒年、父母、经历，全都不能确定，甚至他是否存在，他是一个人还是两个人，都存在着争议。[①]他的名字 Homēros 也有多种解读，有人认为是“人质”，有人认为可作“盲人”解。[②]相传，他于公元前 9 至公元前 8 世纪生活在小亚细亚一带，是一位盲眼的行吟诗人，带着竖琴出入贵族的厅堂吟唱特洛亚(也译为特洛伊)战争中诸英雄的事迹。古希腊有一个漫长丰富的英雄史诗的传统，荷马也许是这些史诗诗人和吟唱人中的佼佼者。据考证，荷马的时代至少还有八部吟唱特洛亚之战的史诗，但只有这两部较完整地保存了下来，这也许正说明了《伊利亚特》和

① 关于荷马的出生地，古希腊有 7 个城市声称荷马是在他们那里出生的。古希腊人都相信荷马确有其人，希罗多德、修昔底德、柏拉图、亚里士多德等都肯定两部作品均出自荷马之手。
② 关于荷马名字的各种解释，参见：陈中梅. 荷马史诗研究[M]. 南京：译林出版社，2010：2-3.

《奥德赛》主题更鲜明，结构更完整，讲述更具有艺术性。

公元前12世纪末，希腊半岛上的阿开奥斯人联合起来进攻小亚细亚的特洛亚城，经过十年鏖战，特洛亚城陷落。战争结束后，小亚细亚一带流传着很多关于特洛亚之战中英雄的故事和神话传说，行吟诗人们口耳相传，不断地进行加工改造。荷马在此基础上将这些行吟诗歌整理加工成演唱本史诗形式，到了公元前6世纪中叶，雅典执政官庇士特拉绥组织学者进行删改修订，形成了文字。公元前3至公元前2世纪，亚历山大城的几位学者将两部史诗各校订为24卷，这就是我们今天所见的荷马史诗定本。

《伊利亚特》描述了特洛亚之战最后的51天。希腊联军①的营帐里发生了一起个人争端。阿开奥斯人攻占了小亚细亚沿海城市克律塞，俘虏了该城阿波罗祭司克律塞斯的女儿克律塞伊斯，并献给了希腊联军的统帅阿伽门农。克律塞斯带着礼物前去请求释放女儿，却反遭阿伽门农呵斥，于是他在回家路上乞求阿波罗将瘟疫降于希腊联军。阿波罗应允了他的请求，一时间，希腊联军将士的尸首堆积如山。为避免全军覆没，阿基琉斯（也译为阿喀琉斯）召集将领们开会，要求阿伽门农归还祭司的女儿，阿伽门农不得不送回了克律塞伊斯，却又仗势抢走了阿基琉斯的荣誉礼物——心爱的女奴布里塞伊斯。这引发了阿基琉斯的第一次愤怒，他愤然退出战场，来到海边向自己的母亲海洋女神忒提斯哭诉，求母亲出面去说服宙斯同意惩罚阿伽门农和希腊联军。

特洛亚军队在宙斯和阿波罗的帮助下，由主将赫克托尔率领着大举进攻，杀到了希腊人营寨外的壕沟前，希腊联军无力抵抗，节节败退。眼看希腊人就要守不住了，阿伽门农终于意识到自己的贪婪和专横酿成了大祸。他派出了以奥德修斯为首的使团去跟阿基琉斯讲和，除了送回布里塞伊斯外，还许诺给阿基琉斯许多贵重的礼物，并请求他重返战场，却被阿基琉斯断然拒绝。阿基琉斯的好友帕特罗克洛斯眼见希腊人战况告急，而阿基琉斯依然在跟阿伽门农赌气拒不出战，危急之中他借了阿基琉斯的铠甲披挂上阵。特洛亚人误以为他是阿基琉斯，失去了战斗的勇气，纷纷败退，帕特罗克洛斯乘胜追击特洛亚人，却忘记了不能冲出营寨的忠告，丧命于赫克托尔的枪下。

由此，阿基琉斯的愤怒发生了转移，他与阿伽门农和解，披上了母亲忒提斯请匠神赫淮斯托斯为他赶制的新盔甲，冲上战场为好友报仇。奥林匹斯山上的诸神也重新加入了战斗，宙斯和阿波罗庇佑赫克托尔，雅典娜暗中帮助阿基琉斯。决战中，阿基琉斯如同空中盘旋的山鹰追逐着一只鸽子，一路尖叫着紧跟赫克托尔。最后在雅典娜的帮助下，阿基琉斯刺死了赫克托尔，并剥下他的盔甲，将其尸体拖在战车后面，绕城三周。

赫克托尔年迈的父亲、特洛亚国王普里阿摩斯深夜只身潜入阿基琉斯的营帐，

① 在史诗中被称为阿开奥斯人、阿开亚人、阿尔戈斯人、达那奥斯人和达那亚人。

恳求赎回儿子的尸首。阿基琉斯被老国王的勇气和亲情深深打动，收下了赎礼，并应允了对方十二天的休战期。史诗在特洛亚人为赫克托尔举行的隆重葬礼中结束。

史诗没有长篇累牍地描写战争十年点点滴滴的情况，而仅仅截取了战争结束前的五十多天，围绕着一个事件展开叙述，而对于其他的相关事件，则采用大量穿插、补叙的手法加以交代。亚里士多德曾在《诗学》里分析过《伊利亚特》的“情节的整一性”：“显然，史诗的情节也应像悲剧的情节那样，按照戏剧的原则安排，环绕着一个整一的行动，有头有身有尾，这样它才像一个完整的活东西，给我们一种它特别能赋予的快感。”① “整一的行动”就是阿基琉斯的愤怒产生、发展以及消除的整个过程。《伊利亚特》围绕这条主线，塑造了一系列英雄的形象。

第二节　原文选读②

（一）

女神啊，请歌唱佩琉斯之子阿基琉斯的
致命的忿怒，那一怒给阿开奥斯人③带来
无数的苦难，把战士的许多健壮英魂
送往冥府，使他们的尸体成为野狗
和各种飞禽的肉食，从阿特柔斯之子、
人民的国王④同神样的阿基琉斯最初在争吵中
分离时开始吧，就这样实现了宙斯的意愿。

（节选自第一卷，1～7行）

（二）

捷足的阿基琉斯怒目而视，回答说：
“你这个无耻的人，你这个狡诈之徒，

---

① 亚里士多德. 诗学[M]. 罗念生，译. 北京：人民文学出版社，1962，第一卷，96.
② 选文所据版本：荷马. 荷马史诗·伊利亚特[M]. 罗念生，王焕生，译. 北京：人民文学出版社，1994.
③ 阿开奥斯人是古代希腊人部落，主要居住在阿开亚地区，在伯罗奔尼撒半岛北部。史诗中阿开奥斯人泛指古希腊人。
④ 指希腊联军的统帅阿伽门农。

阿开奥斯人中今后还有谁会热心地
听你的命令去出行或是同敌人作战？
我到这里来参加战斗，并不是因为
特洛亚枪兵得罪了我，他们没有错，
须知他们没有牵走我的牛群，
没有牵走我的马群，没有在佛提亚[①]，
那养育英雄的肥沃土地上毁坏谷物，
因为彼此间有许多障碍——阴山和啸海。
你这个无耻的人啊，我们跟着你前来，
讨你喜欢，是为墨涅拉奥斯和你，
无耻的人，向特洛亚人索赔你却不关心。
你竟然威胁我，要抢走我的荣誉礼物，
那是我辛苦夺获，阿开奥斯人敬献。
每当阿开奥斯人掠夺特洛亚人城市，
我得到的荣誉礼物和你的不相等；
是我这双手承担大部分激烈战斗，
分配战利品时你得到的却要多得多。
我打得那样筋疲力尽，却只带着
一点小东西回到船上，然而属于我。
我现在要回到佛提亚，带着我的弯船，
那样要好得多，我可不想在这里，
忍受侮辱，为你挣得财产和金钱。”

人民的国王阿伽门农回答他说：
“要是你的心鼓励你逃跑，你就逃跑吧；
我不求你为我的缘故留在特洛亚。

① 阿基琉斯的管辖地区。

我还有别人尊重我，特别是智慧的宙斯，
你是宙斯养育的国王中我最恨的人，
你总是好吵架、战争和格斗。你很有勇气，
这是一位神赠给你。你带着你的船只
和你的伴侣回家去统治米尔弥冬人[①]吧。
我可不在意，也不理睬你的怒气。
这是我对你的威胁：既然福波斯·阿波罗
从我这里夺去克律塞斯的女儿，
我会用我的船只让伴侣把她送回去，
但是我却要亲自去到你的营帐里，
把你的礼物、美颊的布里塞伊斯带走，
好让你知道，我比你强大，别人也不敢
自称和我相匹敌，宣称和我相近似。”

(节选自第一卷，148 ~ 187 行)

(三)

捷足的战士阿基琉斯回答他这样说：
“拉埃尔特斯的儿子、大神宙斯的后裔、
足智多谋的奥德修斯，我不得不
把我所想的、会成为事实的话讲出来，
免得你坐在那里那样喋喋不休。
有人把事情藏心里，嘴里说另一件事情，
在我看来像冥王的大门那样可恨。
我要把我心里认为是最好的意见讲出来。
我看阿特柔斯的儿子阿伽门农
劝不动我，其他的达那奥斯人也不行，
因为同敌人不断作战，不令人感谢，

① 米尔弥冬人归阿基琉斯管辖，居住在佛提亚地区。

那待在家里的人也分得同等的一份。
胆怯的人和勇敢的人荣誉同等，
死亡对不勤劳的人和非常勤劳的人
一视同仁。我心里遭受很大的痛苦，
舍命作战，对我却没有一点好处。
有如一只鸟给羽毛未丰的小雏衔来
它能弄到的可吃的东西，自己遭不幸；
我就是这样度过许多不眠之夜，
在作战当中经过许多流血的日子，
同战士们一起，为了他们的妻室。

“我曾经从海上劫掠人们的十二座都城，
从陆路劫掠特洛亚城市我想是十一座；
我从那些地方夺获许多好的财物，
全部带回来交给阿伽门农，阿特柔斯之子；
他待在后方，住在他的快船旁边，
接受战利品，分一点给别人，自己留许多，
有些战利品他赠给首领和国王们，没人动
他们的东西，阿开奥斯人中只有我被抢夺，
他占有我心爱的侍妾，和她取乐同床。
阿尔戈斯人[①]为什么要同特洛亚人作战？
阿伽门农为什么把军队集中带来这里？
难道不是为了美发的海伦的缘故？
难道凡人中只有阿特柔斯的儿子们
才爱他们的妻子？一个健全的好人
总是喜爱他自己的人，对她很关心，

① 阿尔戈斯地区归阿伽门农管辖，在伯罗奔尼撒半岛东部。

就像我从心里喜爱她，尽管她是女俘。
他已经从我手里夺去礼物欺骗我，
他别想劝诱了解他的人，他劝不动我。
奥德修斯啊，让他同你和别的国王们
共同想办法，使船只避免熊熊的火焰。
没有我的帮助，他完成了许多事情，
他建造壁垒，在墙边挖壕沟，又宽又深，
在里面竖立木桩；但是他未能阻挡
杀人的赫克托尔的力量。我在阿开奥斯人中
作战的时候，赫克托尔不想远离城墙
发动战争，只走到斯开埃城门外面，
橡树旁边，有一次他独自在那里等我，
好不容易才躲过我的猛烈的攻击。

“我现在一点不想同神样的赫克托尔作战，
明天我向宙斯和全体天神献祭，
我把船只拖到海上，装上货物。
你就会看见，只要你愿意，有点关心，
拂晓时我的船在鱼游的赫勒斯滂托斯航行，
我的人热心划桨；要是那位闻名的
震撼大地的海神赐我顺利的航行，
第三天我会到达泥土深厚的佛提亚。
我来这里时把大量财产留家里；
我将从这里带走别的黄金和铜、
青灰色的铁、束着美丽腰带的妇女，
这都是我拈阄得来；我的荣誉礼物
却被那赠予者阿伽门农夺去，侮辱我。

请把我说的这些事情公开告诉他，
使别人同样愤慨，要是他希望欺骗
别的达那奥斯人[①]，他总是这样无耻。
尽管他有狗的脸面，却不敢和我照面。
我不会和他一起构想任何策略
或是事情，因为他已经欺骗我，冒犯我。
他不能再用言语引诱我；他做尽坏事。
让他舒舒服服去毁灭；聪明的宙斯
已经剥夺他的智力。他的礼物
看起来可憎可恶，我估计值一根头发。
……
"阿特柔斯的儿子的女儿我不迎娶，
即使她的容貌比得上黄金的美神，
她的手艺赶得上目光炯炯的雅典娜，
我也不迎娶。让他选择另外一个
和他相似、比我更有国王的仪容的
阿开奥斯人。要是众神保全我的性命，
我回到家里，佩琉斯会为我寻找个妻子。
赫拉斯、佛提亚有许多阿开奥斯少女，
她们都是保卫城市的首领的女儿，
我愿意选中谁，就把谁作为亲爱的妻子，
我的高贵的灵魂时常驱使我从那里
娶一个合法的妻子、一个合适的助手，
尽情享受老人佩琉斯获得的财富。
在我看来，无论是据说人烟稠密的
伊利昂[②]在和平时代，在阿开奥斯人的儿子们

① 史诗中泛指希腊人。
② 特洛亚的别称。

到达之前获得的财富，或是弓箭神
福波斯·阿波罗在多石的皮托的白云石门槛
围住的财宝，全都不能同性命相比。

“肥壮的羊群和牛群可以抢夺得来，
枣红色的马、三脚鼎全部可以赢得，
但人的灵魂一旦通过牙齿的樊篱，
就再夺不回来，再也赢不到手。
我的母亲、银足的忒提斯曾经告诉我，
有两种命运引导我走向死亡的终点。
要是我留在这里，在特洛亚城外作战，
我就会丧失回家的机会，但名声将不朽；
要是我回家，到达亲爱的故邦土地，
我就会失去美好名声，性命却长久，
死亡的终点不会很快来到我这里。

“我劝其他的人一起航海回家，
我们达不到攻占陡峭的伊利昂的目标，
发出远扬的雷声的神宙斯把他的双手
伸向那城市上空，它的人民很有勇气。
你们回去把这个信息告诉尊贵的
阿开奥斯首领，长老们享有这种权利，
让他们构想出别的更好的策略，挽救
他们的船只和船边的阿开奥斯人的军队；
他们现在构想出的策略由于我发怒，
对他们没有效用。让福尼克斯留下来，
在这里睡眠，他好在明天和我一起

坐船返回亲爱的祖国，只要他愿意，
但是我不会逼迫他，不会硬把他带走。”

（节选自第九卷，第307~429行）

（四）

普里阿摩斯的高贵儿子当时这样说，
苦苦哀求，但听到的回答并不柔和：
“你这个蠢人，不要和我提赎身的事情。
在命定的死亡降临帕特罗克洛斯之前，
我的心曾经很乐意宽恕特洛亚人，
我活捉了他们许多人把他们卖掉，
但现在凡是不朽的神明在伊利昂城前
交到我手里的特洛亚人，都不可能
躲过一死，特别是普里阿摩斯的儿子。
朋友啊，你也得死，为何这样悲伤？
帕特罗克洛斯死了，他可比你强得多。
你难道没看见我如何俊美又魁伟？
我有伟大的父亲，由女神母亲生养，
但死亡和强大的命运也会降临于我。
当某个早晨、夜晚或者中午来临时，
有人便会在战斗中断送我的性命，
或是投枪，或是松弛的弦放出的箭矢。”

（节选自第二十一卷，97~113行）

（五）

普里阿摩斯向阿基琉斯恳求说：
“神样的阿基琉斯，想想你的父亲，
他和我一般年纪，已到达垂危的暮日，

四面的居民可能折磨他，没有人保护，
使他免遭祸害与毁灭。但是他听说
你还活在世上，心里一定很高兴，
一天天盼望能看见儿子从特洛亚回去。
我却很不幸，尽管我在辽阔的特洛亚
生了很多最好的儿子，可是我告诉你，
没有一个留下来，在阿开奥斯人进攻时，
我有五十个儿子，十九个是同母所生，
其余的出生自宫娥。这许多儿子的膝盖
都已被凶猛的阿瑞斯弄得软弱无力。
我剩下的一个儿子、城市和人民的保卫者，
在他为祖国而战斗时已经被你杀死，
他就是赫克托尔。我现在为了他的缘故，
带着无数的礼物来到希腊人的船前，
从你这里把他的尸首赎买回去。
阿基琉斯，你要敬畏神明，怜悯我，
想想你的父亲，我比他更是可怜，
忍受了世上的凡人没有忍受过的痛苦，
把杀死我的儿子们的人的手举向唇边。”

他这样说，使阿基琉斯想哀悼他父亲，
他碰到老人的手，把他轻轻地推开。
他们两人都怀念亲人，普里阿摩斯
在阿基琉斯脚前哭他的杀敌的赫克托尔，
阿基琉斯则哭他父亲，一会儿又哭
帕特罗克洛斯，他们的哭声响彻房屋。
在神样的阿基琉斯哭够，啼泣的欲望

在他的心里和身上完全消退以后，
他立刻从椅子上跳起，把老人搀扶起来，
怜悯他的灰白头发、灰白胡须，
向他说出一些有翼飞翔的话语：
“不幸的人，你心里忍受过许多苦难，
你怎敢独自到阿开奥斯人的船边来见
一个杀死你许多英勇的儿子的那个人？
你的心一定是铁铸。你来坐在椅子上，
让我们把忧愁储藏在心里，尽管很悲伤，
因为冰冷的哭泣没有什么好处。
神们是这样给可怜的人分配命运，
使他们一生悲伤，自己却无忧无虑。
宙斯的地板上放着两只土瓶，瓶里是
他赠送的礼物，一只装祸，一只装福，
若是那掷雷的宙斯给人混合的命运，
那人的运气就有时候好，有时候坏；
如果他只给人悲惨的命运，那人便遭辱骂，
凶恶的穷困迫使他在神圣的大地上流浪，
既不被天神重视，也不受凡人尊敬。
神们就是这样在佩琉斯出生的时候，
赠送他美好的礼物，使他在全人类当中
无比幸福与富裕，统治着米尔弥冬人，
他身为凡人，神们却把女神嫁给他。
但是天神又降祸于他，使他的宫中
生不出王孙的后裔，却生个早死的儿子。
他年事已高，我却不能给他养老，
因为我远离祖国，在特洛亚长久逗留，

使你和你的儿子们心里感到烦恼。
至于你，老人家，我听说你从前享受幸福，
往海外到累斯博斯——马卡尔[①]居住的国土，
上至弗里基亚和无边的赫勒斯滂托斯，
人们说你老人家的财富和男子超过
那些地方的人。但是时过境迁，
天上的神明给你带来这种祸害，
你的城市周围尽是战争和杀戮。
你忍耐忍耐，心里不要长久悲伤，
因为你哭儿子没有什么好处，
你救不活他，还要遭受别的灾难。”

那老人、神样的普里阿摩斯回答说：
“宙斯养育的人，在赫克托尔躺在屋里，
还没有埋葬以前，不要叫我坐下，
请你赶快释放他，让我亲眼看见。
你且接受我们带来的大批礼物，
你可以享受这些东西，回到故乡，
因为你首先使我活下来，得见太阳。”

那捷足的阿基琉斯斜着眼睛对他说：
“老人家，不要再这样刺激我，我已经有意
释放赫克托尔，海中老人的女儿，我的
生身母亲，作为宙斯的信使来过。
普里阿摩斯，你的事我心里明白全知道，
有一位天神把你引到阿开奥斯快船边。

① 马卡尔是累斯博斯的先王。

没有一个凡人敢到希腊军中来，
连筋强力壮的小伙子也不敢，因为他不可能
躲过守兵，也不容易把门闩往后推。
老人家，你不要在我悲伤时惹我生气，
免得我在屋里不饶你，尽管你是个祈求者，
那样一来，我就会违反宙斯的命令。”

(节选自第二十四卷，第485～570行)

(六)

车战的帕特罗克洛斯啊，你虚弱地对他说：
“赫克托尔，现在你自夸吧！是克罗诺斯之子
宙斯和阿波罗把胜利给你，让你战胜我，
他们很容易这样做，剥去了我的盔甲。
即使是二十个同你一样的人来攻击我，
他们也会全都倒在我的投枪下。
是残酷的命运和勒托之子[①]杀害了我，
然后是凡人欧福尔波斯，你只是第三个。
我再对你说句话，你要记住好思量。
你无疑也不会再活多久，强大的命运
和死亡已经站在你身边，你将死在
埃阿科斯的后裔、无瑕的阿基琉斯的手下。”

他这样说，死亡终于把他罩住。
灵魂离开了他的肢体，前往哈得斯，
哀伤命运的悲苦，丢下了青春和勇气。
他虽已死去，光辉的赫克托尔还在对他说：
“帕特罗克洛斯，你怎么说我死亡临近？

① 勒托之子指的是太阳神阿波罗。

谁能说美发的忒提斯之子阿基琉斯
不会首先在我的长枪下放弃生命？”

(节选自第十六卷，第 843 ~ 861 行)

第三节　选文讲解

史诗一开篇就点明了全诗的主题——愤怒(mēnis)，mēnis专指神对人的愤怒，人忘乎所以，忘记了作为人的本分，僭越了人的地位而冒犯了神。但这里的mēnis是个例外，它用来表达一个人对另一个人的愤怒，这也表明了阿基琉斯相对于阿伽门农的独特地位。首先，阿基琉斯是海洋女神忒提斯和色萨利国王佩琉斯的儿子，是人和神的后代。他体魄强健，相貌英俊，身手矫捷，所向无敌。当然古希腊诸多英雄都是人和神的后裔，但阿基琉斯不同于其他英雄，他是所有英雄中最具有神性的。其次，阿基琉斯的愤怒给阿开奥斯人带来无数的苦难，整个战局因为他的两次愤怒而发生逆转。

一、阿基琉斯的第一次愤怒

第一卷交待了阿基琉斯第一次愤怒的缘起。愤怒起源于他和阿伽门农的一次争吵，阿伽门农抢走了阿基琉斯的礼物——女俘布里塞伊斯，让他觉得自己受到了很大的侮辱。从“阿特柔斯之子、人民的国王同神样的阿基琉斯”可以看出，两人矛盾的焦点就在于继承而来的政治权威和天生的禀赋之间的对立。阿伽门农是希腊联军的最高领袖，他利用权力巧取豪夺，满足自己的私欲。阿基琉斯是联军中最骁勇善战的将士，他的卓越首先体现在他天生的战斗力上，这也是他最为人所熟知的优点。但大家所忽视的一点是阿基琉斯具有高超的洞察力。在争吵中，阿基琉斯说，我来这里打仗并不是因为特洛亚人得罪了我，我为什么要杀特洛亚人？我们没有来特洛亚的义务，我来这个地方，纯粹是为了荣誉。而荣誉的具象体现就是战利品，现在我的战利品被夺走了，那么我的荣誉和尊严都受到了巨大的伤害。阿基琉斯在这里揭示了事情的本质：我浴血奋战，承担了大部分激烈的战斗，可你分得的战利品却比我的还多得多。况且阿基琉斯劝阿伽门农释放布里塞伊斯，还同意给他三四倍的补偿，但阿伽门农为了显示自己的优越性，滥用手中的权力夺走阿基琉斯的战利品，难怪阿基琉斯会如此愤愤不平。

随后，阿基琉斯来到海边向母亲海洋女神忒提斯哭诉，央求母亲去宙斯面前许个愿，他希望宙斯把胜利暂时都赐给特洛亚人，让阿开奥斯人品尝战败的苦果，总有一天阿伽门农会为了自己的傲慢和贪婪而后悔，阿开奥斯人也会意识到阿基琉斯对于他们的重要性。荷马在这里让他笔下的英雄表现出了脆弱、依赖母亲解决问题的一面，但这样的描写并不会削弱英雄高大的形象，反而向读者呈现出了英雄真实的一面。但这样的许愿却是很可怕的，其实质是以整个集体的牺牲为代价来挽回自己的荣誉和地位，以伤害集体的利益来获得自己的尊严。阿基琉斯的盛怒向人们展示了个人与集体、私欲与文明之间的张力，不仅体现了古希腊人对个人英雄的崇拜和对个体尊严的重视，还体现了对阿基琉斯任性行为的担忧和批评，以及维护权威和秩序的必要性。

阿基琉斯退出战场后，阿开奥斯人节节败退。为了挽回败局，阿伽门农不得不承认了自己的错误，他派出了由奥德修斯带领的使团带着丰厚的礼物去说服阿基琉斯，选文(三)是阿基琉斯在听了奥德修斯的长篇大论之后的回答。

如果说阿基琉斯是一个以自我为中心、暴躁易怒、虚荣自大的人，那么他的神性又体现在哪里呢？首先体现为他洞悉事物本质的思考力。他对于自己的愤怒进行了很深入的分析，所有人来到特洛亚都是因为一个男人的女人被抢走了，那么现在我的女人也被抢走了，我的损失又应该怎么算？特洛亚人抢走了海伦，阿开奥斯人都来攻打特洛亚，那么阿伽门农抢走了我的女人，我是不是也应该去找他算账呢？阿基琉斯的愤怒和许愿看似蛮横，但却不无道理。除此之外，盛怒还激起了他对于战争、荣誉与生死命运的反思。这个勇猛无敌的战士此刻在营帐中对战争的必要性和死亡的意义产生了从未有过的质疑：为了他的荣誉献出生命是不是值得？所有的生命都终将逝去，在死亡面前人人平等，没有一个人会因为另一个人的死而获得补偿。正如母鸟为了哺育小鸟而遭受苦难，那么我是为了什么“躺在帐中度过了这么多无眠之夜”？阿基琉斯此刻成了一个有自觉意识的英雄，一个企图质疑战争意义和生命价值的英雄。当然这种质疑在史诗中并没有得到答案，但能提出这样的问题就已经使得阿基琉斯高于其他的英雄了。

阿基琉斯在第九卷中第一次讲出了那段为人所熟知的话：“有两种命运引导我走向死亡的终点。要是我留在这里，在特洛亚城外作战，我就会丧失回家的机会，但名声将不朽；要是我回家，到达亲爱的故邦土地，我就会失去美好名声，性命却长久，死亡的终点不会很快来到我这里。”①阿基琉斯有两种选择，他来到特洛亚，就代表他选择了不朽的名声，而这也是所有英雄都会做出的选择。但现在他要回家，选择生命放弃荣誉。在古希腊英雄的世界里，英雄们深刻地体会到人终有一死，怎样才能死得有意义一些，那就是去追求那个可以使人不朽的东西——荣誉。对于英雄们而言，获取荣誉的方式就是战争，战争是他们唯一有意义的生活方式，英雄们来到这里就是为了寻找生命的意义。现在阿基琉斯要离开特洛亚回到家乡，他说，任何财富“全都不能同性命相比”，“人的灵魂一旦通过牙齿的齿篱，就再夺不回来，

① 荷马. 荷马史诗·伊利亚特[M]. 罗念生，王焕生，译. 北京：人民文学出版社，1994：203.

再也赢不到手。”[①] 这意味着他选择离开这个世界对英雄生命意义的设定，他选择抗拒这个意义，或者说超越这个意义。在这一点上，他的思考就超越了这场战争中的其他英雄。

二、阿基琉斯的第二次愤怒

虽然阿基琉斯此时选择返乡，但是他仍然无法离开。直到帕特罗克洛斯的离世，激起了他的第二次愤怒，他才彻底醒悟，做出了真正的选择。帕特罗克洛斯之死不仅是史诗情节的转折点，也是阿基琉斯内心体验的转折点。为什么好友之死会有如此重大的影响？帕特罗克洛斯对于阿基琉斯又意味着什么？帕特罗克洛斯是阿基琉斯最好的朋友，在阿基琉斯自我流放、最孤独的时候，只有他陪在阿基琉斯的身边。荷马在第十七卷用了整整一卷的篇幅来讲阿开奥斯英雄们怎样去保护帕特罗克洛斯的尸体。一个英雄离世，他的战友会保护他的尸体以免被敌人抢走，这样的场景在史诗中屡见不鲜，但规模最大的一次就是保护帕特罗克洛斯，说明了战友们对他的喜爱。帕特罗克洛斯作为阿基琉斯的“影子”或者“另一个自我”[②]，穿上了阿基琉斯的铠甲在战场上拼杀，也是为了阿基琉斯争取荣誉。他的死彻底唤醒了阿基琉斯。阿基琉斯终于领悟到：“奥林波斯神实现了我的请求，但我又怎能满意？我的最亲爱的同伴帕特罗克洛斯被杀死，我最钦佩的朋友，敬重如自己的头颅。”[③](第十八卷，第 79～82 行)他的朋友以及很多其他人本可以免于一死，但他被自己的愤怒冲昏了头，执拗地拒绝上战场，坐在一边袖手旁观。逝者已去，生者何堪？好友之死让他顿感除了为朋友复仇，他的生命再无存在的意义。

阿基琉斯重上战场后，大开杀戒，首先碰上了普里阿摩斯的儿子吕卡昂。吕卡昂曾被阿基琉斯俘虏，并被卖到利姆诺斯，辗转回到特洛亚，刚跟家人团聚了 11 天，就又被阿基琉斯所俘。吕卡昂苦苦哀求，许诺付给阿基琉斯三倍于利姆诺斯的赎金，可是这次却难逃厄运。以前阿基琉斯面对求饶的人都会网开一面，现在阿基琉斯的思考又深入了一步，他对吕卡昂说，“朋友啊，你也得死，为何这样悲伤？”这句话耐人寻味，“朋友啊”，为何称朋友？因为“你也得死”，我们都是会死的凡人，死亡是人生颠扑不破的宿命。在死神面前人人都是朋友。在第九卷时，他意识到“那待在家里的人也分得同等的一份，胆怯的人和勇敢的人荣誉同等”，[④]在生死面前荣誉和耻辱没有了差别。现在，“帕特罗克洛斯死了，他可比你强得多。你难道没看见我如何俊美又魁伟？我有伟大的父亲，由女神母亲生养，但死亡和强大的命运也会降临于我”。我和我的朋友远胜于你，我们都会死，那你又怎配活在世间？在死亡面前

---

① 荷马. 荷马史诗•伊利亚特[M]. 罗念生，王焕生，译. 北京：人民文学出版社，1994：203.
② 程志敏. 荷马史诗导读[M]. 上海：华东师范大学出版社，2001：143.
③ 荷马. 荷马史诗•伊利亚特[M]. 罗念生，王焕生，译，北京：人民文学出版社，1994：423-424.
④ 同上，200.

生命的价值也没有了差别。况且阿基琉斯已经知道了自己的命运，他现在想要的就是死亡，包括赫克托尔的死和他自己的死。在第九卷和第二十一卷阿基琉斯的话语中，我们看到了阿基琉斯善于用自然的东西消解秩序，消解人为制造的差别，他的思考明显超越了荷马笔下的其他英雄。

在这样的心境下，阿基琉斯最终杀死了赫克托尔，完成了复仇的使命。他百般羞辱赫克托尔的尸体，但内心仍在挣扎中，并未得到解脱。当其他士兵都回到了各自的船上，享受甜蜜的睡眠时，只有阿基琉斯辗转反侧，无法入睡，思念自己的挚友，他唯一能做的事情就是去凌辱赫克托尔的尸体。他在海边等着天亮，天亮后第一件事就是把尸体拴在车后，沿着帕特罗克洛斯的墓绕行三匝。

三、愤怒的化解

在奥林匹斯诸神的斡旋安排之下，赫克托尔的父亲、特洛亚国王普里阿摩斯只身来到阿基琉斯的营帐中，乞求赎回儿子的尸体。普里阿摩斯是作为一个父亲来恳求阿基琉斯的，他说你的老父亲此刻也一定在盼望自己的儿子能早日返乡。他的话击中了阿基琉斯的同情心，但阿基琉斯知道他再也回不去了，他既然走上了战场，就注定要死在特洛亚。这时阿基琉斯和普里阿摩斯在某种意义上形成了对称的结构，一个没有了儿子，一个再也见不到父亲。阿基琉斯的母亲是个神，父亲是个凡人，他的父亲集中体现了人性的传递。人之为人一个很重要的特点就在于人有父子亲情，希腊人会更加强调孩子与父亲之间的关系，这是人区别于动物，也区别于神的地方。[①]普里阿摩斯的话正好击中了阿基琉斯心中那块柔软的地方——父子亲情。阿基琉斯听了以后，也非常悲伤，他搀扶起眼前的老人，放下了帕特罗克洛斯的死。战争的双方，一方是希腊联军中最优秀的战士，一方是特洛亚的最高统帅，达成了和解。

阿基琉斯同意了普里阿摩斯赎回赫克托尔尸体的请求，又讲了许多安慰他的话，但普里阿摩斯有点不耐烦了，催促阿基琉斯归还尸体，“你且接受我们带来的大批礼物，你可以享受这些东西，回到故乡”。这时阿基琉斯也要动怒了，他说，就算你在我这里是个祈求者，就算宙斯已经安排好，命令我归还尸体，但如果你继续惹我生气，我还是可以违抗宙斯的意志，毫不客气地将你杀死。说完，他像一头狮子冲出了房门。这次发怒与前几次不同，他克制住了。愤怒是阿基琉斯在史诗中标志性的感情，他能够控制自己的情绪，从发怒到转移怒气到制怒，这就意味着阿基琉斯在成长，他真正成为了一个英雄。最后阿基琉斯答应交还尸体，还询问普里阿摩斯需要多长时间来安葬赫克托尔，并许诺给他足够的时间，在此期间双方停战，葬礼结

---

① 古希腊神话中，三代神王的更替都是以儿子推翻父亲的方式实现的，父子之间的关系往往是对立的。

束后再开战。阿基琉斯对普里阿摩斯的承诺，其实也是阿基琉斯在安排自己的死亡，因为他知道重新开战的那一天就是他的命运降临的日子，阿基琉斯现在完全接受了他的命运，等待着死亡的来临。

四、愤怒的意义

《伊利亚特》是一部关于愤怒的诗，描述了愤怒发生在一个人内心中的全过程。除了愤怒，除了阿基琉斯，史诗中还刻画了其他的英雄。我们探究这些次要的英雄，是因为通过与阿基琉斯的对比，他们为英雄主义原则的不同方面提供了范例，让我们明白阿基琉斯的行为和思考意味着什么。狄奥墨得斯代表了最传统的英雄，珍视荣誉，敬畏神明，敬重首领，知进退，有分寸。狄奥墨得斯当众受到阿伽门农不公正的谴责时，他并没有马上抗议，而是“对这位可敬的国王的谴责尊重在心”。[①]他在雅典娜的帮助下打伤了战神阿瑞斯和爱神阿佛罗狄忒，但后来很明智地从战神面前退却了，也避免了冒犯太阳神阿波罗。[②]

特洛亚的主将赫克托尔高贵正义，为保家卫国奋不顾身，与固执易怒、以自我为中心的阿基琉斯形成了鲜明的对比。在帕特罗克洛斯先后受到阿波罗和欧福尔波斯的击打而受伤后，赫克托尔出手杀死了帕特罗克洛斯。

从选文(六)中，我们可以看出赫克托尔听到帕特罗克洛斯对自己命运的预言后表现出的自大，这种自大是毁灭性的。相比之下，阿基琉斯在听到将死的赫克托尔警告他死亡将近时，他说：“我的死亡我会接受，无论宙斯和众神何时让它实现。”[③]阿基琉斯之所以知道并接受自己的命运，因为他是女神之子，他早已知晓了自己的命运。赫克托尔之所以无知，因为他是个凡人，而他的无知和自大最后不仅葬送了他自己的生命，也葬送了他的城邦。阿基琉斯对命运的自知改变了最后几卷中他的愤怒和痛苦的本质。正因为他在和阿伽门农的矛盾中获得了宙斯的帮助，才使他陷入了悲剧性的境地，他的许愿实现了，可是他不仅毁了他最好的朋友，也毁了自己。阿基琉斯对母亲表示，神实现了我的请求，可是我又能有什么欢愉？没有这个背景，阿基琉斯的处境就会大不相同，他在第二十和二十一卷中迸发出的杀意也就会失去荡气回肠的悲剧意味，而有关他的怒火的故事，也不会是现在的样子。一个凡人凭着过人的才力，将凡夫俗子的愤怒延伸到了神意的层面，所以他的愤怒可以被称为 mēnis。

英雄是古希腊史诗中最重要的人物，也是古希腊文化中最具代表性的一个符号。通过对比，我们可以发现因为这两次愤怒，史诗中的阿基琉斯呈现出了更加复杂的面貌。他不只是个选择了牺牲生命、赢得荣誉的英雄，他的思考已经超越了“英雄

---

① 荷马. 荷马史诗·伊利亚特[M]. 罗念生，王焕生，译. 北京：人民文学出版社，1994：91.
② 同上，113-114.
③ 同上，512.

世界”所给定的意义，他能深刻地理解自己的命运，并最终坦然接受自己的命运。荷马创造出的这个英雄的世界让我们认识到了人能达到的高度和人所具有的可能性，为人类的行为提供了可资模仿的对象。

第四节　阅读思考与延伸阅读

一、阅读思考

1. 亚里士多德认为《伊利亚特》围绕一个“整一性的行动”来展开史诗的故事，《伊利亚特》的情节结构有什么特点？荷马这样组织这个故事起到了什么作用？

2. 什么是“荷马式的明喻”？请找出《伊利亚特》中使用“荷马式的明喻”最多的人，你认为谁是史诗中拥有最高明修辞技巧的人？

3. 史诗并没有以阿基琉斯的死作为结尾，你怎么评价这样的结尾？

4. 《伊利亚特》中古希腊人如何看待人与命运、生命与荣誉、人与神之间的关系？

5. 德国诗人荷尔德林称阿基琉斯为“英雄世界里最成功、最易逝的花”，荷马“不愿众神之子在特洛亚的骚乱中变得俗气”，这是一位理想化的英雄，你怎么理解和评价这位英雄？

二、延伸阅读

1. 荷马. 荷马史诗•伊利亚特[M]. 罗念生，王焕生，译. 北京：人民文学出版社，1994.

2. 格雷戈里•纳吉. 荷马诸问题[M]. 巴莫曲布嫫，译. 桂林：广西师范大学出版社，2008.

3. 加斯帕•格里芬. 荷马史诗中的生与死[M]. 刘淳，译. 北京：北京大学出版社，2015.

4. 陈中梅. 荷马史诗研究[M]. 南京：译林出版社，2010.

5. 程志敏. 荷马史诗导读[M]. 上海：华东师范大学出版社，2007.

(本章由柴婕撰稿)

柴婕，女，2008 年毕业于加州大学河滨分校比较文学与外语系，获得哲学博士学位；2008—2009 年任教于华盛顿州立大学，2009 年起任教于深圳大学人文学院中文系；主要研究领域为欧美小说、英美诗歌、中西比较文学；发表论文数篇，参与翻译编写《英语世界中的中国哲学》（中国人民大学出版社，2009 年）。

第五章　柏拉图论学习
——《枚农篇》导读

第一节　作者及作品介绍

苏格拉底(公元前 469—公元前 399)、柏拉图(公元前 428—公元前 348)和亚里士多德(公元前 384—公元前 322)通常被称作古希腊三哲，是西方哲学史上影响最大的三位哲学家。在这三哲之中，柏拉图的地位尤为重要，因为苏格拉底本人作为柏拉图的老师并没有著述传世，而亚里士多德作为柏拉图的学生，其哲学思想则包含着对柏拉图的继承、发展与批判。因此，对于每个愿意较系统地了解西方哲学传统的学生来说，读一点柏拉图的哲学是最有效的入门手段，而要了解柏拉图的哲学，最好的办法就是去读他撰写的对话录。

柏拉图的对话录通常被学者们划分为创作早期、创作中期、创作后期三组。在传世的二十余篇柏拉图对话中，《理想国》《会饮篇》《斐多篇》等创作中期的对话最为著名，但这三篇对话的篇幅和难度都不太符合经典文选导读入门教材的标准。本书提供的是另一篇创作中期对话《枚农篇》的节选和导读。

本书选取《枚农篇》主要基于以下两个理由。

首先，《枚农篇》为我们提供了一个初步了解柏拉图的“理念论”(The Platonic Theory of Ideas，也译作“相论”)的机会。在对话中，苏格拉底试图与枚农一起探寻美德的本质。在这个过程中，苏格拉底反复告诫枚农不要迷失在“多样性”的迷宫中，而要努力去把握“多中的一”，也就是去把握同类事物的“共同性质”。这里的“一”也被称作“理念”“型”或“相”，是柏拉图哲学中的关键术语。对话中的苏格拉底用大量实例解说了“一”和“多”的区别，也示范了从“多”中把握“一”的方法，即使是刚刚走进哲学之门的读者也可以借助他的描述对柏拉图的“理念论”有一个初步的了解。

此外，《枚农篇》还为我们提供了一个反思自己的学习活动的绝佳机会。人们常说，上大学的一个重要目的在于“学会学习”或者说“学会自学”，但学习本身到底是怎样一种活动呢？读书、听课、背书、刷题这些活动就是真正的学习吗？学习的目的就在于不断地“积累”知识吗？在《枚农篇》中，柏拉图提出了“学习即回忆”的观点，这值得我们深思。乍看起来，说“学习即回忆”简直是无稽之谈——回忆能带给我们的只是过去的旧经历，而学习通常总是带给我们一些新东西，这两种截然不同的活动之间怎么能画等号呢？的确，柏拉图这个乍看上去很荒唐的观点不太容易理解，但读完整篇对话后我们或许会恍然大悟——柏拉图将真正的“学习”活动理解为一种自我完善的活动，而他之所以说“学习即回忆”是因为完善自我不是一个“向外寻求”信息的过程，而是一个令潜藏于自我“灵魂”之中的“真善美”彰显出来的“内在探寻”过程。

在传统上《枚农篇》也被称作《论品德》，这是因为关于“品德是否可以被传授”的话题贯穿了整篇对话。对于本书来说，为这篇对话加上《论学习》或者《论自我完善》的副标题或许会更贴切。而自我完善的话题也会让我们想起《论语》中孔子所发的感慨：“古之学者为己，今之学者为人”。夫子的感慨和柏拉图“学习即回忆”的说法之间可以有跨文化、跨时空的共鸣。

第二节　原文选读①

70A[1]　**枚　农**[2]：你能不能告诉我，苏格拉底呀，品德[3]是可以传授的呢，还是锻炼成功的？如果既不能教，又不能练，是不是人本来就有的，还是用什么别的办法取得的？

① 选文所据版本：苏格拉底. 卡尔弥德篇 枚农篇[M]. 王太庆，译. 北京：商务印书馆，2018：41-60.

【注释】

［1］文艺复兴时期的古典学家和出版家亨利·斯特凡(Henricus Stephanus)于1578年出版了希腊、拉丁双语版《柏拉图全集》。这部书在排版时将每页希腊语正文都大致均分为五节，以字母A、B、C、D、E标识。现代学者在研究柏拉图原著时，普遍地使用斯特凡版《柏拉图全集》的页码和节码来准确定位柏拉图的原文，这套标准化引用格式被称作“斯特凡页码”(Stephanus Pagination)。本书在节选的《枚农篇》正文中也给出了斯特凡页码对应的数字和字母(从70A到82B)。比如，若要引用枚农在对话开篇处提出的问题，完整的斯特凡页码应写作“《枚农篇》，70A”。

［2］此处有必要对“枚农”(希腊语的拉丁拼法为Menôn，英语作Meno，常见的中文音译是“美诺”)这个人名做一点解释。雅各布·克莱因(Jacob Klein)在其《柏拉图<枚农>疏证》一书中考证道：历史上的确有一位枚农，他是来自帖撒利的一名将领，在柏拉图生活的时代应可算是一位知名“公众人物”，但此人“肆无忌惮，极为渴望积聚财富，并使其他一切都服务于这一目的，执意罔顾公认的行为规范、惯例，背信弃义，反复无常，又完全相信以其才智能使一切服务于自己的利益”。(克莱因著《柏拉图<美诺>疏证》，第39页)换言之，在柏拉图同时代人的心目中，“枚农”是一个十足的坏蛋。那么柏拉图在创作这篇对话时，为什么要虚构这样一个“枚农”作为对话中仅次于苏格拉底的“男二号”呢？

此外，克莱因还指出：枚农这个名字的拼法(Menôn)与印欧语系中关于记忆、回忆的诸多词汇(mnêmê、memini、mens、mind)的拼法之间既有相关相似之处又有蹊跷的字母错位。由于记忆和回忆乃是本对话的重要话题，那么Menôn这个名字是不是暗示对话中“枚农”这个角色的记忆和回忆也具有某种颠倒错乱的特征呢？

带着以上两个问题来看《枚农篇》的开头第一段话，我们还会发现另一个耐人寻味的现象，也就是说，这篇对话以枚农向苏格拉底突兀地发问开篇。要知道，大多数柏拉图对话都会在开篇处对参与对话的人物、对话发生的场景做一番介绍，而《枚农篇》则没有任何这样的铺垫。这当然不是柏拉图写作中的疏忽。随着对话的逐渐展开我们会发现，这种突兀的提问方式恰恰体现了枚农对待“学习”和“知识”的态度：在整篇对话中，枚农对获取现成的答案表现出了极大的热情，但却一直拒绝展开真正的学习活动(即苏格拉底所说的“回忆”)。

借助上述线索，我们也就找到了前文所提出的两个问题的答案。简单地说，柏拉图之所以选取枚农作为这篇对话的主角是因为：第一，对话中的枚农对待“现成答案”的态度可与现实中的枚农对待财富的态度相比，无节制的“积累”或“聚敛”是他们唯一的目的；第二，柏拉图认为“学习即回忆”，而对话中的枚农看似在和苏格拉底一道追问美德的本质，但由于他只希望得到现成的答案，他的“学习”过程显得无序和缺乏连续性，更像是一种错乱、颠倒、碎片化的“回忆”。

[3] “品德”一词是希腊语 arête 的中译。arête 一词在柏拉图和亚里士多德的著作中多指某种卓越、美好的禀赋或行为能力，比较常见的译法是“美德”(常见的英译是 virtue 或 excellence)。将 arête 译作“品德”是偏中性色彩的译法；在本书的注解文字中，将使用“美德”这一更接近 arête 本意的叫法。

B **苏格拉底：** 枚农啊，你们帖撒利人向来在希腊人中间以骑术和财富著称，我认为现在你们也在智慧方面见长，尤其是拉里萨人，你的朋友阿里斯底波的同乡们。你们的这个特点要归功于戈尔极亚[1]。他来到这个城邦，以智慧吸引了阿娄阿家族的精英人物，其中就有你敬爱的阿里斯底波，以及帖撒利地区的其他杰出人士。他使你们养成了一种习惯，只要有人向自己提问题，总是坦率
C 地、大大方方地作出回答，正如有知识的人所做的那样。任何一个希腊人，只要想问他，他从来不闭口不答。

可是在我们这里，亲爱的枚农啊，情况正好相反，智慧是非常缺乏的，好像已经从我们这里跑到了你们那里。至少，如果你
71A 在这里向一个人问这样的问题，没有不会听了哈哈大笑的；他会说：外乡人啊，你似乎认为我很幸福，至少知道品德是可以传授的，还是可以用什么别的办法取得的；其实我根本不知道品德是不是可以传授的，因为我并不知道品德本身到底是什么。

B 枚农啊，这就是我自己的情况。我和我的同乡一样缺乏智慧，很惭愧自己对品德一无所知。我既然不知道品德是什么，怎么知道品德有哪些特性呢。你想想，一个人不认识枚农，能知道他是不是美，是不是富，是不是高尚吗？你想这可能吗？[2]

【注释】

[1] 戈尔极亚(Gorgias，常见的音译为“高尔吉亚”)是与苏格拉底同时代的一名智术师(sophist)。在柏拉图眼中，智术师们大多是玩弄修辞、罔顾真理的假哲学家。在这段文字中，苏格拉底说戈尔极亚在回答他人的问题时“从来没有失败过”。然而，能够自信地回答任何问题就是拥有知识和智慧的确证吗？《礼记·学记》有云：“记问之学，不足以为人师。”或许戈尔极亚本人的确拥有过人的智慧，但随着

对话的展开，我们会越来越清楚地看到，枚农从戈尔极亚那里学来的显然只是些“记问之学”。枚农充其量拥有一些强记下来的“知识储备”，而这算不上真正的学识，更不是真正的智慧。

[2] 苏格拉底提出的关于枚农之相貌、身份的问题与下文的“枚农悖论”相呼应。

枚　　农： 当然不能。可是苏格拉底啊，你真的不知道品德是什么吗？我可以回去告诉大家你是这样的人吗？ C

苏格拉底： 朋友，我不但不知道品德是什么，而且还没有遇到任何一个人我认为他知道这个。

枚　　农： 怎么？戈尔极亚在这里的时候，你根本没有遇到过他吗？

苏格拉底： 我遇到过。

枚　　农： 你认为他完全不知道这件事吗？

苏格拉底： 我记不太清楚了，枚农，所以我现在不能立刻说出我当时是怎样想的。也许他知道这件事，你也知道他所说的话。请你提醒我他对品德是怎样说的；如果你愿意的话，你也可以自己说一说品德是怎么一回事，因为你的意见肯定跟他的一样。[1] D

枚　　农： 我是那样看的。

苏格拉底： 那我们就不管他吧，反正他不在这里。可是你，枚农啊，诸神在上，你说品德是什么呢？请你说给我听，不要拒绝我的请求。你把真相告诉我，我非常乐意揭穿自己说过的那句话不对；我说自己从来没有遇到过任何人知道品德是什么，你和戈尔极亚知道它是怎么一回事，这就表明我说错了。 E

枚　　农： 其实这话并不难说，苏格拉底。首先，如果你想知道男人的品性是什么，那很容易，就是能够管理国家的事务，在治国时做有利于朋友而不利于敌人的事，保卫自己不遭受敌方损害。如果你要我说女人的品德，那也不难，就是必须善于管理家务，把家里的一切搞好，并且服从男人。还有几种品德是儿童的品德，不管是男孩的还是女孩的；以及老人的品德，可以是自由 72A

人的，可以是奴隶的。此外还有许多别的品德，都必须一一说明它是什么，因为每一种行业、每一种年龄、每一种活动都有它各自的品德。同样地，苏格拉底啊，我认为卑劣也是各式各样的。

苏格拉底：看来我真是特别走运，我问的是一个品德，枚农啊，却找到了你心里蕴藏着的一大窝品德。可是，就用蜂窝来作比喻，枚农
B 啊，如果我问你一只蜜蜂的本性，问这种本性是什么，而你对我说蜜蜂是很多的，而且是多种多样的，那么，如果我再问你：既然蜜蜂很多，而且多种多样、彼此不同，你是不是认为它们都是蜜蜂，你又将怎样回答我？是不是它们并非在这一方面有所不同，而是在其他方面，如在美的方面，大小方面，或者在其他诸如此类的方面彼此有别？请告诉我，你将怎样回答这个问题？[2]

【注释】

[1] 注意，“提醒”这个词也和“学习即回忆”的话题相呼应。如果学习在某种意义上是一种回忆，那么教育的真正作用就在于“提醒”（以触发“回忆”）。问题是，怎样才算是一种好的“提醒”？什么样的“提醒”能使“回忆”顺畅地流动起来呢？本篇对话中，苏格拉底和小厮的问答提供了一个很好的范例。

[2] 苏格拉底希望找到美德的理念（“型”），但枚农却给出了多种具体的美德。苏格拉底在此处提出的关于蜜蜂的比喻很恰当——如果我们希望知道的是使蜜蜂成为蜜蜂的“蜜蜂之本性”，那么告诉我们蜜蜂包括蜂王、工蜂和雄蜂显然是答非所问。同理，把握美德的理念和知晓各种不同的美德也是两码事。理念和具体事物之间是“一”和“多”的关系，这个关系在下文中多次被提及。

枚　　农：作为蜜蜂，它们并非彼此不同的。

C 苏格拉底：枚农啊，如果我进一步问道：正是它们彼此并无不同而是互相一致的这一点，请告诉我按照你的意见它究竟是什么？对这个问题你怎样回答呢？

枚　　农：我会回答的。

苏格拉底： 各种品德也是这样。它们虽然很多，而且多种多样，却共有一个同一的型，正是由于这个型，它们才都是品德。回答我提出 D
的问题的人要密切注意这个型，就是：品德本来是什么。[1]你了解我的意思吗？

【注释】

[1] 苏格拉底希望找到所有美德的“型”(eidos)或“理念”(idea)，也就是贯穿一切美德的共同性质，柏拉图有时也将“美德的型”称作“美德本身”。

枚　　农： 我认为我了解。不过我对于问题的实质掌握还不像我希望的那样透彻。

苏格拉底： 枚农啊，你似乎只联系到品德上，认为男人有男人的品德，女人有女人的品德，其他的人有其他的品德，是不是？是不是健康、身材、强壮也是这样？你是不是认为男人有一种男人的健康，女人有另外一种女人的健康？还是与此不同，有一个同一的型，无处不在，只有它是与健康有关的，不管在男人身上还
是在其他的人身上？ E

枚　　农： 我想男人的健康和女人的健康是一回事。

苏格拉底： 身材和强壮也是这样吗？如果一个女人是强壮的，那是由于那同一的型、同一的强壮她才强壮吗？我说同一，意思是指强壮在强壮者中间是没有区别的，不管是在男人身上还是在女人身上。你想有区别吗？

枚　　农： 我想没有。

苏格拉底： 难道品德在有品德者身上应当有区别，在儿童和老人、男人和 73A
女人身上应当不一样吗？

枚　　农： 我有点拿不定主意，苏格拉底，我觉得这和上一种情况不完全一样。

苏格拉底： 怎么？你不是说，男人的品德是善于治国，女人的品德是善于治家吗？

枚　　农： 是的。

苏格拉底：一个人如果不审慎、不公道，能把国家、家庭或者别的事情管理好吗？

B 枚　　农：当然不能。

苏格拉底：如果治理得审慎、公道，那就是用审慎和公道来治理吗？

枚　　农：必定是。

苏格拉底：这样看来，男人和女人如果要做好人，就需要有同样的东西，即公道和审慎。

枚　　农：显然如此。

苏格拉底：怎么？小孩和老人要是放肆而且不公道，能做好人吗？

枚　　农：当然不能。

苏格拉底：要是审慎而且公道，行吗？

C 枚　　农：行。

苏格拉底：所有的人都是以同样的东西成为好人的。他们有了这样东西，就成了好人。

枚　　农：看来是这样。

苏格拉底：人们的品德如果不是同一个品德，他们就不能以同样的东西成为好人。

枚　　农：不能。

苏格拉底：既然品德在所有的人身上是同样的，那就请你回忆一下，说出戈尔极亚所说的品德是什么；你是和他想法一致的。

D 枚　　农：如果你要寻求个普遍适用的定义，那就是能够治理人们。

苏格拉底：这正是我所寻求的。可是，枚农啊，这就是一个孩子的品德和一个奴隶的品德吗？一个奴隶的品德就是能够治理他的主子吗？你认为那治理人的还是奴隶吗？

枚　　农：我认为决不是。

苏格拉底：那当然不合适。你仔细想想。你说就是能够治理。我们不是应该在这上头再加上“公道地”而非“不公道地”吗？

枚　　农：我认为应该。因为公道就是品德，苏格拉底。

苏格拉底：枚农啊，是品德，还是一种品德？ E

枚　　农：你这话是什么意思？

苏格拉底：还是那个意思。例如说到圆，我就说圆是一种形，而不干脆说它是形。我之所以这样说，是因为此外还有许多别的形。

枚　　农：你说得很对，因为我也不是单单把公道称为品德，还把许多别的东西称为品德。

苏格拉底：哪一些呢？请你说说。我也能给你说出另外一些形，如果你要 74A
我说的话；你也给我说出另外一些品德吧。

枚　　农：我觉得勇敢就是品德，此外还有审慎、智慧、豁达以及许多别的。

苏格拉底：我们又遇到前面那种情况了，枚农。我们只寻求那统一的品德，却找到了许多品德，只是方式跟以前不一样；而那个在这一切里面的统一的品德，我们还是没能找到。

枚　　农：我还是不能像你寻求的那样，苏格拉底，在这一切里面把那个 B
统一的品德找出来，就像我能在别的东西里找到统一的东西一样。

苏格拉底：那很自然。不过我想做一个试验，尽我的能力把我们向前推进一步。因为你很明白，这件事是跟别的事没有什么两样的。如果有人像我刚才那样问你：枚农啊，形是什么？你跟他说是圆，然后他又像我刚才那样说：圆是形，还是一种形？你会说是一种形吗？

枚　　农：那当然。

苏格拉底：是因为还有一些别的形吗？ C

枚　　农：是的。

苏格拉底：如果他再问你，那些形是什么？你会把它们说出来吗？

枚　　农：当然会。

苏格拉底：如果有人以类似的方式问你颜色是什么，而你答道白是颜色，然后他又问你白是颜色还是一种颜色，你会说是一种颜色，因为还有更多的颜色吗？

枚　　农：当然会。

D **苏格拉底**：如果他要你说出其他的颜色，你会给他说出另外一些颜色，其为颜色不下于白吗？

枚　　农：会的。

苏格拉底：如果他像我那样扭转话题，说我们总是说到多上，说不到一上，你怎么办？你不是用一个同样的名字称呼那林林总总的
E 多，认为其中的每一个都是形，尽管它们是彼此相反的；你不是把那个既包括圆也同样包括直的东西称为形，认为圆之为形不下于直吗？你不是那样说的吗？

枚　　农：是的。

苏格拉底：你那样说的时候，是不是认为圆的并不比直的圆，直的并不比圆的直？

枚　　农：不是，苏格拉底。

苏格拉底：可是你说圆之为形不多于直，一个不多于另一个。

枚　　农：你说的对。

苏格拉底：可是你用形这个名字称呼的是什么东西呢？请你讲一讲。如果
75A 有人在形的方面或者颜色方面向你提出这样的问题，而你说："我一点都不了解你要我讲什么，也不明白你是什么意思"，那个人也许会吃惊地说："你难道不了解我在寻求那个在这一切里面同一的东西吗？"要是你还不知道怎么讲，人家就问你："你在圆、直等等里面称之为形的那个东西，不就是在一切里面同一的吗？"你试着讲讲这个东西吧，这样可以练习一番，有助于回答品德的问题。

B **枚　　农**：不，苏格拉底，你自己讲讲吧。[1]

苏格拉底：我得帮你一把吗？

枚　　农：那当然。

苏格拉底：你也愿意跟我说说品德方面的事情吗？

枚　　农：愿意。

苏格拉底：那我就尽力来做这件事，因为这是值得的。

枚　　农：当然。

苏格拉底：那我就试着给你说说形是什么。你看是不是赞成这样的定义：形就是一切事物中间那个唯一伴随着颜色的。你是满意呢，还 C
是想采用别的定义？只要你像这样给我说明品德，我就非常满意了。

枚　　农：可是这太浅薄了，苏格拉底。[2]

【注释】

[1] 苏格拉底用大量的例子向枚农解释了“一”和“多”的区别，并建议枚农做做“练习”，试着去把握美德的理念。然而，在这里枚农的表现和他在对话开篇处的表现一样：他拒绝在当前这个问题上展开独立的思考与探究，依然只是急切地希望从苏格拉底那里获取现成的答案。然而，在柏拉图看来，急于获取现成的答案与真正地对知识的渴求完全是两码事。

[2] 苏格拉底说“形就是一切事物中间那个唯一伴随着颜色的”，这个定义并不难理解：任何时候，只要我们有关于某种形状的视觉，我们一定同时拥有关于某些颜色的视觉，或者更准确地说，我们之所以能通过视觉分辨出对象的形状是因为我们的视域中存在着“色差”现象。如果我们只拥有一个单色而均匀的视域，我们将无法识别出任何“视觉对象”的边界，从而也无法分辨出任何形状。理解苏格拉底的这个定义只需要常识，但可以说，苏格拉底在这个定义中把握住了“形状”和“颜色”之间本质性的、必然的相关性，而揭示这种必然性正是哲学家们的工作。

苏格拉底对枚农说，“只要你像这样给我说明品德，我就非常满意了。”显然，他希望枚农能从自己给出的这个定义中获得某种启发，能够试着去将“美德”的本质用同样简明的语言表达出来(比如，如果枚农能做出“美德就是总与智慧相伴随的行动能力”这样的表达，那么他的定义就和苏格拉底的定义比较相似了)。但枚农却根本没有理会苏格拉底对他的启发，反而讥讽苏格拉底的定义“太浅薄”，从而错失了一次很好的“学习”机会。在这种情况下，苏格拉底只好给出一个看上去更“学术”或者说更“科学”的定义。奇怪的是，苏格拉底在下文中(斯特凡页码 76)特别强调他自己更喜欢当前这个“浅薄”的定义。为什么呢？我们在下面会给出解释。

苏格拉底：你怎么这样说呢？

枚　　农：照你说，形是永远伴随颜色的。好。如果有人说他不知道颜色是什么，如同他对形一样无知，你想又怎么回答他呢？

D 苏格拉底：我想如实回答。如果问的人属于那种聪明的、好辩的、好胜的人士，我会跟他说："我已经说过了，如果我说的不对，你可以抓住我的说法加以驳斥。如果你和我是朋友，愿意互相启发，我就必须用比较温和的、比较有利于讨论的方式来回答。比较有利于讨论的方式就是不仅如实回答，而且只用问者也承认的那些话。我要试着用这种方式来给你说明。请你告诉我，你是

E 不是把某种东西称为终点，而我把它说成界限和末端？我在这里是把这三个说法当成一个意思。也许柏若狄果会同我们争论，你还是说某某东西有界限、有终点的。我并不认为这有什么细微的区别。"

枚　　农：我是这样说的，我相信我了解你的意思。

76A 苏格拉底：你不是把某种东西称为面，把另一种东西称为体，像几何学上那样吗？

枚　　农：我是这样做的。

苏格拉底：你由此出发也许会理解我对形的想法。我一般地说到形时，认为形就是给体定下界限的东西，所以我可以一般地说，形就是体的界限。

枚　　农：那你把颜色称为什么呢，苏格拉底？

B 苏格拉底：你太放肆了，枚农。你把一道难题放在一个老头儿面前要他回答，却不肯自己回忆一下，把戈尔极亚对品德的说法告诉我。

枚　　农：如果你肯给我讲讲这一点，苏格拉底，我马上给你说。

苏格拉底：枚农啊，只要你一说话，一个蒙上眼睛的人就会发觉你是个美少年，而且有追求你的情人。

枚　　农：为什么？

苏格拉底：因为你谈话的时候只是发命令，就像那些娇生惯养的哥儿们似的，只要还年轻，总是指指点点。[1]也许你已经发现我这个人难过美人关，那我就听你的吩咐，回答问题吧。 C

枚　　农：那你就照我说的办吧。

苏格拉底：你乐意我照着戈尔极亚的样子给你回答吗？你是最爱学他的。

枚　　农：我当然乐意，为什么不这样呢？

苏格拉底：你们不是按照恩贝陀格勒的说法，认为各样物件里流出某种东西吗？[2]

【注释】

[1] 由此句可见，柏拉图对他同时代的枚农的品性是有所了解的。参看我们在70A处对枚农其人的介绍。

[2] 恩贝陀格勒，即Empedocles，现通常译作“恩培多克勒”。这里谈的是恩培多克勒的“流射学”。现在已经不清楚恩培多克勒的流射学包含哪些理论细节，但大致可以把所谓的“流射”(effluvium)理解为某种从物体表面流溢出的精微粒子，类似于现代物理学中“光子”这种理论实体。有兴趣的同学可参考汪子嵩等著《希腊哲学史》(1988年)第一卷的第九章第四节。

枚　　农：是的。

苏格拉底：还认为有一些口子，流出物就是从这些口子里流出来的，是吗？ D

枚　　农：对了。

苏格拉底：并且认为在这些流出物中间有一些是适合通过某些口子的，另外一些则不适合，不是太大就是太小。是吗？

枚　　农：是这样。

苏格拉底：那你说得出视觉是怎么一回事吗？

枚　　农：是的。

苏格拉底：那就像宾达若说的那样，抓住我说的意思吧。颜色就是一种从形体流出的东西，与视觉相配合，可以被感觉到。

枚　　农：你给我讲的太好了，苏格拉底，完全对我的心思。

苏格拉底：也许这是对了你所习惯的方式。在这以外，我相信你已经发现自己能够说明声音、气味之类的东西了。 E

枚　　农：正是。

苏格拉底：这个答案带悲剧性，枚农，所以你特别欢迎，胜过那个关于形的答案。

枚　　农：我承认。

苏格拉底：可是，阿勒克锡兑漠的儿子啊，尽管如此，我还是相信那个答案要好些。[1]我也相信你会同意我的看法，不再像你昨天说的那样见了严肃的事情就跑开，能够留下来听人家开导。

77A 枚　　农：只要你愿意给我说许多这一类的话，苏格拉底，我情愿留下来。[2]

【注释】

[1] 在75D～76D这段文字中，苏格拉底用标准的几何学术语（“体”“面”“界限”）和科学术语（“流出物”或“流射”）对形状和颜色下了定义。枚农对苏格拉底的新定义很满意，但苏格拉底却强调早先的那个定义——“形就是一切事物中间那个唯一伴随着颜色的”更好些。苏格拉底偏爱前一定义的道理何在呢？

我们可以把他的理由总结如下：“形就是一切事物中间那个唯一伴随着颜色的”。虽然看上去仅仅复述了人人皆知的“主观”常识，但这个说法却揭示了形状与颜色间的本质相关性。当被告知这种本质相关性时，尽管人们知道这种本质相关性并不是什么“新知识”，但人们仍然会产生“若有所得”的认知体验，因为苏格拉底的这个定义就像是一个好的“提醒”，提醒人们用一种崭新的、反思的眼光去审视那些人们“日用而不知”的真理。换言之，这个定义不仅揭示了两种现象间的本质相关性，同时也为苏格拉底在下文所提出的关于“学习即回忆”的理论提供了一个佐证(只需要“回忆”日常的视觉经验，就能够“学习”或者“理解”苏格拉底试图通过这个定义来“提醒”的真理)。

而枚农喜欢的定义，即“形就是体的界限”和“颜色就是一种从形体流出的东西，与视觉相配合，可以被感觉到”这两个定义，虽然听起来更“客观”、更“精确”，但它们的有效性却依赖某些特定的理论体系(几何学、流射学)，所以反而缺少前一定义所具备的“自明性”。可以说，苏格拉底给出的两种不同定义分别代表着哲学和科学的思维方式，而苏格拉底和枚农对两种定义的不同态度已经预演了19世纪和20世纪西方哲学界关于“人文科学”与“自然科学”之间差异的争论。

[2] 我们再次看到，枚农一门心思只在获取更多的现成的答案，这显然不是柏拉图所理解的学习。

苏格拉底：凭良心说，为了你也为了我，我愿意给你说这一类的话，一句也不少；只是我恐怕不能说很多。现在请你开始兑现你的诺言，从普遍的角度讲一讲品德是什么，不再化一为多，像人们开玩笑说的那样“打破砂锅成碎片”，而是让它完完整整的，新鲜 B
活跳的，说出品德是什么。我已经做过这样的事情给你做样板。

枚　　农：在我看来，苏格拉底啊，品德就在于像诗人说的那样，欣赏美的东西而且能够取得它。我把品德称为能够追求并且取得美的东西。

苏格拉底：你是不是以为追求美的东西就是追求好的东西？

枚　　农：当然是这样。

苏格拉底：是不是有些人追求坏的，另一些人追求好的？我的好人儿啊， C
你不认为所有的人都追求好的吧？

枚　　农：我不这样看。

苏格拉底：你认为有些人追求坏的吗？

枚　　农：是的。

苏格拉底：你说，是不是有些人把坏的当成好的，有些人明知其为坏的，却追求它？

枚　　农：我以为两样都有。

苏格拉底：那你相信有人知道坏的东西坏仍然追求它吗？枚农？

枚　　农：正是这样。

苏格拉底：你说追求它，是什么意思？是指它成为他的东西吗？

枚　　农：是指它成为他们。还能是别的意思吗？ D

苏格拉底：你是认为坏东西对占有它的人有利，还是认为它对沾上它的人有害？

枚　　农：有的人认为坏东西有益，也有人认为坏东西是有害的。

苏格拉底：依你看，那些知道坏的东西坏的人认为坏的东西有益吗？

枚　　农：我不这么看。

E **苏格拉底：** 那就很明显，那些追求坏东西的人是不知其为坏东西，他们是在追求自己以为好实际上却坏的东西。所以是那些不知道一件东西坏却以为它好的人，在追求那看来好的东西。不是吗？

枚　　农： 看来是这样。

苏格拉底： 怎么？那些人追求坏东西，并且像你说的那样认为坏东西对沾上它的有害，是知道它会危害自己的？

枚　　农： 必定知道。

78A **苏格拉底：** 他们不想到受害者既然受了害，就是可怜的人？

枚　　农： 也必定如此。

苏格拉底： 不想到可怜的人是不幸的？

枚　　农： 我以为是这样。

苏格拉底： 有没有那样一个人愿意可怜和不幸？

枚　　农： 我想没有，苏格拉底。

苏格拉底： 这样看来，枚农啊，一个人不愿意做这样的人，就不愿意要坏东西。因为可怜无非就是期望并且取得坏东西，是吗？

B **枚　　农：** 看来你说得对，苏格拉底，没有人愿意要坏东西。[1]

苏格拉底： 你以前不是说，品德就是愿意要好东西，并且能够取得它？

枚　　农： 我说过。

苏格拉底： 根据这句话，愿望就是人人共有的；从这方面看，就没有一个人比别人好些，是吗？

枚　　农： 看来是这样。

苏格拉底： 很明显，如果一个人比别人好些，那只是在能力方面高些。

枚　　农： 当然。

C **苏格拉底：** 这样看来，按照你的说法，似乎品德就是取得好东西的能力了。

枚　　农： 依我看来，苏格拉底啊，事情正像你设想的那样。

苏格拉底： 那我们就来看看你是不是对，因为你也许是对的。人们能够取得好东西，你说这就是品德？

枚　　农：我是这样说的。

苏格拉底：你不把健康和财富称为好东西吗？

枚　　农：我说这是拥有金子和银子，在城邦里有声望和官位。

苏格拉底：你把这类事情之外的什么东西称为好的吗？

枚　　农：不，我认为这类事情是好事。

苏格拉底：怎么！取得金子和银子就是品德，这就是枚农这位王上殿下的 D
世袭佳宾说的话！枚农啊，你在这个取得上再补上以公道的、虔诚的方式，好么？你是不是不加这种区别，只要有人以不公道的方式取得金银，你就不折不扣地称之为品德？

枚　　农：决不，苏格拉底。

苏格拉底：而称之为邪恶？

枚　　农：肯定是这样。

苏格拉底：那么，看来这种取得一定要伴随着公道、审慎、虔诚，或者伴
随着品德的另外一部分；如果不是这样，这取得就不是品德， E
尽管它也带来好的东西。[2]

【注释】

[1] 上面的讨论反映了苏格拉底的一个信条，即没有人会知恶而作恶。在苏格拉底看来，人们行恶的根本原因在于无知。正因为“无知”是“恶”的原因，所以他才宣称“知识即美德”。

[2] 苏格拉底的这个表述也接近孔子的说法：“富与贵，是人之所欲也；不以其道得之，不处也。贫与贱，是人之所恶也；不以其道得之，不去也。”

枚　　农：如果没有这个，它怎么能是品德呢？

苏格拉底：可是，如果不公道就弄不到金子和银子，不管对于自己来说，还是对于别人来说，都是这样，这种弄不到手和欠缺就不是品德了，是吗？

枚　　农：我看是这样。

苏格拉底：那么，取得这样的好东西和弄不到手就同样不是品德；看来与
此相反，只有那伴同着公道出现的才是品德，没有这类东西的 79A

就是邪恶。

枚　　农：我想必定是这样，像你说的样子。

苏格拉底：刚才我们不是提出来说，这些性质的每一个，公道、审慎和这一切，都是品德的一部分吗？

枚　　农：是的。

苏格拉底：那你在戏弄我吧，枚农？

枚　　农：你怎么这样说，苏格拉底？

苏格拉底：因为我不久前请求你给我说说品德是什么，既不把它打碎，也不把它弄成粉末，而且为你回答问题提供了样板，而你对这些

B 置若罔闻，跟我说如果有人能够公道地取得好东西，那就是品德，而公道据你说就是品德的一部分。是不是？

枚　　农：我是这样说的。

苏格拉底：按照你的说法，凡是以品德的一部分做出的，就是品德。因为你说公道是品德的一部分，其他的每一种性质也是这样。

枚　　农：我这话意味着什么？

C 苏格拉底：这意味着：我请求你给我讲讲整个品德，而你答非所问，只是说，每一个行动，只要是以品德的一部分来进行的，就是品德；既然你说过品德这东西是完整的，那我就会承认它，即使你按照各个部分把它打得粉碎。所以我认为有必要重提原来的问题，枚农啊，就是问：如果每一个含有品德一部分的行动就该是品德，那么品德又是什么呢？因为那个说话的人说，每一个以公道进行的活动都是品德。你是不是认为没必要再提原来的问题，相信一个人不知道品德本身是什么，却知道品德的一部分是什么？

枚　　农：我不那样想。

D 苏格拉底：你可以回忆一下，我刚才给你作了一个关于形的回答，我们指责这种回答是用尚待寻求的东西和尚未认定的东西来作答。

枚　　农：我们有理由指责它，苏格拉底。

苏格拉底：那么，我的好人儿啊，在仍然寻求完整的品德是什么的时候，你别以为在答案里添加品德的部分就能给大家说明品德为何，别以为用这样的方式可以说明什么东西；要知道这样会永远回到老问题上，即品德是什么，因为你说到你所说的那个东西了。你以为我说的没什么道理吗？ E

枚　　农：我认为说的很有道理。

苏格拉底：那就请你重新回答一次你所说的话：你和你的朋友认为品德是什么？

枚　　农：苏格拉底啊，我在遇到你之前听说你总是自己处在困惑之中又使别人陷于困惑。现在我亲眼见到你以你的魅力、你的法术、你的符咒加在我身上，使我完全困惑。说句笑话，你真像那种扁平的海鱼，就是所谓电鳗，无论在外形上还是在其他方面都像，把我完全制服了。因为这种鱼使每一个接近它、碰到它的人发呆。我觉得你现在就对我起了这样的作用。因为实际上我的灵魂和嘴巴都发了呆，不知道怎样回答你。我曾经当着很多人的面对品德发表过几千次讲话，自以为讲得很好。现在我却根本不知道讲品德是什么了。因此我以为你最好不要从海路或陆路离开这里到别处去。因为你如果在别处以异邦人的身份做这样的事，人家也许会把你当成变妖术的抓起来。 80A B

苏格拉底：你真狡猾，枚农，你几乎把我蒙骗了。

枚　　农：怎么这样说，苏格拉底？

苏格拉底：我看出你为什么拿我打比方。

枚　　农：你以为是为了什么？ C

苏格拉底：为了使我再拿你打比方。我知道所有的漂亮人都爱人家拿他打比方来刻画他的形相。这样一来他就出名了，因为漂亮人的形象我认为就是漂亮。可是我不会再拿你打比方。如果你说的电鳗使别人发呆的时候自己也发呆，那我就像它；如果不是这样，我就不像它。因为我使别人陷于困惑的时候自己并不是清楚明白的；正相反，我自己总是也处在困惑之中，并把别人也拉进

D 困惑。现在我对于品德是什么一无所知，而你也许在碰到我之前先知道了，现在却很像一个不知道的人。尽管如此，我还是愿意和你一道考虑和研究品德是什么。

枚　　农：苏格拉底，一件东西你根本不知道是什么，你又怎么去寻求它呢？你凭什么特点把你所不知道的东西提出来加以研究呢？在你正好碰到它的时候，你又怎么知道这是你所不知道的那个东西呢？[1]

【注释】

[1] 枚农在这段话中提出的问题就是哲学史上著名的“枚农悖论”（也称“美诺悖论”），后面的选文讲解中对这个悖论有详细的解释。

E **苏格拉底：**我明白你的意思，枚农。你看，你给我们提出一个多么大的争辩性论题！这就是：一个人不可能去寻求他所知道的东西，也不可能去寻求他不知道的东西。他不能寻求他知道的东西，是因为他已经知道了，用不着再去寻求了；他也不能寻求他不知道的，是因为他也不知道他应该寻求什么。

81A **枚　　农：**你不觉得这是一个很美妙的论题吗，苏格拉底？

苏格拉底：我不这么看。

枚　　农：你能说出原因吗？

苏格拉底：当然能！因为我听到一些精通神圣事物的男人和女人说过。

枚　　农：这些人说过什么话？

苏格拉底：一些很真实的话，我认为这种说法是真的，也是美的。

枚　　农：什么话？说的人是谁？

B **苏格拉底：**说这话的是一些祭司和女祭司，他们是公认为能够为自己的岗位工作作出解释的。这样说的还有宾达若和另外一些圣洁的诗

人。他们的说法如下，请考虑一下你是不是觉得他们说的对。他们是说，人的灵魂是不死的，它一会儿完结了，也就是所谓死了，一会儿又回转了，却永远不消灭。因此人必须最为圣洁地活着。因为：

犯有过失的人们不免沉沦，
九年之后贝塞坡娜却放回他的灵魂，
让它重见天日，从其中产生高贵的国君，C
以及富于智慧和强大的人们。
在以后的日子里，
他们被崇奉为英雄和圣人。

所以灵魂是不死的，而且诞生过很多次，有时在这个世界上，有时在下界度过，见过各样事情，没有什么东西不在它的经验之中。因此没有什么奇怪，它能够回忆到品德以及其余的一切，这是它以前已经知道了的。因为整个自然是联成一气的，灵魂 D
是经历过一切的，所以只要回忆到一样东西，即是人们所谓学到一件事，就不免由此发现其余的一切，只要他是勇敢的、不懈于钻研的。因为钻研和学习无非就是回忆。

所以我们决不要听从那个争辩性的论题，因为它只会使我们懈怠，只有软弱的人才爱听。我说的那个说法则使我们努力研究，使我们信服它是真的，我愿意同你一道来研究品德是什么。E

枚　　农： 我知道了，苏格拉底。可是你为什么说我们不是在学习，而是像我们说的那样在回忆呢？你能不能教给我这是怎么一回事？

苏格拉底： 我刚说过你狡猾，枚农。你现在问我能不能教你，如果我说没 82A
有什么传授，只有回忆，那我就显得自相矛盾了。[1]

【注释】

[1]这里所谓的自相矛盾指的是：我们通常将“教导”理解为传授、灌输新知识，但如果学习的确只不过是回忆，那么通常意义上的这种“教导”就不可能存在。因为“回忆”的产生无法被教导，只需要被“提醒”。从这个意义上讲，好的“教育”或“教导”应该是一些恰当的“提醒”和“指点”，而不应该是“灌输”。

枚　　农：当然不是，苏格拉底。我这样说并不是有意的，是出于习惯。如果你能给我指出事情像你说的那样，请你讲吧。

B **苏格拉底**：这当然不容易，不过我愿意进行这件工作，使你满意。你带了许多随从，请你任意从其中喊出一个来，我在他身上向你证明我的说法。

枚　　农：我很乐意从命。【他转身向一个小斯说】你来！

苏格拉底：他是希腊人，会说希腊话吗？

枚　　农：说得挺好；他是家生子。

苏格拉底：请注意他的表现，看他究竟是自己在回忆，还是在学我。

第三节　选文讲解

《枚农篇》是来自柏拉图创作中期的一篇对话，主要对话者是苏格拉底和枚农，但由于“剧情”需要，另外两人也短暂地参与了对话：一位是枚农的童奴(小厮)，另一位是安虞铎(Anytus)。出于篇幅的考虑，本书选读的部分不包括苏格拉底与童奴和安虞铎之间的对话。苏格拉底与童奴之间的对话通过解决一个具体的几何问题——如何构造一个新正方形，使其面积是已知正方形面积的两倍——来展示“学习即回忆”的道理；而苏格拉底与安虞铎的对话则与柏拉图的另一篇对话——《申辩篇》有重要的关联。

历史上的苏格拉底是柏拉图的老师，这一点不需要做过多的介绍。苏格拉底也是绝大多数柏拉图对话的主角。需要提醒大家注意的是，柏拉图在其创作中、后期对话里往往通过苏格拉底这个“角色”来表达他自己的哲学观点。《枚农篇》作为一篇创作中期的对话也有这个特点，也就是说，对话中的苏格拉底不是历史上那个真实的苏格拉底(因此，学者们通常将柏拉图对话中的苏格拉底称为“柏拉图的苏格拉底”；而当“柏拉图”和“对话中的苏格拉底”这样的称谓出现在本书导读文字中时，他们应当被理解为同一个人)；对话所记录的也并不是真正发生过的交谈，而是柏拉图为了表达自己的哲学理论而创作的“哲学话剧”。《枚农篇》着重探讨的“理念论”及“学习即回忆”的观点都是柏拉图自己的哲学立场。在本对话中，苏格拉底对理念论的解释是浅显清晰的，无须再展开评论，但我们需要对“学习即回忆”的观点做进一步的解读。

在对话中我们看到，枚农试图按照苏格拉底的要求去把握美德的本质，但他的两次尝试都失败了。沮丧不已的枚农在这个时候提出了一个两难推理：任何东西，我们要么知道，要么不知道。我们不会去寻找我们知道的东西，因为既然我们已经知道，就没有必要再去探索；我们也不会去寻找我们不知道的东西，因为在这种情况下，我们根本不知道自己该探求什么。由此似乎可以得出结论：我们不需要去发现我们已经知道的东西，也无法尝试去发现我们不知道的东西。既然学习通常被我们理解为一种探求和发现，从以上推理可见，学习根本就是不可能的。这个两难推理就是哲学史上著名的“枚农悖论”(即“美诺悖论”)。

枚农悖论看似挺有说服力，但苏格拉底却并不认可这个推理的有效性。他说枚农给出的是个诡辩者的论证，它只会使人们在学习的道路上变得懈怠，只有软弱的人(现实生活中那些对学习缺乏“勇气”的人)才喜欢听到这样的结论。正是为了反驳枚农的推理，苏格拉底才提出了“学习即回忆”的观点(见81D)。

在解释这个观点的时候，苏格拉底首先借助了一则关于灵魂不朽和灵魂重生的神话。他说，“既然灵魂是不朽的，重生过多次，已经在这里和世界各地见过所有事物，那么它已经学会了这些事物。如果灵魂能把关于美德的知识，以及其他曾经拥有过的知识回忆起来，那么我们没有必要对此感到惊讶”。(见 81C)换言之，由于灵魂能够不断地重生，我们在这次生命中的“学习”只不过是对过往生命中所学到的东西的“回忆”。这个解释中的神话成分可能会增加我们对“学习即回忆”这一理论的怀疑。此外，把“学习”前移到过往的生命中并不能从根本上解决问题，因为我们可以继续追问，在过往的生命中灵魂又是如何开始“学习”的呢？灵魂的“第一次”学习又是如何发生的呢？

但我们应当注意，理解“学习即回忆”的关键不全在于这个神话，苏格拉底的以下说法也很重要：“因为整个自然是联成一气的，灵魂是经历过一切的，所以只要回忆到一样东西，即是人们所谓学到一件事，就不免由此发现其余的一切”。(见 81C、D)学习与回忆之间的关系在这段话里得到了比较清楚的解释。苏格拉底强调“整个自然是联成一气的”，这是因为我们学习和探究的领域作为一个整体具有一种内部的“同质性”。这种同质性不仅使学习成为可能，也使知识的增长成为可能。我们可以用一个回忆的例子来具体说明苏格拉底这段话中的道理。

比如，一位大学老师的表情或动作可能会让我们回想起高中的班主任，我们的回忆之所以会在不经意间被触发，往往是因为这两位老师之间的相似性(“同质性”)。而当我们回想起高中的班主任，高中学习生活的其他片段也很可能在我们脑海中同时浮现出来。如果我们继续沉浸在这种回忆中，越来越多的细节会不断浮现；只要我们愿意，整个高中三年的学习生活都可能被越来越清晰地回想起来。日常生活当中，我们的回忆通常都具有这种从“部分”到“整体”、从“模糊”到“清晰”、从“片段”到“融贯”的结构性特征。这些结构性特征也同样存在于真正的“学习”过程中：随着我们不懈地学习与探究，我们对一个未知领域的认识也会发生从模糊到清晰、从片段到融贯的变化。苏格拉底说，“只要回忆到一样东西，即是人们所谓学到一件事，就不免由此发现其余的一切”，他所指的就是人类知识的增长过程所具有的某种内部顺序或逻辑。

在接下来的对话中，当苏格拉底向枚农证明“学习即回忆”的正确性时，他也不再援引任何神话，呈现在我们面前的是一幕有趣的话剧：在苏格拉底巧妙而有序的“提醒”下，一个从未受过任何正规教育的童奴成功地通过“回忆”解出了一道难度不低的几何题。或者更准确地说，苏格拉底的“提醒”逐渐地使一个“陌生”的正确答案对童奴变得“似曾相识”，而后者也因此能够通过“回忆”将这道题的正确答案“识别”出来。苏格拉底与童奴之间的对话是《枚农篇》中最著名的段落，但由于篇幅所限，我们没有将这部分对话收入我们的文本节选。同学们可以自己把原文找来阅读，相信有了以上导读材料的铺垫，大家完全可以理解这部分对话的意义。

最后，提醒大家在扩展阅读中尤其应该注意一个细节：当童奴在探索正确答案的道路上两次受阻后，他也显得很困惑(见 84A～D)。但正所谓“不愤不启，不悱不发”，童奴在愤愤悱悱之际，仍能坚持不懈地继续探索，最终在苏格拉底的提醒下找到了(或者说“识别”出了)正确的答案。相比之下，当枚农在探索美德之理念的过程中两次遭挫后，他干脆放弃了探索。一个看似颇有学识的主人最终却还不如一名看似“无知”的童奴好学、善学，这个戏剧性的结局对于常以知识自负的现代人来说也是一个及时的警醒。

第四节　阅读思考与延伸阅读

一、阅读思考

1. 当我们通过努力，成功地回忆起“被遗忘”的一首诗或者一个人名时，我们通常自己就能“确认”：这正是我们要回忆的那首诗或者那个人名。既然我们已经“忘了”或者“不记得了”，为什么随着回忆的展开我们自己又能“辨认”出我们寻找的对象呢？用枚农的话说，“你又怎么知道这是你所不知道的那个东西呢？”(见 80D)想想看，这个现象能为解决枚农悖论提供什么启示？

2. 学习与回忆之间还有许多有趣的相似性。比如，尽管我们可以学习一些“快速记忆术”，但我们从来不曾学习“回忆”。回忆似乎是灵魂内部的一种“自发”现象，没有人知道自己人生中的第一次回忆发生在什么时候。那么当我们说上大学的目的在于“学会学习”的时候，我们真正想表达的是什么意思呢？如果我们不知道何为“学习”，我们又怎么能够“学会”学习呢？真正的学习活动来自“教导”吗？或者说，学习是否也和回忆一样，是一种“自发”现象呢？此外，当我们通过努力，回忆起了自己想要回忆的内容时，这种成功的回忆往往伴随着一种愉悦感。之前的遗忘越彻底，回忆的过程越困难，最终清晰的回忆所带来的愉悦感就越明显。回忆中的这种愉悦和“学而时习之”“温故而知新”这些与学习相关的快乐是不是也有相似之处呢？

3. 据说未来的科技将允许人们通过在大脑内植入芯片的方式拥有“知识”。在什么意义上这些存储在芯片上的“信息”能够成为人们自己的知识？信息和知识的区别在哪里？记忆和回忆的区别在哪里？如果上述情况能够实现，那么人们还需要学习吗？还能够学习些什么？

二、延伸阅读

1. 克莱因. 柏拉图《枚农》疏证[M]. 郭振华，译. 北京：华夏出版社，2011.

2. 汪子嵩，等. 希腊哲学史[M]. 北京：人民出版社，1993.（第二卷，第十三至十五章）

3. 马塞尔·普鲁斯特. 驳圣伯夫[M]. 王道乾，译. 上海：上海译文出版社，2007.（《序言》）

（本章由余洋撰稿）

余洋，男，2012 年毕业于美国天主教大学哲学院，获哲学博士学位，现为深圳大学人文学院哲学系讲师；主要研究领域为现象学，其中尤侧重胡塞尔现象学的研究；近年发表《哲学和现象学的促发动机——兼议从文学作品进入现象学态度的可能性》等论文、译文数篇。

第六章　探寻历史的真实
——《伯罗奔尼撒战争史》导读

第一节　作者及作品介绍

修昔底德(Thucydides，约公元前 460—约前 395)出身于雅典一个富裕而显贵的家庭。其家族与公元前 5 世纪中期活跃于雅典政治和社会舞台上的一些重要人物，如伯里克利等人有着密切联系。

青少年时代的修昔底德接受过良好的教育。伯罗奔尼撒战争爆发之初，修昔底德已参与到雅典的政治生活之中。公元前 424 年，他当选为雅典十将军委员会的成员之一，后因在战争中遭到诬陷，被流放 20 年，至伯罗奔尼撒战争结束后返回雅典。

流传至今的《伯罗奔尼撒战争史》是修昔底德用了 30 余年的时间撰写而成。修昔底德既是历史的观察者、研究者，同时也是历史的参与者。他之所以选择伯罗奔尼撒战争这样一个题材，是因为他“相信这次战争是一个伟大的战争，比过去曾经发生过的任何战争更有叙述的价值”。[①]他认为雅典人和斯巴达人之间之所以爆发战争，不是因为他们之间观念上的分歧，也不是出于政体

① 修昔底德. 伯罗奔尼撒战争史[M]. 北京：商务印书馆，2019：2.

之间的差别，更不是出于对正义和邪恶的考虑，而是对权力和财富的狂热追求。全书在吸收和继承前人史学成就的基础上，把古希腊史学推向了一个新的高度，在西方史学史中占有重要地位。

演说辞的大量运用是《伯罗奔尼撒战争史》这部史著最为突出的特色之一。据统计，演说辞大约占据了全书篇幅的1/4。而伯里克利的墓前演说是古代世界演说辞中脍炙人口的名篇。伯里克利(Pericles，约公元前495—前429)是雅典黄金时期具有重要影响的领导人。该演说发表于希腊伯罗奔尼撒战争刚刚爆发的公元前431年冬天，其目的是鼓舞雅典人的士气。

第二节　原文选读①

阵亡将士国葬典礼上伯里克利的演说

过去许多人在此地说过话的人，总是赞美我们在葬礼将完时发表演说的这种制度。在他们看来，对于阵亡将士发表演说，似乎是对阵亡战士一种光荣的表示。这一点，我不同意。这些在行动中表现自己勇敢的人，我认为，在行动中就充分宣布他们的光荣了，正如你们刚才从这次国葬典礼中所看见的一样。我们相信，这许多人的勇敢和英雄气概毫不因为一个人对他们说好或说歹而有所变更。当听众不相信发言者是说真情的时候，发言者是很难说得恰如其分的。那个知道事实和热爱死者的人，以为这个发言还没有他自己所知道的和他所愿意听的那么多；其他那些不知道这么多的人会感觉对死者嫉妒，当发言者说到他们自己的能力所不能作到的功绩时，他们认为发言者对于死者过于颂扬。颂扬他人，只有在一定的界限以内，才能使人容忍；这个界限就是一个人还相信他所听到的事务中，有一些他自己也可以做到，一旦超出了这个界限，人们就会嫉妒和怀疑了。但是事实上，这个制度是我们的祖先所制定和赞许的；我的义务是遵照传统，尽我的力量所及来满足你们每个人所希望和预期的。

首先我要说到我们的祖先们，因为在这样的典礼上，回忆他们所作的，以表示对他们的敬意，这是适当的。在我们这块土地上，同一个民族的人

① 修昔底德．伯罗奔尼撒战争史[M]．北京：商务印书馆，2019：145-155.

世世代代住在这里，直到现在；因为他们的勇敢和美德，他们把这块土地当作一个自由国家传给我们。无疑地，他们是值得我们歌颂的。尤其是我们的父辈，更加值得我们歌颂，因为除了他们所继承的土地之外，他们还扩张成为我们现在的帝国，他们把这个帝国传给我们这一代，不是没有经过流血和辛勤劳动的。今天我们自己在这里集合的人，绝大多数正当盛年，我们已经在各方面扩充了我们帝国的势力，已经组织了我们的国家，无论在平时或战时，都完全能够照顾它自己。

我不想作一篇冗长的演说来评述一些你们都很熟悉的问题：所以我不说我们用以取得我们的势力的一些军事行动，也不说我们父辈英勇地抵抗我们希腊内部和外部敌人的战役。我所要说的，首先是讨论我们曾经受到考验的精神，我们的宪法和使我们伟大的生活方式。说了这些之后，我想歌颂阵亡将士。我认为这种演说，在目前情况下，不会是不适当的；同时，在这里集会的全体人员，包括公民和外国人在内，听了这篇演说，也是有益的。

我要说，我们的政治制度不是从我们邻人的制度中模仿得来的。我们的制度是别人的模范，而不是我们模仿任何其他的人的。我们的制度之所以被称为民主政治，因为政权是在全体公民手中，而不是在少数人手中。解决私人争执的时候，每个人在法律上都是平等的；让一个人负担公职优先于他人的时候，所考虑的不是某一个特殊阶级的成员，而是他们有的真正才能。任何人，只要他能够对国家有所贡献，绝对不会因为贫穷而在政治上湮没无闻。正因为我们的政治生活是自由而公开的，我们彼此间的日常生活也是这样的。当我们隔壁邻人为所欲为的时候，我们不至于因此而生气；我们也不会因此而给他以难看的颜色，以伤他的情感，尽管这种颜色对他没有实际的损害。在我们私人生活中，我们是自由的而宽恕的；但是在公家的事务中，我们遵守法律。这是因为这种法律深使我们心悦诚服。

对于那些我们放在当权地位的人，我们服从；我们服从法律本身，特别是那些保护被压迫者的法律，那些虽未写成文字，但是违反了就算是公认的耻辱的法律。

现在还有一点。当我们的工作完毕的时候，我们可以享受各种娱乐，以提高我们的精神。整个一年之中，有各种定期赛会和祭祀；在我们的家庭中，我们有华丽而风雅的设备，每天怡娱心目，使我们忘记了我们的忧虑。我们的城邦这样伟大，它使全世界各地一切好的东西都充分地带给我们，使我们享受外国的东西，正好像是我们本地的出产品一样。

在我们对于军事安全的态度方面，我们和我们的敌人间也有很大的差别。下面就是一些例子：我们的城市，对全世界的人都是开放的；我们没有定期的放逐，以防止人们窥视或者发现我们那些在军事上对敌人有利的秘密。这是因为我们所依赖的不是阴谋诡计，而是自己的勇敢和忠诚。在我们的教育制度上，也有很大的差别。从孩提时代起，斯巴达人即受到最艰苦的训练，使之变为勇敢；在我们的生活中没有一切这些限制，但是我们和他们一样，可以随时勇敢地对付同样的危险。这一点由下面的事实可以得到证明：当斯巴达人侵入我们的领土时，他们总不是单独自己来的，而是带着他们的同盟者和他们一起来的，但是当我们进攻的时候，这项工作是由我们自己来做，虽然我们是在异乡作战，而他们是为保卫自己的家乡而战，但是我们常常打败了他们。事实上，我们的敌人从来没有遇着过我们的全部军力，因为我们不得不分散我们的注意力于我们的海军和在陆地上我们派遣军队去完成的许多任务。但是如果敌人和我们一个支队作战而胜利了的时候，他们就自吹，说他们打败了我们的全军；如果他们战败了，他们就自称我们是以全军的力量把他们打败的。我们是自愿地以轻松的情绪来应付危险，而不是以艰苦的训练；我们的勇敢是从我们的生活方式中自然产生的，而不是国家法律的强迫；我认为这些是我们的优点。我们不花费时间来训练自己忍受那些尚未到来的痛苦；但是当我们真的遇着痛苦的时候，我们表现我们自己正和那些经常受到严格训练的人一样勇敢。我认为这是我们的城邦值得崇拜的一点。当然还有其他的优点。

我们爱好美丽的东西，但是没有因此而至于奢侈；我们爱好智慧，但是没有因此而至于柔弱。我们把财富当作可以适当利用的东西，而没有把它当作可以自己夸耀的东西。至于贫穷，谁也不必以承认自己的贫穷为耻；真正的耻辱是不择手段以避免贫穷。在我们这里，每一个人所关心的，不仅是他自己的事务，而且也关心国家的事务：就是那些最忙于他们自己的事务的人，对于一般政治也是很熟悉的——这是我们的特点：一个不关心政治的人，我们不说他是一个注意自己事务的人，而说他根本没有事务。我们雅典人自己决定我们的政策，或者把决议提交适当的讨论；因为我们认为言论和行动间是没有矛盾的；最坏的是没有适当地讨论其后果，就冒失开始行动。这一点又是我们和其他人民不同的地方。我们能够冒险；同时又能够对于这个冒险，事先深思熟虑。他人的勇敢，由于无知；当他们停下来思考的时候，他们就开始疑惧了。但是真的算得勇敢的人是那个最了解人生的幸福和灾患，然后勇往直前，担当起将来会发生的事故的人。

再者，在关于一般友谊的问题上，我们和其他大多数的人也成一个明显的对比。我们结交朋友的方法是给他人以好处，而不是从他人方面得到好处。这就使我们的友谊更为可靠，因为我们要继续对他们表示好感，使受惠于我们的人永远感激我们；但是受我们一些恩惠的人，在感情上缺少同样的热忱，因为他们知道，在他们报答我们的时候，就好像是偿还一笔债务一样，而不是主动地给予恩惠。在这方面，我们是独特的。当我们真的给予他人以恩惠时，我们不是因为估计我们的得失而这样做的，乃是由于我们的慷慨，这样做而无后悔的。因此，如果把一切都联合起来考虑的话，我可断言，我们的城市是全希腊的学校；我可断言，我们每个公民，在许多生活方面，能够独立自主；并且在表现独立自主的时候，能够特别地表现温文尔雅和多才多艺。为着说明这并不是在这个典礼上的空自吹嘘，而是真正的具体事实，你们只要考虑一下：正因为我在上面所说的优良品质，我们的城邦才获得它现有的势力。我们所知道的国家中，只有雅典在遇到考验的时候，证明是比一般人所想象的更为伟大。在雅典的情况下，也只有在雅典的情况下，入侵的敌人不以战败为耻辱；受它统治的属民不因统治者不够格而抱怨。真的，我们所遗留下来的帝国的标志和纪念物是巨大的，不但现代，而且后世也会对我们表示赞叹。我们不需要一个荷马的歌颂，也不需要任何他人的歌颂，因为他们的歌颂只能使我们娱乐于一时，而他们对于事实的估计不足以代表真实的情况。因为我们的冒险精神冲进了每个海洋和每个陆地；我们到处对我们的朋友施以恩德，对我们的敌人给予痛苦；关于这些事情，我们遗留了永久的纪念于后世。

那么，这就是这些人为它慷慨而战、慷慨而死的一个城邦，因为他们只要想到丧失了这个城邦，就会不寒而栗。很自然地，我们生于他们之后的人，每个人都应当忍受一切痛苦，为它服务。因为这个缘故，我说了这么多话来讨论我们的城市，因为我要很清楚地说明，我们所争取的目标比其他那些没有我们的优点的人所争取的目的要远大些；因此，我想用实证来更清楚地表达我对阵亡将士们的歌颂。现在对于他们歌颂最重要的部分，我已经说完了。我已经歌颂了我们的城邦，但是使我们的城邦光明灿烂的是这些人和类似他们的人的勇敢和英雄气概。同时你们也会发现，言辞是不能够公允地表达他们的行为的；在所有的希腊人中间，和他们这种情况一样的也是不会很多的。

在我看来，像这些人一样的死亡，对我们说明了英雄气概的重大意义，不管它是初次表现的也好，或者是最后证实的也好。无疑的，他们中间有些人是有缺点的；但是我们所应当记着的，首先是他们抵抗敌人、捍卫祖国的英勇行为。他们的优点抵消了他们的缺点，他们对国家的贡献多于他们在私人生活中所做的祸害。他们这些人中间，没有人因为想继续享受他们的财富而变为懦夫，也没有人逃避这个危难的日子，以图偷生脱离穷困而获得富裕。他们所需要的不是这些东西，而是要挫败敌人的骄气。在他们看来，这是最光荣的冒险。他们担当了这个冒险，愿意击溃敌人，而放弃了其他一切。至于成败，他们让它留在不可预测的希望女神手中；当他们真的面临战斗的时候，他们信赖自己。在战斗中，他们认为保持自己的岗位而战死比屈服而逃生更为光荣。所以他们没有受到别人的责难，把自己血肉之躯抵挡了战役的冲锋；顷刻间，在他们生命的顶点，也是光荣的顶点，而不是恐惧的顶点，他们就离开我们而长逝了。

他们的行动是这样的，这些人无愧于他们的城邦。我们这些还生存的人们可以希望不会遭遇着和他们同样的命运，但是在对抗敌人的时候，我们一定要有同样的勇敢精神。这不是单纯从理论上估计优点的一个问题。关于击败敌人的好处，我可以说得很多(这些，你们和我一样都是知道的)。我宁愿你们每天把眼光注意到雅典的伟大。它真正是伟大的；你们应当热爱它。当你们认识到它的伟大时，然后回忆一下，使它伟大的是有冒险精神的人们，知道他们的责任的人们，深以不达到某种标准为耻辱的人们。如果他们在一个事业失败了，他们下定决心，不让他们的城邦发现他们缺乏勇敢，他们尽可能把最好的东西贡献给国家。他们贡献了他们的生命给国家和我们全体；至于他们自己，则获得了永远长青的赞美，最光辉灿烂的坟墓——不是他们的遗体所安葬的坟墓，而是他们的光荣永远留在人心的地方；每到适当的时机，永远激励他人的言论或行动的地方。因为著名的人们是把整个地球做他们的纪念物的；他们的纪念物不仅是在自己的祖国内他们坟墓上指出他们来的铭刻，而且也在外国；他们的英名是生根在人们的心灵中，而不是雕刻在有形的石碑上。你们应该努力学习他们的榜样。你们要下定决心：要自由，才能有幸福；要勇敢，才能有自由。在战争的危险面前，不要松懈。那些不怕死的人不是那些可怜人和不幸者，因为他们没有幸福生活的希望；而是那些昌盛的人，因为他们的生活有变为完全相反的危险，他们敏锐地感觉到，如果事情变糟了的话，对于他们将有严重的后果。一个聪明的人感觉到，因为自己懦弱而引起的耻辱比为爱国主义精神所鼓舞而意外地死于战场，更为难过。

因为这个原因，我不哀吊死者的父母，他们有很多事在这里的。我要努力安慰他们。他们很知道他们生长在一个人生死无常的世界中。但是像阵亡将士一样死得光荣的人们和你们这些光荣地哀吊他们的人们都是幸福的；他们的生命安排得使幸福和死亡同在一起。我知道，关于这一点，我很难说服你们。当你们看见别人快乐的时候，你们也会想起过去一些常常引起你们快乐的事情来。一个人不会因为缺少了他经验中所没有享受过的好事而感到悲伤的：真正悲伤是因为丧失了他惯于享受的东西才会被感觉到的。你们中间那些在适当年龄的人仍旧要坚持下去，希望更多生一些儿女。在你们自己的家庭中，这些新生的儿女们会使你们忘记那些死者，他们也会帮助城邦填补死者的空位和保证它的安全。因为如果一个人不是和其他每个人一样，有儿女的生命作为保证的话，他是不可能对于我们的事务提出公允而诚实的观点来的。至于你们中间那些已经太老，不再生育了的人，我请你们把你们享受幸福的大部分生命作为一个收获，记着你们的余年是不长了的，你们想到死者的美名时，你们心中要想开些。只有光荣感是不会受年龄的影响的；当一个人因年老而衰弱时，他最后的幸福，不是如诗人所说的，是谋利，而是得到同胞的尊敬。

至于你们中间那些死者的儿子们或弟兄们，我能够看见，在你们面前有一个艰巨的斗争。每个人总是颂扬死者，纵或你们有了最高度的英勇壮烈精神，但是你们所得到的名誉，很难和他们的标准相近，更不要说和他们的相等了。当人活着的时候，他总是易于嫉妒那些和他们竞争的人的；但是当人去世了的时候，他是真诚地受人尊敬的。

你们中间有些妇女现在变为寡妇了；关于她们的责任，我想说一两句话。我所能够说的只是一个短短的忠言。你们的大光荣没有逊于女性所应有的标准。妇女们的最大光荣很少为男人所谈论，不管他们是恭维你们也好，批评你们也好。现在依照法律上的要求，我已经说了我所应当说的话。我们暂时对死者的祭献已经做了，将来他们的儿女们将由公费维持，直到他们达到成年时为止。这是国家给予死者和他们的儿女们的花冠和奖品，作为他们经得住考验的酬谢。凡是对于勇敢的奖赏最大的地方，你们也就可以找到人民中间最优秀得和最勇敢的精神。现在你们对于阵亡的亲属已致哀吊，你们可以散开了。”

第三节　选文讲解

一、内容概览

从内容上讲，此篇演说辞具有较高的原创性。它的内容可以分为三个部分：第一部分，指出阵亡将士墓前演说是传统习俗规定的，对死者的颂扬既应是必要的，又要恰如其分。然后，歌颂雅典人光荣的祖先，回顾自由的传统，要求雅典的公民继承自由的传统。最后，指出雅典的强大完全得益于一种优良的“政体”和“民族习惯”。第二部分，即此篇演说辞最重要的部分。伯里克利从雅典的民主制度及其优越性、精神和物质文化的丰富性、人的作用、军事政策、教育制度、外交政策等方面全面阐释了雅典城邦的伟大。第三部分，对阵亡将士进行颂扬，阐述死者的光荣和生者的责任，安慰死者的家人。

在第二部分中，伯里克利给雅典民主制下了一个定义：“我们的政治制度所以被称为民主政治，因为政权是在全体公民手中，而不是在少数人手中”。在这种民主制度之下，雅典注重自由、平等、法治。伯里克利进一步强调雅典政治制度的优越性，强调雅典比斯巴达伟大。伯里克利说公民在“公共生活”中的自由包括获取职位和为城邦服务。公民个体获取好职位靠的是美德而不是其他的方式。他凸显了雅典没有墨守成规，否定了以前的抽签、财产资格等方式，追求“能力强”。雅典向穷人敞开了大门。当然，伯里克利认为雅典选拔公民担任公职需要更高的要求，那就是具有美德。富有美德的公民总是少数人，不可能是多数人，这种看法带有精英政治的倾向。

除了公共生活，伯里克利赞颂了雅典的私人生活。雅典人热爱美，雅典是艺术的城邦；雅典人热爱智慧，因而雅典也是哲学的城邦。雅典人享受自己和别人的美好成果，但是伯里克利并没有述说雅典城邦具体的、丰富的物质成就。伯里克利非常欣赏雅典人的生活方式，对比斯巴达人严酷的训练和教育，他认为雅典公民具有个人的自由。而这种个人自由可以激发公民的责任意识，让他们在公共生活领域做出更大的贡献。伯里克利鼓舞雅典公民投身城邦的公共事业，宣扬雅典的自由精神。

在这篇葬礼演说中，伯里克利歌颂了雅典的民主制度，勾画了“美好城邦”的蓝图，将雅典树立为“全希腊的学校”。有学者认为这篇演说辞堪称“世界上最早的民主宣言”[①]。

二、雅典民主制的弊病

修昔底德记载的这篇演说辞，历来被公认为是雅典民主的颂歌，被不断传颂。

---

① 沈芝. 修昔底德演说辞及其历史文化价值[M]. 北京：中国社会科学出版社，2017：98.

但是，秉着客观求实的治史态度，修昔底德并没有一味地夸大民主制度的优点，而是详细地描述了雅典民主制的弊病。

在伯里克利发表葬礼演说后不久，雅典爆发了瘟疫。在瘟疫面前，人们发现任何人都不能抵抗瘟疫，无论是富人还是穷人，无论是掌权者还是普通老百姓。由于瘟疫的缘故，雅典开始出现了空前的违法乱纪行为，抢劫、偷盗、诈骗横行。人们不再关注城邦的荣耀，不再关注人的素养，不再关注人的道德情操，甚至人们认为不再对城邦负有重大责任。瘟疫中的雅典人与伯里克利口中的雅典人大相径庭。修昔底德讲到，瘟疫爆发后，雅典人将责任推到伯里克利身上，罢免他的将军职务，并处以巨额罚款。可是不久之后，又重新推选伯里克利为领导人。伯罗奔尼撒战争中，雅典人经常出现这种反复无常的情况，这种民主制度的弊病是需要重新审视的。

雅典公民特别欣赏那些能言善辩的人，经常根据演说辞的好坏来判断事实。而政治领袖们抓住了人们的爱好，哗众取宠、煽动民众的情况经常发生，通过这种方式来获得领导权。伯里克利正是利用了这一点，他非常擅长演讲，能够根据听众的喜好来提高自己的政治地位。因此，不可过分颂扬及夸大雅典民主制的优点，应该看到这种制度的利弊。

三、演说辞的作用和意义

《伯罗奔尼撒战争史》中出现大量的演说辞是受到希腊历史上修辞演讲术的影响。在古希腊史学发展的初期阶段，口头创作占有相当重要的地位。很多历史资料都是通过口头传播流传下来。而演讲术蓬勃发展的根本原因则是希腊城邦政治发展的需要。在古希腊世界的政治生活中，在公民大会和议事会上发表演说是非常重要的政治活动，拥有好的口才是制服政敌、取悦民心的重要手段。在处理城邦间的纠纷时，往往派遣能言善辩的使者来解决问题。尽管希腊世界创造了多种形式的政治制度，但是雅典的民主制无疑是最重要的形式之一。为了获得大多数人的支持，在讨论军国大事或者审判高级领导人时，就会出现非常精彩的辩论。

修昔底德的演说辞大多数来自政治家。从演说辞的内容来看，论辩双方都有平等的申述己方观点的机会，运用充足的论据和雄辩的论点感染并说服听众，发言逻辑清晰、修辞精到、简洁明确。演说中，很难看到人身攻击和各种无理喊骂，更少出现为了论辩大打出手的局面。为了给公民创造平等的论辩环境，雅典出台了相应法规，对于发言人的言辞予以规范：“不能诽谤他人和讲下流话，不能打断他人的演讲，必须上台发言，不能攻击会议主席，否则要交罚金。如果台下的观众对于演讲者不满，可以通过集体鼓噪、呐喊来发泄自己的不满。”[①]通过长期民主生活的熏陶，公民的政治选择能力不断增强。当然，为了博得民众的支持，故意煽动民众情绪的

① 沈芝. 修昔底德演说辞及其历史文化价值[M]. 北京：中国社会科学出版社，2017：63.

事件也经常发生。通过演讲人的演讲水平来对事件进行判断会出现很多的失误，因此，一方面要创造宽松的政治讨论环境，设立公平的讨论平台，提高民众的政治素养；另一方面也不能过分依赖演讲来判断事实。

对于修昔底德演说辞的真实性，学界历来存在着争议。修昔底德指出："在这部历史著作中，我援引了一些演说辞……有些演说辞是我亲耳听到的，有些是通过各种渠道得到的。无论如何，单凭一个人的记忆是很难逐字逐句记载下来的。我的习惯是这样的：一方面使演说者说出我认为各种场合所要说的话，另一方面当然要尽可能保持实际所讲的大意。"①总体上来看，《伯罗奔尼撒战争史》中的演说辞具有一定的真实性基础，也不否认带有虚构的内容，但是这种虚构也是依据具体环境所必须要说的话，并经过了仔细的校订。

四、修昔底德求真求实的学术精神

修昔底德在写作过程中非常重视收集第一手资料，坚决摒弃拼凑故事。在流放期间，他到希腊各地收集材料，既重视官方文件，也注重考订史实。他到各地实地考察，对战争中涉及的山丘、河谷、关隘等做了具体而准确的记载。例如，1877 年出土的一块石碑上刻有公元前 419 年雅典和阿尔戈斯城邦缔结条约的铭文，考古学家把它与修昔底德的记载相对照，两者竟相差无几。除了对史料的收集，修昔底德认为还需要对证据进行批判。修昔底德指出："关于战争事件的叙述，我确定了一个原则：不要偶然听到一个故事就写下来，甚至也不单凭我自己的一般印象作为根据；我所描述的事件，不是我亲自看见的，就是我从那些亲自看见这些事情的人那里听到后，经过我仔细考核过了的。"②学者们通常认为这是修昔底德对于史学方法论的陈述。遵循这一原则，修昔底德客观、真实地记载了伯罗奔尼撒战争。

在解释历史事件时，修昔底德没有简单地归于偶然因素或神秘因素，而是致力于从政治、经济、文化等角度探讨历史事件之间的因果关系。他认为所有的事件都是人类自身活动的结果。在书中记载的西西里远征就是著名的例子。在战争进行过程中，突然发生了月蚀。雅典统帅和很多雅典人过于相信占卜之事而贻误了战机，导致雅典人全军覆没。西西里远征成为伯罗奔尼撒战争的转折点。修昔底德在记录这一事件时斥责雅典远征军统帅尼基阿斯因月食而耽误撤军日期。他认为占卜之术是一种骗术，有时候为了政治目的可以捏造神谕。在记录战争过程中出现的日食、月食、地震等自然现象时，修昔底德尽量用科学的方式进行解读，认为它是自然现象，而不把它们看作吉凶的预兆。这种求真的精神是难能可贵的。

对于雅典的对手斯巴达人，修昔底德同样做了详细的描述。在他的著作中，记

---

① 修昔底德. 伯罗奔尼撒战争史[M]. 北京：商务印书馆，2019：17.
② 同上，17-18.

载的多次演讲发生在斯巴达，而且在斯巴达，允许雅典的代表不受限制地进行演讲。虽然斯巴达是贵族政治，修昔底德认为这种贵族政治只能代表人民中一部分人的利益，但是他间接地指出这种贵族寡头政体也包含着某些民主成分。与雅典人不同，斯巴达人严谨务实、勇敢顽强，有自己的一套军事化的社会组织和教育制度。修昔底德并没有比较斯巴达人与雅典人孰优孰劣，对于雅典和斯巴达政界人物的评价都是褒贬参半，所有的评价都是根据具体的历史事实进行客观分析。学习修昔底德求真求实的治学态度，对于我们的治学大有裨益。

五、"修昔底德陷阱"

大约从2012年开始，国际媒体在讨论国际关系问题时，开始出现一个名为"修昔底德陷阱"(Thucydides's Trap)的说法。"当一个崛起的大国与既有的统治霸主竞争时，双方面临的危险——正如公元前5世纪希腊人面临的情况一样，这种挑战多数以战争告终。"此种说法来自美国人格雷厄姆•艾莉森。"他为了给21世纪的中美关系定性，将两千多年前古希腊的著名史学家修昔底德搬出来，杜撰了这么一个概念。其目的是想为中美关系定位，中国挑战了美国的老牌霸主地位，那么中美之间必有战争，就像两千多年前的伯罗奔尼撒战争一样。"[①]这并不是修昔底德的原意。修昔底德并不认为雅典是新崛起的大国，挑战了旧霸主斯巴达的地位，也不认为伯罗奔尼撒战争是大国竞争的必然结果。而且古代的城邦关系与现代国际关系有着巨大的差别，对修昔底德观点的随意引申会背离史实。随后，国内外都有学者讨论此观点，研究如何避免和破解"修昔底德陷阱"。"修昔底德陷阱"本身就是杜撰出来的。阅读原典、独立思考、避免跟风，才是真正的为学之道。

第四节　阅读思考与延伸阅读

一、阅读思考

1. 如何看待雅典的民主制度？
2. 如何理解演说辞的作用和价值？
3. 如何理解"修昔底德陷阱"？

二、延伸阅读

1. 修昔底德. 伯罗奔尼撒战争史[M]. 北京：商务印书馆，2019.

---

① 钱乘旦. "修昔底德陷阱"属杜撰而非铁律[N]. 北京：北京日报，2016-9-5.

2. 唐纳德·卡根. 伯罗奔尼撒战争的爆发[M]. 上海：华东师范大学出版社，2019.

3. 沈芝. 修昔底德演说辞及其历史文化价值[M]. 北京：中国社会科学出版社，2017.

4. 任军锋. 帝国的兴衰：修昔底德的政治世界[M]. 北京：三联书店，2017.

5. 张广智. 西方史学史[M]. 上海：复旦大学出版社，2019.

（本章由叶亢撰稿）

叶亢，女，历史学博士，深圳大学人文学院讲师；研究领域主要为世界近现代史、英国史、中东史；主持的项目有《数字人文与外国新闻史研究》《数字人文在历史研究中的应用》《英国舆论与埃及事件(1881—1882)》等；在《新史学》《暨南史学》等刊物上发表多篇论文，同时也致力于世界史课程的教学改革研究。

第七章 “宝钗扑蝶”背后的玄机与艺术——《红楼梦》导读

第一节 作者及作品介绍

曹雪芹(约 1715—约 1763)，名霑，字梦阮，号雪芹、芹圃、芹溪，中国伟大的现实主义作家。曹雪芹的先祖是辽阳汉人，于明末成为满洲正白旗旗下包衣，后隶属于清皇家内务府。曹家几代人均做过江宁织造和两淮巡盐御史，曹雪芹曾祖曹玺、祖父曹寅为康熙帝近臣，雍正即位后曹家失势被抄家。据推测，曹雪芹可能生于南京，幼时经历过一段“烈火烹油”的贵族生活，后随全家迁回北京，年轻时曾在皇族学堂“右翼宗学”当差，晚年在北京西郊专事《红楼梦》的创作，穷困潦倒，“举家食粥酒常赊”。乾隆二十七年(1762 年)，幼子夭亡，贫病交加的曹雪芹于除夕“泪尽而逝”，徒留一部未完成的巨著，给世人带来无限感伤。

《红楼梦》是中国古代最伟大的现实主义长篇小说。作者曹雪芹的八十回未完稿最初题名《石头记》，于 18 世纪中叶在亲友中传阅，后来以手抄本的形式在社会上流传。乾隆五十六年(1791 年)，程伟元、高鹗第一次出版了活字印刷版的一百二十回本，书名也由《石头记》改为《红楼梦》，从此得到广泛传播。后四十回一说是高鹗所续，也有说法认为高鹗只是把当时各种续稿整理编缀出版。无论是思想内容还是艺术成就等方面，后四十回续书与前八十回曹雪芹原著都有较大差距，所以也有一些读者只接受曹雪芹的前八十回原著。

鲁迅说："自有《红楼梦》出来以后，传统的思想和写法都打破了。"[①]《红楼梦》涵盖了方方面面的知识，塑造的人物形象之丰富，运用的艺术手法之精湛，展现的时代历史画卷之广阔，探索的精神内涵之深刻，代表了中国文学的最高成就，也是世界文学宝库中最珍贵的作品之一。《红楼梦》问世两百多年来，对其进行评论和研究的著作卷帙浩繁，有专门名称谓之"红学"。

伟大的曹雪芹用他天才的如椽巨笔、无与伦比的创造力，让《红楼梦》这座光彩夺目的宫殿巍峨地耸立在文学之巅。它气势磅礴，幽深广阔，几无闲来之笔，每一个细节都精妙绝伦地连缀在一起，最终通向作品的精神高阁；每一个艺术手法都是后世的典范和楷模，共同指向文学殿堂那最神秘华美之所在。这样的皇皇巨著是文学给予世界的瑰宝，是人类生存奥义的一部分，正像卡尔维诺说的那样，"一部经典作品是一本永不会耗尽它要向读者说的一切东西的书"[②]，《红楼梦》的博大精深需要人们用一生去反复阅读、揣摩、体会，倘若你能走进它，便会明白艺术的魅力可以怎样予人以巨大的感动和快乐，由此也给有限而短暂的人生增添了洞穿虚无的力量。

第二节 原文选读[③]

第二十七回 滴翠亭杨妃戏彩蝶 埋香冢飞燕泣残红（节选）

至次日乃是四月二十六日，原来这日未时交芒种节。尚古风俗：凡交芒种节的这日，都要设摆各色礼物，祭饯花神，言芒种一过，便是夏日了，众花皆卸，花神退位，须要饯行。然闺中更兴这件风俗，所以大观园中之人都早起来了。那些女孩子们，或用花瓣柳枝编成轿马的，或用绫锦纱罗叠成干旄旌幢[④]的，都用彩线系了。每一颗树上，每一枝花上，都系了这些物事。满园里绣带飘飘，花枝招展，更兼这些人打扮得桃羞杏让，燕妒

① 鲁迅. 中国小说史略[M]. 北京：人民文学出版社，1973：306-307.

② [意大利]伊塔洛·卡尔维诺. 为什么读经典[M]. 南京：译林出版社，2019：14.

③ 选文所据版本：曹雪芹，高鹗. 红楼梦[M]. 北京：人民文学出版社，2006：361-364.

④ 干旄(máo)旌(jīng)幢(chuáng)："干"通"竿"，旄，牦牛尾。干旄，古代饰牦牛尾于旗杆，以示威仪。旌，与旄相似，另有五彩鸟羽装饰。幢，形状像伞。

莺惭，一时也道不尽。

且说宝钗、迎春、探春、惜春、李纨、凤姐等并巧姐、大姐、香菱与众丫鬟们在园内玩耍，独不见林黛玉。迎春因说道：“林妹妹怎么不见？好个懒丫头！这会子还睡觉不成？”宝钗道：“你们等着，我去闹了他来。”说着便丢下了众人，一直往潇湘馆来。正走着，只见文官等十二个女孩子也来了，上来问了好，说了一回闲话。宝钗回身指道：“他们都在那里呢，你们找他们去罢。我叫林姑娘去就来。”说着便逶迤往潇湘馆来。

忽然抬头，见宝玉进去了，宝钗便站住低头想了想：宝玉和林黛玉是从小儿一处长大，他兄妹间多有不避嫌疑之处，嘲笑喜怒无常；况且林黛玉素习猜忌，好弄小性儿的。此刻自己也跟了进去，一则宝玉不便，二则黛玉嫌疑。罢了，倒是回来的妙。想毕抽身回来。

刚要寻别的姊妹去，忽见前面一双玉色蝴蝶，大如团扇，一上一下迎风翩跹，十分有趣。宝钗意欲扑了来玩耍，遂向袖中取出扇子来，向草地下来扑。只见那一双蝴蝶忽起忽落，来来往往，穿花度柳，将欲过河去了。倒引的宝钗蹑手蹑脚的，一直跟到池中滴翠亭上，香汗淋漓，娇喘细细。宝钗也无心扑了，刚欲回来，只听滴翠亭里边嘁嘁喳喳有人说话。原来这亭子四面俱是游廊曲桥，盖造在池中水上，四面雕镂槅子糊着纸。

宝钗在亭外听见说话，便煞住脚往里细听，只听说道：“你瞧瞧这手帕子，果然是你丢的那块，你就拿着；要不是，就还芸二爷去。”又有一人说话：“可不是我那块！拿来给我罢。”又听道：“你拿什么谢我呢？难道白寻了来不成。”又答道：“我既许了谢你，自然不哄你。”又听说道：“我寻了来给你，自然谢我；但只是拣的人，你就不拿什么谢他？”又回道：“你别胡说。他是个爷们家，拣了我的东西，自然该还的。我拿什么谢他呢？”又听说道：“你不谢他，我怎么回他呢？况且他再三再四的和我说了，若没谢的，不许我给你呢。”半晌，又听答道：“也罢，拿我这个给他，算谢他的罢。——你要告诉别人呢？须说个誓来。”又听说道：“我要告诉一个人，就长一个疔，日后不得好死！”又听说道：“嗳呀！咱们只顾说话，看有人来悄悄在外头听见。不如把这槅子都推开了，便是有人见咱们在这里，他们只当我们说顽话呢。若走到跟前，咱们也看的见，就别说了。”

宝钗在外面听见这话，心中吃惊，想道：“怪道从古至今那些奸淫狗盗的人，心机都不错。这一开了，见我在这里，他们岂不臊了。况才说话的语音，大似宝玉房里的红儿的言语。他素昔眼空心大，是个头等刁钻古怪东西。今儿我听了他的短儿，一时人急造反，狗急跳墙，不但生事，而且我还没趣。如今便赶着躲了，料也躲不及，少不得要使个‘金蝉脱壳’[①]的法子。”犹未想完，只听“咯吱”一声，宝钗便故意放重了脚步，笑着叫道：“颦儿，我看你往那里藏！”一面说，一面故意往前赶。

那亭内的红玉坠儿刚一推窗，只听宝钗如此说着往前赶，两个人都唬怔了。宝钗反向他二人笑道：“你们把林姑娘藏在那里了？”坠儿道：“何曾见林姑娘了。”宝钗道：“我才在河那边看着林姑娘在这里蹲着弄水儿的。我要悄悄的唬他一跳，还没有走到跟前，他倒看见我了，朝东一绕就不见了。别是藏在这里头了。”一面说，一面故意进去寻了一寻，抽身就走，口内说道：“一定是又钻在山子洞里去了。遇见蛇，咬一口也罢了。”一面说一面走，心中又好笑：这件事算遮过去了，不知他二人是怎样。

谁知红玉听了宝钗的话，便信以为真，让宝钗去远，便拉坠儿道：“了不得了！林姑娘蹲在这里，一定听了话去了！”坠儿听说，也半日不言语。红玉又道：“这可怎么样呢？”坠儿道：“便是听了，管谁筋疼，各人干各人的就完了。”红玉道：“若是宝姑娘听见，还倒罢了。林姑娘嘴里又爱刻薄人，心里又细，他一听见了，倘或走露了风声，怎么样呢？”二人正说着，只见文官、香菱、司棋、待书等上亭子来了。二人只得掩住这话，且和他们顽笑。

只见凤姐儿站在山坡上招手叫，红玉连忙弃了众人，跑至凤姐跟前，堆着笑问：“奶奶使唤作什么事？”凤姐打谅了一打谅，见他生的干净俏

---

① 金蝉脱壳：蝉由幼虫变为成虫时，要脱掉外壳（蝉蜕）。喻以假象作掩蔽暗中溜走。“金蝉脱壳计”是古代“三十六计”第二十一计。

丽，说话知趣，因笑道：“我的丫头今儿没跟进我来。我这会子想起一件事来，要使唤个人出去，不知你能干不能干，说的齐全不齐全？”红玉笑道：“奶奶有什么话，只管吩咐我说去。若说的不齐全，误了奶奶的事，凭奶奶责罚就是了。”凤姐笑道：“你是那位小姐房里的？我使你出去，他回来找你，我好替你说的。”红玉道：“我是宝二爷房里的。”凤姐听了笑道：“嗳哟！你原来是宝玉房里的，怪道呢。也罢了，等他问，我替你说。你到我们家，告诉你平姐姐：外头屋里桌子上汝窑盘子架儿底下放着一卷银子，那是一百六十两，给绣匠的工价，等张材家的来要，当面称给他瞧了，再给他拿去。再里头床头间有一个小荷包拿了来。”

红玉听说撤身去了，回来只见凤姐不在这山坡子上了。因见司棋从山洞里出来，站着系裙子，便赶上来问道：“姐姐，不知道二奶奶往那里去了？”司棋道：“没理论。”红玉听了，抽身又往四下里一看，只见那边探春宝钗在池边看鱼。红玉上来陪笑问道：“姑娘们可知道二奶奶那去了？探春道：“往你大奶奶院里找去。”红玉听了，才往稻香村来，顶头只见晴雯、琦霰、碧痕、紫绡、麝月、侍书、入画、莺儿等一群人来了。

晴雯一见了红玉，便说道：“你只是疯罢！院子里花儿也不浇，雀儿也不喂，茶炉子也不熥，就在外头逛。”红玉道：“昨儿二爷说了，今儿不用浇花，过一日浇一回罢。我喂雀儿的时侯，姐姐还睡觉呢。”碧痕道：“茶炉子呢？"红玉道：“今儿不该我熥的班儿，有茶没茶别问我。”绮霰道：“你听听他的嘴！你们别说了，让他逛去罢。”红玉道：“你们再问问我逛了没有。二奶奶使唤我说话取东西的。”说着将荷包举给他们看，方没言语了。

大家分路走开。晴雯冷笑道：“怪道呢！原来爬上高枝儿去了，把我们不放在眼里。不知说了一句话半句话，名儿姓儿知道了不曾呢，就把他兴的这样！这一遭半遭儿的算不得什么，过了后儿还得听呵！有本事从今儿出了这园子，长长远远的在高枝儿上才算得。”一面说着去了。

这里红玉听说，不便分证，只得忍着气来找凤姐儿。到了李氏房中，果见凤姐儿在这里和李氏说话儿呢。红玉上来回道："平姐姐说，奶奶刚出来了，他就把银子收了起来，才张材家的来讨，当面称了给他拿去了。"说着将荷包递了上去，又道："平姐姐教我回奶奶：才旺儿进来讨奶奶的示下，好往那家子去。平姐姐就把那话按着奶奶的主意打发他去了。"凤姐笑道："他怎么按我的主意打发去了？"红玉道："平姐姐说：我们奶奶问这里奶奶好。原是我们二爷不在家，虽然迟了两天，只管请奶奶放心。等五奶奶好些，我们奶奶还会了五奶奶来瞧奶奶呢。五奶奶前儿打发了人来说，舅奶奶带了信来了，问奶奶好，还要和这里的姑奶奶寻两丸延年神验万全丹。若有了，奶奶打发人来，只管送在我们奶奶这里。明儿有人去，就顺路给那边舅奶奶带去的。"

话未说完，李氏道："嗳哟哟！这些话我就不懂了。什么'奶奶''爷爷'的一大堆。"凤姐笑道："怨不得你不懂，这是四五门子的话呢。"说着，又向红玉笑道："好孩子，难为你说的齐全。别像他们扭扭捏捏的蚊子似的。嫂子你不知道，如今除了我随手使的几个丫头老婆之外，我就怕和他们说话。他们必定把一句话拉长了作两三截儿，咬文咬字，拿着腔儿，哼哼唧唧的，急的我冒火，他们那里知道！先时我们平儿也是这么着，我就问着他：难道必定装蚊子哼哼就是美人了？说了几遭，才好些儿了。"李宫裁笑道："都象你泼皮破落户才好。"凤姐又道："这一个丫头就好。方才两遭，说话虽不多，听那口声就简断。"说着又向红玉笑道："你明儿伏侍我去罢。我认你作女儿，我一调理，你就出息了。"

红玉听了，扑哧一笑。凤姐道："你怎么笑？你说我年轻，比你能大几岁，就作你的妈了？你还作春梦呢！你打听打听，这些人头比你大的大的，赶着我叫妈，我还不理。今儿抬举了你呢！"红玉笑道："我不是笑这个，我笑奶奶认错了辈数了。我妈是奶奶的女儿，这会子又认我作女儿。"凤姐道："谁是你妈？"李宫裁笑道："你原来不认得他？他是林之孝之女。"凤姐听了十分诧异，说道："哦！原来是他的丫头。"又笑道："林之孝两口子都是锥子扎不出一声儿来的。我成日家说，他们倒是配就了的一对夫妻，一个天聋，一个地哑。那里承望养出这么个伶俐丫头来！你十几岁了？"红玉道：“十七岁了。”又问名字，红玉道：“原叫红玉的，因为重了宝二爷，如今只叫红儿了。”

凤姐听说将眉一皱，把头一回，说道：“讨人嫌的很！得了玉的益似的，你也玉，我也玉。”因说道：“既这么着，肯跟，我还和他妈说，‘赖大家的如今事多，也不知这府里谁是谁，你替我好好的挑两个丫头我使’，他一般答应着。他饶不挑，倒把这女孩子送了别处去。难道跟我必定不好？”李氏笑道：“你可是又多心了。他进来在先，你说话在后，怎么怨的他妈！”凤姐道：“既这么着，明儿我和宝玉说，叫他再要人，叫这丫头跟我去。可不知本人愿意不愿意？”红玉笑道：“愿意不愿意，我们也不敢说。只是跟着奶奶，我们也学些眉眼高低，出入上下，大小的事也得见识见识。”刚说着，只见王夫人的丫头来请，凤姐便辞了李宫裁去了。红玉回怡红院去，不在话下。

第三节 选文讲解

《红楼梦》有很多脍炙人口的经典段落，“宝钗扑蝶”便是其中重要的一幕。大意是：薛宝钗欲去潇湘馆找林黛玉，见宝玉先进去了，遂为避嫌疑而止步。接着看到一对美丽的玉色蝴蝶，引发兴致，欲扑来玩耍，于是跟随蝴蝶一步步来到滴翠亭，听到宝玉的丫鬟红玉(后更名为小红)和坠儿谈心事。原来，在怡红院当差的小红邂逅了来拜访宝玉的贾府旁支少爷贾芸，两个人一见钟情，悄悄通过手帕传递彼此爱慕之意。这在当时是违背礼教之事，宝钗听到后很吃惊，为了不让对方发觉，便使了个“金蝉脱壳”的法子，谎称林黛玉在附近，成功脱身。

这一桥段历来是书中最为人争议的情节之一。在“拥黛派”读者的心中，这是宝钗对黛玉的嫁祸，是她最为人诟病的“罪状”；而在“拥钗派”读者的眼中，这是宝钗遇事能机敏应变之举，也是世事洞明的体现。由此引发的争议从《红楼梦》问世直到今天。倘若说读者对林黛玉的争议大多在于喜欢或不喜欢其个性为人，那么，对薛宝钗其人的争议要再提前一层：她究竟是个什么样的人？人们发现，曹雪芹在塑造林黛玉和薛宝钗这两个人物时，笔法有巨大差别：“作者惯用藏头露尾之笔，一明写，一暗写，一实写，一虚写，神出鬼没，遂将读者瞒过”。[①]的确，人物永远是小说的精髓，曹雪芹塑造人物的笔法之精妙让人叹为观止，使得薛宝钗这个人物也显得扑朔迷离起来。

一、饯花会与“扑蝶”的文化传统

先来看文中人物出场前的景物描写，此时正值四月二十六日芒种节，芒种是中国古代传统的二十四节气之一，在小满之后，夏至之前。芒种一过，姹紫嫣红的春天就落幕了，所以是“众花皆卸，花神退位，须要饯行”。古时民间在芒种这天送花神归位，以纪念百花绽放的春日，也表达对花神的尊重与感激。大观园中的女孩子们打扮得和花儿一样美丽，用彩带和丝线将园中装点得五彩斑斓。尽管这件事隐喻着“群芳落尽”，但悲剧之前的女儿们浑然不觉，依然肆意挥洒着鲜妍的青春。这样的美景里，“宝钗、迎春、探春、惜春、李纨、凤姐等并巧姐、大姐、香菱与众丫鬟们在园内玩耍，独不见林黛玉。”林黛玉哪里去了呢？——看到这一回的后半部分才知道，原来黛玉去葬花了，整个饯花会最为暮春花尽而伤心难过的，便是“绛珠仙草”林黛玉。《红楼梦》的写作就是这样处处伏笔，前后呼应。

宝钗本想去探望黛玉，但见到宝玉进了潇湘馆，便“低头想了想”，宝黛向来“不避嫌疑”“嘲笑喜怒无常”，黛玉“素习猜忌，好弄小性儿”，“倒是回来的妙”，这段心理描写也很符合宝钗一贯的心思缜密、思虑周全。之后便见到“一双玉色蝴蝶，大如团扇，一上一下迎风翩跹，十分有趣”。于是经典的“宝钗扑蝶”一节便出现了。说起扑蝶，这并非曹雪芹的首创，在中国古代诗文中，历来不乏对女子扑蝶的描写，像“扑蝶西园随伴走。花落花开，渐解相思瘦。”（宋·苏轼《蝶恋花·佳人》），“扑蝶试看新扇影，蠶蚕应傍旧桑条。”（清·永珹《花朝》）。绘画中也常见此类题材，早在唐代，周昉所绘的《簪花仕女图》中就有手执蝴蝶玩耍的仕女，明代的仇英等著名画家也都画过《扑蝶仕女图》。在中国传统文化中，少女扑蝶是个欢快喜庆，自由奔放的意象，而这一意象又常常和花朝节联系在一起。花朝节是中国古代民间的又一个传统节日，也叫“花神诞”“百花生日”。农历二月，万物复苏，草木萌发，姹紫嫣红，这一天是迎花神的日子，要举行一系列祭祀花神的活动，包括游春、赏花、扑蝶等。平时受礼教束缚，大门不出二门不迈的女性也可以名正言顺地出游了，对古时自由度有限的闺中女子来说，这个节日便特别受欢迎。曹雪芹描写饯花会送花神的活动，实际就是模仿花朝节迎花神的风俗，在这样的日子里安排向来老成持重的薛宝钗来扑蝶，而她流露出罕见的少女心态，不由人眼前一亮，心中一喜。

① 张其信. 红楼梦偶评[A]. 古典文学资料汇编(红楼梦卷)[C]. 北京：中华书局，1980：216.

《红楼梦》的用笔向来讲究，几乎“无一字无来历”，再仔细看去，文中蝴蝶的颜色是“玉色”，并且成双出现，隐喻了宝玉黛玉这“双玉”。蝴蝶在中国传统文化中常常象征爱情，自魏晋南北朝时期就出现在诗歌中，民间更有梁山伯与祝英台的化蝶传说。宝钗在此看见了可爱的蝴蝶并追逐，这本身就很值得玩味，或许在她内心深处，也在羡慕那“一上一下迎风翩跹”的蝴蝶？而刚刚她看到宝玉去黛玉的潇湘馆，宝黛二人是不是也仿佛一对“玉色蝴蝶”？紧接着，另一个“玉”——宝玉的丫鬟小红出现了(小红原名叫红玉，因为“重了宝二爷”，才改了名字)。小红与之前来怡红院看望宝玉的贾芸彼此倾心，此刻正在滴翠亭以小丫鬟坠儿为中间人通过手帕传话，偏巧被追逐蝴蝶一路而来的宝钗听到了，于是有了宝钗的一整段心理描写。

二、“金蝉脱壳”的心理描写

“怪道从古至今那些奸淫狗盗的人，心机都不错。这一开了，见我在这里，他们岂不臊了。况才说话的语音，大似宝玉房里的红儿的言语。他素昔眼空心大，是个头等刁钻古怪东西。今儿我听了他的短儿，一时人急造反，狗急跳墙，不但生事，而且我还没趣。如今便赶着躲了，料也躲不及，少不得要使个‘金蝉脱壳’的法子。”

好一段真实生动的心理描写！提供的信息量也很丰富，可以说每一句后面都有着潜台词和很大的联想空间。首先，小红和贾芸互相属意并私相传递信物的行为在宝钗这里迅速被定了性，是“奸淫狗盗”之事，这说明在她心中，以小红和贾芸为代表的男女自由恋爱是不道德的。这在书中后面的部分可以得到印证：黛玉行酒令时说了《牡丹亭》和《西厢记》里面的戏词，被宝钗教训了一番，理由是“咱们女孩儿家不认得字的倒好”“最怕见了些杂书，移了性情”(第四十二回)，可见，宝钗对这些描写爱情的“禁书”很是提防，本质上是对男女自由恋爱的反感，这是她秉持的价值观，即恪守当时社会通行的“父母之命媒妁之言”的婚姻准则。

宝钗对小红显然非常了解，既能听出她的声音，又认为她“素昔眼空心大，是个头等刁钻古怪东西”。要知道，贾宝玉房里的大小丫鬟众多，他完全不认得小红，连名字都叫不上，后文中的王熙凤也不认得小红。但宝钗却通过声音就能辨别出来，还对小红的性格有着负面判断，可见她对怡红院里的人和事相当熟悉。这又给读者留下了一个很大的想象空间：宝钗为何如此熟悉小红呢？得有多少经验才能让一个人仅凭声音就能判断出对方？再联想起书中前一回晴雯生气，说宝钗“有事没事跑了来坐着”(第二十六回)，我们发现，作者每每用寥寥数笔，常似不经意地就给出了一些重要信息，这些信息散落在书中的各个角落，但不在意的读者很难发现。

鉴于以上认知，宝钗觉得最好不要“生事”，此事该“躲”，那怎么躲呢？“金蝉脱壳”，以黛玉作幌子，让这个事顺利过去。果然，她撒的这个谎让自己成功地从此事中抽身而退，她自己也难免得意：“心中又好笑：这件事算遮过去了，不知他二人是怎样。”两个小丫头却吓出一身冷汗，“了不得了！林姑娘蹲在这里，一定听了话去了！”“若是宝姑娘听见，还倒罢了。林姑娘嘴里又爱刻薄人，心里又细，他一听见了，倘或走露了风声，怎么样呢？”可见在小丫鬟们的心中，宝钗为人比黛玉要可信赖得多，可机灵的小红也没有想到，看上去温柔敦厚的宝姑娘却有如此细密的心机，可以使“金蝉脱壳”这一出。行文至此，作者不再做更多情绪上的渲染，而是让其他女孩们走过来，将这一幕带过，换下一幕场景。

这段字数并不多的描写在书中极为重要。我们说，在塑造薛宝钗这个人物时，曹雪芹更多时候采取的是文学上的外视角叙事——只呈现宝钗外在的行为语言，不肯真正深入宝钗的内心，这种手法在中国古代小说中是比较常见的。传统小说塑造人物的方式一般是对人物性格、外貌、行为进行白描，体现人物思想往往凭借外在行为和语言对话，更多地勾勒外部轮廓，一如传统中国画的无透视画法。《水浒传》《三国演义》《儒林外史》《聊斋志异》等莫不如是，其中偶见个别心理描写，所占篇幅也很少，几乎可忽略为无。但《红楼梦》却非如此，曹雪芹在塑造人物时罕见地运用了心理描写，从时间上看，比后世西方一些擅长此道的小说如《红与黑》《罪与罚》等还要早一个世纪。虽然这些文字篇幅不算很多，但总能起到画龙点睛的作用。考察文学发展的规律，即使是在叙事手法相对发达的西方，心理描写在小说中也较晚才广泛应用，内心独白和心理对话等手法的加入，使得小说的表达空间大大拓宽，不再限于肉眼所见的世界，更深入到了另一个幽深的领域——人性之中。《红楼梦》的巨大艺术成就之一，便是塑造了一系列丰富鲜活的人物，对此，心理描写可谓功不可没。宝黛一路走来，经历了无数大小事件，其间有不少心理描写和近似心理描写的语言，令人读来好似近在身边。然而曹雪芹在描写薛宝钗时却总是回避她的深层心理活动和能体现心理活动的语言，直到这一回宝钗扑蝶，才出现了大段的心理描写。而这段描写又一波几折，读者先是惊喜于一贯老成持重的宝钗也有扑蝶的天真烂漫的一面，可随之而来的又是一次可谓老谋深算的“金蝉脱壳”。内心独白提供的信息含量之丰富，给读者勾勒出了一个和平时印象中很不一样的宝钗。

三、小红引出的几条暗线

小红也不是一个简单的小丫鬟，无论从哪个角度来看，她都是贾府众丫鬟中出类拔萃的人物。这个敢于私相传递信物、自由恋爱的丫鬟接下来的一连串表现，虽然在书中着墨不多，却让人印象深刻，这里可以注意文中对小红言行的一些关键性描写。王熙凤站在山坡上招手，小红“连忙弃了众人”，“堆着笑”问凤姐有什么事，足见其伶俐敏捷。见多识广的王熙凤立即看出小红“干净俏丽”“说话知趣”，便交给她一个任务，让她去自己家里找平儿办事。这个任务完成得非常漂亮，聪明的小红从平儿那回来找到王熙凤，一段绕口令式的报告得到王熙凤的激赏，马上欲将小红要到自己身边服侍，还要认其作干女儿。小红听了，“扑哧一笑”，说凤姐弄错了辈分，自己母亲已经是凤姐的干女儿了。要知道，作为荣国府管家媳妇的王熙凤作风泼辣，下人向来对其极为惧怕，可此前从未和王熙凤对过话的小红却敢在她面前“扑哧一笑”，足见其胆识与大方，并非寻常女孩，难怪王熙凤如此欣赏。小红经此一事，从此便离开了怡红院，到凤姐的身边当差了。

怡红院是大观园中宝玉的居所，不仅华丽而景色秀美，里面的丫鬟在贾府下人群体中也有较高的地位。作为荣国府管家林之孝的女儿，小红被安排在怡红院服侍宝玉，是被很多人艳羡的，她为何又要努力巴结凤姐并离开怡红院呢？文中小红在路上与晴雯、碧痕等人的口角，为读者揭开大观园中丫鬟之间明争暗斗的一面，与这一回开头饯花会的场景形成了对比。前面那些打扮得“桃羞杏让，燕妒莺惭”，天真烂漫玩耍的女孩子们，原来私下里却有激烈的倾轧。相貌才能都较为出众的小红被几个高等级的大丫鬟合起来排挤，这已经不是第一次了。虽然小红的伶牙俐齿让她言语上并未落于下风，但在这样的环境下，总难有什么出人头地的机会。因此小红才下定决心，有意在凤姐面前显露才能，最终离开怡红院投奔了凤姐。有些读者读《红楼梦》还不够深入，总以为大观园是一方人间净土，里面的公子、小姐乃至丫鬟都是只知风花雪月的妙龄男女，不食人间烟火。但只从这段文字便可看出作者的现实主义笔法，原来在丫鬟中间尚有如此强的等级和壁垒，有着明枪暗箭的争斗，难怪后文林黛玉葬花时要说出“一年三百六十日，风刀霜剑严相逼”的句子。

由小红这个小角色牵引而出的，除了扑朔迷离的宝钗对黛玉的嫁祸，还有一些值得玩味的事。比如，文中被王熙凤大加夸赞，甚至埋怨林之孝家的不早送过来的小红，却在宝钗那里有很坏的印象。在偷听到她和贾芸的情事之前，宝钗就认为她不仅“眼空心大”，还“头等刁钻古怪”。宝钗和王熙凤看人的标准和对人的评价显然是相反的。作者素来喜欢这样多视角呈现人物，从不同人物的眼中来观察人物，并不轻易表现作者自身的态度和喜好。如果说宝钗向来“藏愚”“守拙”，不愿于人前显露内心，那么王熙凤则恰好相反，她活跃、张扬，喜欢炫耀逞能。这样两个性格相反的人物，平时鲜少能体现不同价值观的交集事件，但却在对小红的态度上泾渭分明，由此读者可以细细揣摩这两个人物本身。这样的暗笔往往贯穿全书，但倘若读者只如阅读寻常通俗小说一般囫囵吞枣，是难以领会到的。

再比如，小红从平儿处回来寻找凤姐，经过了先前的山坡，发现凤姐已不在这里，却“见司棋从山洞里出来，站着系裙子”。这小小的一句看似随意，然而却也不是闲来之笔。司棋是贾府二小姐迎春的贴身大丫鬟，也算是高等级丫鬟中的一个，后来因与表弟潘又安相爱，于大观园中偷偷幽会，事发被逐。也就是说，这又是一个因自由恋爱而违背了礼教的姑娘。再看宝钗在小红和坠儿面前假称寻找黛玉时有这样的描写：

(宝钗)一面故意进去寻了一寻，抽身就走，口内说道：“一定是又钻在山子洞里去了。遇见蛇，咬一口也罢了。”

宝钗这句当然只是玩笑，但作者在这一回安排“钻山洞”的，却另有其人，就是与小红同样自由恋爱的司棋。那么，我们可以看一下：从这一回选文开始，宝钗所扑的一双“玉色蝴蝶”暗喻相爱的宝黛；听到另一个“玉”，即小红和贾芸的传情，她认为这是“奸淫狗盗”；她无意说出“钻山洞”的话，又对应了后来与表弟私情被撞破的司棋。也就是说，作者借“扑蝶”这一节的全过程，或明或暗地写出了宝钗对男女自由恋爱的态度，或许当她戏谑地说出林黛玉“钻山洞要被蛇咬”的背后，也隐含了她潜意识对自由恋爱的反感甚至诅咒：倘若宝黛也像司棋与潘又安一样真正迈出男女越雷池的那步，也会“被蛇咬”一般不容于世吧。可以说，直到表完司棋这一番“钻山洞”的余音，才算是“宝钗扑蝶”这一节真正完结。

四、“草蛇灰线”与“圆形人物”

一直以来，《红楼梦》都以“草蛇灰线，伏脉千里”的精湛笔法著称，书中有大量暗喻、谐音、暗示、谶语、影射、前后呼应，处处印证，最终构筑成一座高入云霄又无比细腻优美的艺术之塔。这一回的回目是“滴翠亭杨妃戏彩蝶，埋香冢飞燕泣残红”，将扑蝶的薛宝钗比作杨贵妃，葬花的林黛玉比作赵飞燕(基于她们各自形体方面的特点)。宝钗扑蝶和黛玉葬花这两个重要意象在同一回目中出现，就选文这一节来看，开头背景的饯花会便是为这两个行为作铺垫。扑蝶是民间少女们比较常见的行为，葬花却是黛玉独有，这对应了宝钗是俗世中的“花中之王”，黛玉却是书中开头就交代过的“世外仙姝”。宝钗先是见到了宝黛这对恋人，于是避嫌走开，追逐“蝴蝶恋人”来到滴翠亭，听到了小红和贾芸这对恋人的事，她开玩笑说出的“钻山洞被蛇咬”又对应了从山洞里出来的司棋，而司棋后来也因自由恋爱而被逐。这是《红楼梦》中常见的写法，用几个或几对人物相互映衬、比拟、暗示，这种对应在书中随处可见，为读者往复阅读《红楼梦》带来巨大的快感。

英国著名小说家 E. M. 福斯特曾经把小说中的人物分为“扁平人物”和“圆形人物”，在他看来，那些文学作品中性格固化、一成不变的人物是扁平人物，而丰富立体，“能以令人信服的方式让我们感到意外”的则属于圆形人物[①]。按照这样的划分标准，他把狄更斯笔下的人物几乎全部归为扁平人物，托尔斯泰和陀思妥耶夫斯基的笔下有大量的圆形人物，也因此成为顶级文豪。而像《红楼梦》这样伟大的

① [英]福斯特 E M. 福斯特读本[M]. 北京：人民文学出版社，2011：345-352.

作品，曹雪芹这样的大师，圆形人物在他的笔下随处可见。一向给人懂事、贤惠印象的薛宝钗在滴翠亭的表现显然让读者感到意外，但读了她内心的活动，却又让人感到逻辑上的信服。对她“金蝉脱壳”的行为，便是一千个读者眼中有一千种解读了，作者就是这样巧妙地将评判权留给了读者，于是就有了两百多年来说不清争不完的薛宝钗形象。不仅是薛宝钗和宝黛、王熙凤这样的主角，哪怕仅在书中出现过几次的丫鬟，如选文中的小红，除了语言行动上传神的白描外，作者也不吝给读者提供多视角，经不同人物的眼中去表现她，呈现出了鲜活、真实、立体的形象。这是作者高超的艺术手法给我们带来的艺术享受，毕竟对小说来说，人物永远是作品的灵魂。

第四节　阅读思考与延伸阅读

一、阅读思考

1. 《红楼梦》的语言向来言简义丰，单就选文，你读出的人物关系有哪些？
2. 就选文部分分析小红的人物形象，并找出能表现其形象的关键性词语。
3. 试分析选文中宝钗进怡红院之前的心理描写，尝试写出宝钗的心理活动。

二、延伸阅读

1. 曹雪芹，高鹗. 红楼梦[M]. 北京：人民文学出版社，2006.
2. 俞平伯. 红楼梦研究[M]. 上海：上海古籍出版社，2015.
3. 周汝昌. 红楼梦新证[M]. 北京：中华书局，2016.
4. 冯其庸，李广柏. 红楼梦概论[M]. 北京：北京图书馆出版社，2002.

（本章由张霁撰稿）

张霁，女，文学博士，中国红楼梦学会会员，现任教于深圳大学人文学院中文系；主要从事中西比较文学的研究和《红楼梦》的研究；曾在《红楼梦学刊》等杂志发表相关论文十余篇。

第八章　国家命运与现代青年使命——《少年中国说》导读

第一节　作者及作品介绍

梁启超(1873—1929)，字卓如，号任公，别号饮冰室主人，我国近代思想家、教育家、政治家、史学家、文学家，清末维新派代表人物之一，戊戌变法的领导人之一。

梁启超生于清末广东省新会市士绅之家，自幼接受传统教育。1889 年参加乡试中举；1890 年赴京会试，没能考中，但是此行使梁启超接触到了中译本的西方书籍和《瀛寰志略》。同年结识了康有为，投入康门下，1891 年受业于万木草堂。以此为转折点，梁启超的思想发生了重大变化，他开始接受康有为的变法主张，抛弃旧学走上改良维新的道路。1895 年，梁启超再次赴京会试，正值清廷与日本签订《马关条约》之际，于是与康有为发动“公车上书”。戊戌变法前，梁启超曾主编《万国公报》《时务报》等，大力宣传维新思想，戊戌变法失败后流亡日本，创办《清议报》《新民丛报》等，戊戌变法前后，梁的言论成为舆论焦点，被誉为“舆论之骄子，天纵之文豪”。梁启超从事报刊事业 27 年，一生创办并主编报刊近 20 种，其所编撰的报刊均以立政言论为主，传播爱国救亡思想，启发民智。梁启超在 1912 年回国后，曾出任北洋政府司法总长、财政总长等职，曾参加反袁斗争、护法战争等，晚年投身于新文化运动。梁启超一生笔耕不辍，留下各种著述达1400多万字，其著作合编为《饮冰室合集》。

梁启超生活在中国新旧交替之际，亲身感受到内外忧患、民族存亡的危机，其思想的形成和转变的主要背景即清末危机和戊戌变法失败后流亡日本的经历。

鸦片战争后，中国被迫卷入世界资本主义市场，清政府腐败无能，百姓生活愈加贫困，社会矛盾日益尖锐。面对深刻的民族危机，19世纪80年代，以康有为为代表的资产阶级维新思想开始萌芽。梁启超师从康有为之后，将康的思想进一步发展，成为维新运动的主要推动者。与康有为的维新思想相比，梁启超更加注重改革教育制度，在其作品中，民族主义和民主主义思想更为突出。①

19世纪末，清朝在中日甲午战争中惨败，曾经号称“亚洲最强”的北洋水师全军覆没，30年来的洋务运动破产。梁启超批判李鸿章，“知有洋务而不知有国务”；“知有兵事而不知有民政，知有外交而不知有内治，知有朝廷而不知有国民”。②洋务运动的失败说明，不改变政体，仅通过军事、实业的改良以求自强的道路是行不通的。甲午战争后，清朝与日本签订《马关条约》，割地赔款。列强纷纷效仿，通过划分“租借地”、夺取路权矿权等方式，掀起了瓜分中国的高潮。德国强占胶州湾；俄国强占旅顺口；英国强占威海卫；法国强占广州湾；日本强占台湾、澎湖列岛；美国提出“机会均等”“门户开放”。

各国列强掀起瓜分中国的高潮，国内外局势进一步恶化，维新变法主张终于得到了光绪帝的支持。1898年6月11日，光绪帝颁布诏书明定国是，戊戌变法正式由上至下开始推行。“维新变法具有爱国救亡、政治改革和思想启蒙的三重性质”。③其中的政治改革，特别是改革政府机构，任用维新人士等措施触碰了以慈禧太后为首的顽固派的利益，造成了统治阶层的不安与紧张氛围。9月21日，慈禧太后发动政变，软禁光绪帝，宣布“训政”。之后，戊戌六君子被害，康有为、梁启超流亡。这场资产阶级爱国救亡的政治运动仅百余天就宣告失败了。慈禧太后重新掌权后，戊戌变法的几乎所有措施皆被废黜，社会矛盾、民族危机继续加深。清政府丧失了通过体制改革实现救亡图存的宝贵机会，但是以康、梁为代表的维新派的思想具有深远的历史意义。维新思想为之后的资产阶级民主革命提供了理论基础。

梁启超流亡日本后继续进行变法救国的努力，但是其政治思想发生重大转变。首先，“国家”思想由大同学说转向国民国家。流亡日本之前，梁启超的“国家”思想是在中国传统认知范围内的，接近康有为的大同理想。在《变法通议》中，梁启超频繁使用“国家”一词，但此时的“国家”在梁的思想里还只是一个暧昧的概念，其内涵广泛，可以包含朝廷、人民、国土等。梁启超流亡日本后，受日本兴亚论与

① 费正清，刘广京. 剑桥中国晚清史1800—1911年(下卷)[M]. 北京：中国社会科学出版社，2018：291-293.

② 梁启超. 李鸿章传[M]. 西安：陕西师范大学出版社，2008：36、43.

③ 翦伯赞. 中国史纲要(增订本，下)[M]. 北京：北京大学出版社，2006：657.

西学等影响，放弃大同学说，转而推崇近代国民国家，信奉“国家主义”。梁启超于1898年在横滨创办《清议报》，刊载德国学者伯伦知理的《国家论》的译文，以及《爱国论》等论述，逐步展开其对“国家”的认知。“不有民，何有国，不有国，何有民，民与国，一而二，二而一者也”；“国者何，积民而成也”，即梁认为国家的本质在于国民，国民是为国家之主体。其次，梁启超强调国民责任，呼唤国人“爱国心”。梁启超在《清议报》上发表《中国积弱溯源论》，指出中国积弱的最大根源是国人缺乏爱国心，批判国人的劣根性。他在《爱国论》《国权与民权》《呵旁观者文》等文中，一再强调国民对国家的责任，如“民之无权，国之无权，其罪皆在国民之放弃耳”；“一国之人各自放弃其责任则国必亡”等。梁启超认为救亡图存的当务之急是培养国民的国家思想。于是，梁于1902年创办《新民丛报》，与现实政治保持距离，旨在改造国民，培养国民的国家思想。通过《新民说》等大力传播近代政治思想，塑造国民，唤起国人的民族意识和爱国热情。1902年，梁启超在《论中国学术思想变迁之大势》一文中，首先提出了“中华民族”一词，沿用至今。

梁启超一生阅历丰富，思想复杂多变，但是其爱国情怀是一贯的。

本章选文《少年中国说》刊载于1900年的《清议报》(第三十五册，1900年1月31日，2249-2256页)，正是梁启超流亡日本初期所做，体现了梁启超避走日本后的思想转变。当时西欧、日本等国讥讽中国为“老大帝国”。《少年中国说》通篇慷慨激昂，有力地回击了“老大帝国”论调。以“老年人”与“少年人”的具体形象比拟国家，对“老大帝国”的含义进行深入的辨析，并提出中国乃“少年中国”。尖锐地批判专制朝廷下的中国，并且对朝气蓬勃的未来中国充满憧憬。作者引经据典，善用比喻、排比、反复等修辞方法。通篇读来朗朗上口，字里行间充满了炽热的爱国情感。

第二节　原文选读

日本人之称我中国也，一则曰老大帝国，再则曰老大帝国。是语也，盖袭译欧西人之言也。呜呼！我中国其果老大矣乎？任公曰：恶！[①]是何言！是何言！吾心目中有一少年中国在！

欲言国之老少，请先言人之老少。老年人常思既往，少年人常思将来。惟思既往也，故生留恋心；惟思将来也，故生希望心。惟留恋也，故保守；

---

① 恶：读wū，感叹词。

惟希望也，故进取。惟保守也，故永旧；惟进取也，故日新。惟思既往也，事事皆其所已经者，故惟知照例；惟思将来也，事事皆其所未经者，故常敢破格。老年人常多忧虑，少年人常好行乐。惟多忧也，故灰心；惟行乐也，故盛气。惟灰心也，故怯懦；惟盛气也，故豪壮。惟怯懦也，故苟且；惟豪壮也，故冒险。惟苟且也，故能灭世界；惟冒险也，故能造世界。老年人常厌事，少年人常喜事。惟厌事也，故常觉一切事无可为者；惟好事也，故常觉一切事无不可为者。老年人如夕照，少年人如朝阳；老年人如瘠牛，少年人如乳虎；老年人如僧，少年人如侠；老年人如字典，少年人如戏文；老年人如鸦片烟，少年人如波兰地酒；老年人如别行星之陨石，少年人如大洋海之珊瑚岛；老年人如埃及沙漠之金字塔，少年人如西伯利亚之铁路；老年人如秋后之柳，少年人如春前之草；老年人如死海之潴为泽，少年人如长江之初发源。此老年与少年性格不同之大略也。任公曰：人固有之，国亦宜然。

任公曰：伤哉，老大也。浔阳江头琵琶妇，当明月绕船，枫叶瑟瑟，衾寒于铁，似梦非梦之时，追想洛阳尘中春花秋月之佳趣。[①]西宫南内，白发宫娥，一灯如穗，三五对坐，谈开元、天宝间遗事，谱霓裳羽衣曲。[②]青门种瓜人，左对孺人，顾弄孺子，忆侯门似海珠履杂遝之盛事。[③]拿破仑之流于厄蔑[④]，阿剌飞之幽于锡兰[⑤]，与三两监守吏或过访之好事者，道当年短刀匹马，驰骋中原，席卷欧洲，血战海楼，一声叱咤，万国震恐之丰功伟烈，初而拍案，继而抚髀[⑥]，终而揽镜。呜呼，面皴齿尽，白发盈把，颓然老矣！若是者，舍幽郁之外无心事，舍悲惨之外无天地，舍颓唐之外无日月，舍叹息之外无音声，舍待死之外无事业。美人豪杰且然，而

---

① 此句取自白居易《琵琶行》中琵琶妇回忆往事、讲述身世一段，此处“洛阳”为“长安”之误，“自言本是京城女……梦啼妆泪红阑干”。

② 此句取元稹《行宫》中“白头宫女在，闲坐说玄宗”之意，以白居易《长恨歌》中“惊破霓裳羽衣曲”，“西宫南苑多秋草”为往事，表现垂暮老人忆往昔繁华的悲凉景象。

③ 此句取自汉初邵平典故，描写邵平忆当年繁华的伤感之情。邵平是秦时东陵侯，汉灭秦之后于长安城东南霸城门(青门)外种瓜。

④ 厄蔑：厄尔巴岛，在意大利半岛和法国科西嘉岛之间。

⑤ 阿剌飞、锡兰：阿剌飞是埃及民族解放运动领袖；锡兰是斯里兰卡旧称。

⑥ 抚髀：取自《九州春秋》，“刘备奔荆州，刘表甚敬礼之。备作上客数年，尝于坐中起至厕，见髀里肉生，流涕还坐。表问备，备曰：‘昔年常身不离鞍，髀肉皆消。今不复骑，髀里肉生，日月若驰，老将至矣，而功业不立，是以悲而。’”

况于寻常碌碌者耶？生平亲友，皆在墟墓；起居饮食，待命于人。今日且过，遑知他日？今年且过，遑恤明年？普天下灰心短气之事，未有甚于老大者。于此人也，而欲望以拏云[①]之手段，回天之事功，挟山超海[②]之意气，能乎不能？

鸣呼！我中国其果老大矣乎？立乎今日以指畴昔，唐虞三代[③]，若何之郅治；秦皇汉武，若何之雄杰；汉唐来之文学，若何之隆盛；康乾间之武功，若何之煊赫。历史家所铺叙，词章家所讴歌，何一非我国民少年时代良辰美景、赏心乐事之陈迹哉！而今颓然老矣！昨日割五城，明日割十城，处处雀鼠尽，夜夜鸡犬惊。十八省[④]之土地财产，已为人怀中之肉；四百兆之父兄子弟，已为人注籍之奴，岂所谓"老大嫁作商人妇"[⑤]者耶？呜呼！凭君莫话当年事，憔悴韶光不忍看！楚囚相对[⑥]，岌岌顾影，人命危浅，朝不虑夕。国为待死之国，一国之民为待死之民。万事付之奈何，一切凭人作弄，亦何足怪！

任公曰：我中国其果老大矣乎？是今日全地球之一大问题也。如其老大也，则是中国为过去之国，即地球上昔本有此国，而今渐澌灭，他日之命运殆将尽也。如其非老大也，则是中国为未来之国，即地球上昔未现此国，而今渐发达，他日之前程且方长也。欲断今日之中国为老大耶？为少年耶？则不可不先明"国"字之意义。夫国也者，何物也？有土地，有人民，以居于其土地之人民，而治其所居之土地之事，自制法律而自守之；有主权，有服从，人人皆主权者，人人皆服从者。夫如是，斯谓之完全成立之国。地球上之有完全成立之国也，自百年以来也。完全成立者，壮年之事也。未能完全成立而渐进于完全成立者，少年之事也。故吾得一言以断之曰：欧洲列邦在今日为壮年国，而我中国在今日为少年国。

---

① "拏云"出自李贺《致酒行》，"少年心事当拏云"。
② "挟山超海"出自《孟子·梁惠王上》，"挟泰山以超北海"。
③ "唐虞三代"指唐尧、虞舜和夏、商、周三代。
④ 十八省：清初的行政区划为十八个省，后虽有增加，但仍惯称十八省。
⑤ "老大嫁作商人妇"出自白居易《琵琶行》。
⑥ "楚囚相对"出自《晋书·王导传》。晋元帝时，中原大乱，士人纷纷投奔江东。"过江人士，每至暇日，相要出新亭饮宴。周顗中坐而叹曰：'风景不殊，举目有江河之异！'皆相视流涕。惟导愀然变色曰：'当共戮力王室，克复神州，何至作楚囚相对泣邪？'众收泪而谢之。"

夫古昔之中国者，虽有国之名，而未成国之形也。或为家族之国，或为酋长之国，或为诸侯封建之国，或为一王专制之国。虽种类不一，要之，其于国家之体质也，有其一部而缺其一部。正如婴儿自胚胎以迄成童，其身体之一二官支，先行长成，此外则全体虽粗具，然未能得其用也。故唐虞以前为胚胎时代，殷周之际为乳哺时代，由孔子而来至于今为童子时代。逐渐发达，而今乃始将入成童以上少年之界焉。其长成所以若是之迟者，则历代之民贼有窒其生机者也。譬犹童年多病，转类老态，或且疑其死期之将至焉，而不知皆由未完全未成立也。非过去之谓，而未来之谓也。

且我中国畴昔，岂尝有国家哉？不过有朝廷耳！我黄帝子孙，聚族而居，立于此地球之上者既数千年，而问其国之为何名，则无有也。夫所谓唐、虞、夏、商、周、秦、汉、魏、晋、宋、齐、梁、陈、隋、唐、宋、元、明、清者，则皆朝名耳。朝也者，一家之私产也；国也者，人民之公产也。朝有朝之老少，国有国之老少。朝与国既异物，则不能以朝之老少而指为国之老少明矣。文、武、成、康[①]，周朝之少年时代也。幽、厉、桓、赧[②]，则其老年时代也。高、文、景、武[③]，汉朝之少年时代也，元、平、桓、灵[④]，则其老年时代也。自余历朝，莫不有之。凡此者，谓为一朝廷之老也则可，谓为一国之老也则不可。一朝廷之老且死，犹一人之老且死也，于吾所谓中国者何与焉？然则吾中国者，前此尚未出现于世界，而今乃始萌芽云尔。天地大矣，前途辽矣，美哉，我少年中国乎！

玛志尼[⑤]者，意大利三杰之魁也，以国事被罪，逃窜异邦，乃创立一会，名曰“少年意大利”。举国志士，云涌雾集以应之，卒乃光复旧物，使意大利为欧洲之一雄邦。夫意大利者，欧洲第一之老大国也。自罗马亡后，土地隶于教皇，政权归于奥国，殆所谓老而濒于死者矣。而得一玛志

① 文、武、成、康：周朝初年的几代帝王，建立周朝，开创盛世。所以被比作周朝的少年时代。

② 幽、厉、桓、赧：周朝末年的几代帝王，昏庸暴虐，导致东周衰落直至灭亡。所以被比作周朝的老年时代。

③ 高、文、景、武：汉初四代帝王。

④ 元、平、桓、灵：西汉由元帝时开始衰落，平帝死后被王莽篡权，西汉灭亡；东汉桓帝、灵帝宠信宦官，政局恶化，导致东汉衰败灭亡。

⑤ 玛志尼：Giuseppe Mazzini（1805—1872），意大利革命家，民族解放运动领袖，意大利三杰之一。

尼，且能举全国而少年之，况我中国之实为少年时代者耶？堂堂四百余州之国土，凛凛四百余兆之国民，岂遂无一玛志尼其人者！

龚自珍氏之集有诗一章，题曰《能令公少年行》。吾尝爱读之，而有味乎其用意之所存。我国民而自谓其国之老大也，斯果老大矣；我国民而自知其国之少年也，斯乃少年矣。西谚有之曰：有三岁之翁，有百岁之童。然则国之老少，又无定形，而实随国民之心力以为消长者也。吾见乎玛志尼之能令国少年也，吾又见乎我国之官吏士民能令国老大也，吾为此惧！夫以如此壮丽浓郁、翩翩绝世之少年中国，而使欧西、日本人谓我为老大者何也？则以握国权者皆老朽之人也。非哦几十年八股，非写几十年白折[①]，非当几十年差，非捱几十年俸，非递几十年手本[②]，非唱几十年喏，非磕几十年头，非请几十年安，则必不能得一官，进一职。其内任卿贰[③]以上、外任监司[④]以上者，百人之中，其五官不备者，殆九十六七人也，非眼盲，则耳聋，非手颤，则足跛，否则半身不遂也。彼其一身饮食、步履、视听、言语，尚且不能自了，须三四人在左右扶之捉之，乃能度日，于此而乃欲责之以国事，是何异立无数木偶而使之治天下也。且彼辈者，自其少壮之时，既已不知亚细、欧罗为何处地方，汉祖、唐宗是那朝皇帝，犹嫌其顽钝腐败之未臻其极，又必搓磨之、陶冶之，待其脑髓已涸，血管已塞，气息奄奄，与鬼为邻之时，然后将我二万里山河，四万万人命，一举而畀于其手乎。呜呼！老大帝国，诚哉其老大也！而彼辈者，积其数十年之八股、白折、当差、捱俸、手本、唱喏、磕头、请安，千辛万苦，千苦万辛，乃始得此红顶花翎之服色，中堂大人之名号，乃出其全副精神，竭其毕生力量，以保持之。如彼乞儿，拾金一锭，虽轰雷盘旋其顶上，而两手犹紧抱其荷包，他事非所顾也，非所知也，非所闻也。于此而告之以亡国也，瓜分也，彼乌从[⑤]而听之？乌从而信之？即使果亡矣，果分矣，而

① 白折：清代科举考试的试卷之一。
② 手本：明清时拜见上级官员所用的名帖。
③ 卿贰：二、三品的京官。
④ 监司：监察州县的地方长官。清则指布政使、按察使及各道道员。
⑤ 乌：此处作疑问代词用，可译为“何”“哪里”，表反问。

吾今年既七十矣八十矣，但求其一两年内，洋人不来，强盗不起，我已快活过了一世矣。若不得已，则割三头两省之土地奉申贺敬，以换我几个衙门；卖三几百万之人民作仆为奴，以赎我一条老命，有何不可？有何难办？鸣呼，今以所谓老后、老臣、老将、老吏者，其修身、齐家、治国、平天下之手段，皆具于是矣。西风一夜催人老，凋尽朱颜白尽头。使走无常当医生，携催命符以祝寿。嗟乎痛哉！以此为国，是安得不老且死，且吾恐其未及岁而殇也。

任公曰：造成今日之老大中国者，则中国老朽之冤业也；制出将来之少年中国者，则中国少年之责任也。彼老朽者何足道，彼与此世界作别之日不远矣，而我少年乃新来而与世界为缘。如僦屋者然，彼明日将迁居他方，而我今日始入此室处。将迁居者，不爱护其窗栊，不洁治其庭庑，俗人恒情，亦何足怪。若我少年者，前程浩浩，后顾茫茫，中国而为牛、为马、为奴、为隶，则烹脔鞭棰之惨酷，惟我少年当之；中国如称霸宇内、主盟地球，则指挥顾盼之尊荣，惟我少年享之。于彼气息奄奄，与鬼为邻者何与焉？彼而漠然置之，犹可言也；我而漠然置之，不可言也。使举国之少年而果为少年也，则吾中国为未来之国，其进步未可量也；使举国之少年而亦为老大也，则吾中国为过去之国，其澌亡可翘足而待也。故今日之责任，不在他人，而全在我少年。少年智则国智，少年富则国富，少年强则国强，少年独立则国独立，少年自由则国自由，少年进步则国进步，少年胜于欧洲，则国胜于欧洲，少年雄于地球，则国雄于地球。红日初升，其道大光[①]；河出伏流，一泻汪洋；潜龙腾渊，鳞爪飞扬；乳虎啸谷，百兽震惶；鹰隼试翼，风尘吸张；奇花初胎，矞矞皇皇[②]；干将发硎，有作其芒；天戴其苍，地履其黄；纵有千古，横有八荒；前途似海，来日方长。美哉，我少年中国，与天不老！壮哉，我中国少年，与国无疆！

① “其道大光”出自《周易·益》，“自上下下，其道大光。”
② “矞矞皇皇”出自《太玄经·交》，“物登明堂，矞矞皇皇。”

“三十年功名尘与土，八千里路云和月。莫等闲白了少年头，空悲切！”此岳武穆《满江红》词句也，作者自六岁时即口受记忆，至今喜诵之不衰。自今以往，弃“哀时客”之名，更自名曰“少年中国之少年”。

第三节　选文讲解

戊戌变法失败后，梁启超避走日本，明治维新后的日本社会西方思想盛行，对年轻的梁启超产生了巨大的冲击。梁启超通过日本学者翻译的西方著作，了解西方各国，继续寻求救亡图存的道路。他于 1898 年在横滨创办《清议报》，“为国民之耳目，做维新之喉舌”，其宗旨在于“维持支那之清议激发国民之正气”；“增长支那人之学识”；“交通支那日本两国之生气联其情谊”；“发明东亚学术以保存亚粹”。①由此可见，《清议报》是戊戌变法后梁启超继续宣传维新思想的主要阵地，也是他将自身接触到的先进政治思想传递给国人的重要途径，他希望借《清议报》增长国人的见识，激发国民的爱国心。

《少年中国说》刊登在 1900 年的《清议报》，其内容正表现了梁启超接受日本和西方的先进政治思想后的转变。此文不仅体现了梁启超的热烈的家国情感，也代表了 19 世纪末 20 世纪初，爱国主义知识分子救亡图存的强烈愿望。《少年中国说》是梁启超著作中思想意义最积极的文章之一，通篇激扬民族精神，将西方的先进政治与清廷的腐朽现状进行对比，对清朝的政治体制做出无情的批判；在反思现状之后，将希望寄托于青少年，坚定民族复兴的理想信念。此文当时在社会上轰动一时，具有强烈的鼓动性。文中提出了“国家”“国民”的命题、民族主义思想以及少年与国的关系。

一、现代“国家”“国民”理念

梁启超避走日本初期，最重要的思想转变之一就是对“国家”的认知。戊戌变法前，梁启超刊登在《时务报》的文章中提及“国家”时多引用古人之言，如“孟子曰，国必自伐，然后人伐之。又曰未闻以千里畏人者也。又曰能治其国家，谁敢侮之。”②可见，其早期思想中对“国家”的认知来自中国传统典籍。此时，梁启超在文章中提及的“国家”有时指清政府，有时又指各个时期的朝廷，如“古者学校，

① 横滨清议报叙例[N]. 清议报(第 1 册). 1898-11-11，第 1 页.
② 变法通议一•论不变法之害[N]. 时务报(第 2 册). 1896-08-09，第 2、4 页.

皆国家所立。教师皆朝廷所庸”[①]；“国家亦尝岁拨帑百数十万以修道矣，然中饱吏胥，因循粉饰，日掷黄金于虚牝”。[②]由此可以窥见，戊戌变法前，梁对“国家”的认识是暧昧的。此外，在其早期思想中已经存在的民权主张也是接近中国传统理念的，他认为推行变法救国，国人“各有不可诿之责分，各有可得为之权限”。[③]即“天下兴亡，匹夫有责”，国人无论身份地位都应在自己的职责范围内为救国尽力。

但是，变法失败，逃亡日本后，梁启超的“国家”“民权”思想实现了由中国传统理念向近代“国民国家”的转变。在《少年中国说》中，梁启超实际上推翻了自己早期对“国家”的认识，曰“且我中国畴昔，岂尝有国家哉？不过有朝廷耳！我黄帝子孙，聚族而居，立于此地球之上者既数千年，而问其国之为何名，则无有也。”他批判传统的中国文化里是没有国家观念的，此前的中国只有朝廷，没有国家，所以不能谓之为国，更谈不上“老大帝国”。因此，西欧及日本所嘲讽的“老大帝国”是指朝廷的衰败，而并非中国的衰败。他用“朝也者，一家之私产也；国也者，人民之公产也”一语，将国家与朝廷区分开来，批判此前的中国，国民都是皇帝的私有财产，体现了其初步的民主意识。进而，梁启超在文中大声疾呼国家应该是“有土地，有人民，以居于其土地之人民，而治其所居之土地之事，自制法律而自守之；有主权，有服从，人人皆主权者，人人皆服从者”。文中蕴含了领土、国民、法制、主权等现代国家的先进理念，充分体现了梁启超的“国民国家”主张。

二、炽热的民族主义情感

鸦片战争之后，列强加深了对中国的侵略，签订一系列不平等条约，清政府不断地割地赔款，特别是甲午战争的失败以及《辛丑条约》的签订，更是掀起了列强瓜分中国的高潮。首先，梁启超愤慨地描述了当时深刻的民族危机，“昨日割五城，明日割十城，处处雀鼠尽，夜夜鸡犬惊。十八省之土地财产，已为人怀中之肉；四百兆之父兄子弟，已为人注籍之奴”，字里行间流露出其忧国忧民的情怀。梁启超亲身经历了戊戌变法的失败，因此尖锐地批判腐朽的王朝制度和统治者的腐败无能，痛斥“握国权者皆老朽之人”对亡国危机“但求其一两年内，洋人不来，强盗不起”，“若不得已，则割三头两省之土地奉申贺敬，以换我几个衙门；卖三几百万之人民作仆为奴，以赎我一条老命”，“今以所谓老后、老臣、老将、老吏者，其修身、齐家、治国、平天下之手段，皆具于是矣”，是以导致西欧及日本称中国为“老大帝国”。梁启超在痛斥清政府的腐朽现状之后，表达了自己坚定的民族复兴、国家强盛的信念。他将中国与西欧国家进行对比，“吾得一言以断之曰：欧洲列邦在今日为壮年国，而我中国在今日为少年国”；将中国比拟为“红日初升”“河出伏流”“潜龙腾渊”“乳

① 论学校四•师范学校[N]. 时务报(第15册). 1896-12-25，第1页.
② 治始于道路说[N]. 时务报(第15册). 1896-12-25，第4页.
③ 保国会演说[N]. 知新报(第55册). 1898-04-21，第3、4页.

虎啸谷”“鹰隼试翼”，深刻反映了梁启超对国家繁荣昌盛的热切期望。今后之中国“前途似海，来日方长”；“天地大矣，前途辽矣，美哉，我少年中国乎！”梁启超用这样慷慨激昂的情绪唤醒国人的民族自觉，表达对美好未来的憧憬。读者不难感受到，《少年中国说》中，梁启超对国家的深厚情感。

三、少年强则国强

《少年中国说》除了通篇以“人”之老少，比拟“国”之老少外，还将“老”与“少”进行对比，突出中国现状以及国之少年的国家责任。例如“造成今日之老大中国者，则中国老朽之冤业也；制出将来之少年中国者，则中国少年之责任也”；“彼老朽者何足道，彼与此世界作别之日不远矣，而我少年乃新来而与世界为缘”，梁启超在痛斥腐朽的王朝制度和昏庸的统治者的同时，将希望寄予青少年，指出青少年担负国家前途命运之责。特别是，“故今日之责，不在他人，而全在我少年”，强调少年对国家兴旺的重要性。运用“僦屋者”之比喻，生动地说明了国家荣辱即少年荣辱，国家命运与少年前途息息相关。梁启超曰：“若我少年者，前程浩浩，后顾茫茫，中国而为牛、为马、为奴、为隶，则烹脔鞭棰之惨酷，惟我少年当之；中国如称霸宇内、主盟地球，则指挥顾盼之尊荣，惟我少年享之。”

梁启超对青少年的期待不是模糊不清的，对青少年的号召也不仅仅是空洞的口号。他具体地描述了青少年应该具备的品质：“使举国之少年而果为少年也，则吾中国为未来之国，其进步未可量也，少年智则国智，少年富则国富，少年强则国强，少年独立则国独立，少年自由则国自由，少年进步则国进步，少年胜于欧洲，则国胜于欧洲，少年雄于地球，则国雄于地球。”由此可见，《少年中国说》中憧憬的国之少年应该是具备智、富、强、独立、自由、进步等先进品质的。

此外，梁启超一直努力向国人传播西方先进思想，在《少年中国说》中也不乏放眼西欧国家，与中国进行比较，号召国人学习西方的体制。例如，文中引用意大利三杰之一的马志尼的事例，“夫意大利者，欧洲第一之老大国也。自罗马亡后，土地隶于教皇，政权归于奥国，殆所谓老而濒于死者矣。而得一玛志尼，且能举全国而少年之”，进而反观中国，“况我中国之实为少年时代者耶？堂堂四百余州之国土，凛凛四百余兆之国民，岂遂无一玛志尼其人者！”号召国人做中国之“马志尼”，改变中国羸弱之现状，使中国变成“少年中国”！

《少年中国说》作为影响至今的名作，不仅其思想积极深刻，其文体、语言的鲜明特点也不容忽视。梁启超是近代文学史上新文体运动的主要推动者和影响力最大的作家之一，而其新文体的代表作就是本章的选文——《少年中国说》，本文被梁本人评价为“开文章之新体，激民所之暗潮”。《少年中国说》是由文言文向白话文过渡的新体散文，作者将丰富的学识与强烈的爱国情绪融入新文体中，充分表现了鲜明的批判性、充沛的情感、磅礴的气势，使散文的宣传教育作用发挥至极致。

第四节 阅读思考与延伸阅读

一、阅读思考

1. 谈谈你对清末民初，中国内外交困的局势是如何理解的。

2. 结合清末的时代背景，思考《少年中国说》中蕴含着哪些先进的思想。

3.《少年中国说》在一百多年前发挥了巨大的思想启蒙的作用，时至今日，读来仍然让人心潮澎湃、热血沸腾。结合这篇文章思考，现代国家的知识青年应该具备哪些国民品质？

二、延伸阅读

1. 胡绳. 从鸦片战争到五四运动[M]. 北京：人民出版社，1998.

2. 茅海建. 天朝的崩溃[M]. 北京：生活•读书•新知三联书店，2014.

3. 冯桂芬. 校邠庐抗议汇校[M]. [德]冯凯(KailVofelsang)整理，熊明心校对. 上海：上海社会科学院出版社，2015.

4. [美]费正清，刘广京. 剑桥中国晚清史(1800—1911年)[M]. 北京：中国社会科学出版社，2018.

5. 吴其昌. 梁启超传[M]. 北京：台海出版社，2019.

（本章由隋艺撰稿）

隋艺，女，2019年9月至2020年1月任深圳大学人文学院助理教授；2017年于日本国立筑波大学取得文学博士学位；2016—2017年当选日本学术振兴会(JSPS)博士特别研究员，2017—2018年任JSPS博士后研究员；主要从事东北区域社会史研究，主持并完成JSPS资助项目三项，以及其他日本公益财团法人资助项目若干；出版日文专著《中国東北における共産党と基層民衆 1945—1951》(日本：创土社)；在《东洋学报》《现代中国》《中国研究月报》等日本学术期刊发表论文数篇。

第九章　揭除语言的假面　展示燃烧的生命——《补天》导读

第一节　作者及作品介绍

鲁迅，原名周树人，1881 年出生于浙江绍兴，1936 年在上海逝世。鲁迅是中国现代文学的开创者与奠基人，他的小说与杂文是中国新文学史上的两块丰碑，他的作品影响了数代作家，至今仍旧在中国拥有广泛的读者。

鲁迅早年接受传统的私塾教育。1898—1901 年，他先后就读南京江南水师学堂、江南陆师学堂附设路矿学堂，开始接触和学习西方的哲学、科学与文化。1902 年，鲁迅赴日本留学，出于治病救人与促进维新的理想，他选择学医，入读日本仙台医学专门学校，期间发生《藤野先生》一文所记述的“幻灯片事件”。有感国人的愚弱，鲁迅决计弃医从文。1906 年，鲁迅前往东京，筹办文艺刊物，翻译域外小说，希望通过文学改变人的精神。

1909 年，鲁迅回国后，先后任浙江两级师范学堂生理学、化学教员，绍兴中学堂教员兼监学；1911 年，任绍兴师范学校校长；1912 年 1 月，临时政府成立于南京，应教育总长蔡元培之招，任教育部部员；1912 年 5 月，前往北京，任教育部社会教育司第一科科长；8 月，被任命为教育部佥事；1926 年 8 月底，离开北京前往厦门，任厦门大学文科教授，12 月辞职；1927 年 1 月，至广州任中山大学文学系主任兼教务主任，10 月离开广州到上海居住直到逝世。鲁迅辗转于南北各地的生活经历，耳闻目睹的种种政治动荡与人事变故，为他的文学写作提供了精神动力与现实参照。

1918 年，鲁迅的《狂人日记》在《新青年》第四卷第五号刊出，掀开了中国新文学与中国现代小说的序幕。之后分别于 1922 年、1926 年、1936 年出版短篇小说集《呐喊》《彷徨》《故事新编》，为中国现代小说写作贡献了新的叙事视野、体式与语言。自 1918 年在《新青年》发表论文与杂感始，在长达二十年的时间里，鲁迅的杂文写作成为中国文坛的一面旗帜。他的“论时事不留面子，砭锢弊常取类型”的写作风格，成为后来者杂文写作的典范。鲁迅先后出版了《热风》《华盖集》《华盖集续编》《而已集》《三闲集》《二心集》《南腔北调集》《伪自由书》《准风月谈》《花边文学》《且介亭杂文》《且介亭杂文二集》《且介亭杂文末编》等十多本杂文集。

鲁迅作品的价值表现在两个重要方面。其一是“思想”方面。鲁迅说，他无法提供出路，也不能担任导师，他所能做的便是“揭假面”与“剥画皮”。揭除何人的“假面”？剥去何物的“画皮”？鲁迅所揭诸的对象，不是具体的人物，而是历史上与现实中各类语言表达。鲁迅的写作是对“表达”(representation)这一文化行为的解剖，是关于“表达”的“表达”。鲁迅倡导“心声的表达”。然而与理想中的聆听心声相对照，鲁迅以为其周遭所充斥的却是另外的声音。正如他在《长城》一文中所说的，“我总觉得周围有长城围绕。这长城的构成材料，是旧有的古砖和补添的新砖。两种东西联为一气造成了城壁，将人们包围”。这里的“长城”，实际上就是“声音”的比喻。这声音是拥有表达权力的少数人的声音，是统治者与上等人的声音。解剖这一类声音/语言表达的实际所指与生产机制构成了鲁迅写作的一条红线。

以《狂人日记》为例，鲁迅所要揭露的便是作为整体的旧的语言表达系统的真正的文化与实践功能。狂人“我”作为小说的主人公，在故事里肩负着这一揭除假面的任务。“我”沉浸于经由大哥传授的种种历史的与现实的语言描述，长达三十多年。如今突然发现，以前的三十多年，全是发昏。“我”去查历史书——旧的语言表达系统的物质载体——从语言的层面，发现歪歪斜斜的每页上都写着“仁义道德”几个字。“我”仔细看了半夜，进一步分析这个系统的表达功能，便从字缝里又看出字来，看到了这个旧的语言表达系统在元语言层面的意义指向，就是“吃人”两个字。“我”醒悟了过来——从前听大哥讲道理，都是糊涂了过去——现在晓得他讲道理的时候，不但唇边还抹着人油，而且心里满装着吃人的意思。所谓“狮子似的凶心，兔子的怯弱，狐狸的狡猾”便是这“吃人的意思”的注脚——旧的语言表达系统，规范着“人”的语言表达与身体行动，却连接着赤裸裸的动物的欲望。

其二是“文学”的方面。鲁迅作品对读者有着相当的震撼力，除了他的揭露与解剖的精准与深刻，还有他所致力于展现的生命力的“压抑”与“解放”的对照。鲁迅的写景文便大多取了生命力的“压抑”与“解放”的对照的意义框架。辽阔悠远，气势恢宏，是鲁迅笔下承载着“生命力的解放”的时空组合的共同特点。作为对照的“生命力的压抑”，则主要缘于既有的旧的语言表达系统的围困。《狂人日记》着力描写的就是既有的语言表达系统对生命力的压抑、围困，以及被压抑的生命力的挣扎与解放。“压抑/解放”的意义结构在《阿 Q 正传》《祝福》《孔乙己》诸篇中则转换成了“压抑/扭曲”的形式。鲁迅写作中一项不懈的努力是，从地底下，从黑暗中，从压抑与围困的深渊，把那些“炎炎地烧着的烈火似的内部生命”的人物挖掘出来，展现给读者。

本章选讲的小说《补天》鲜明地展现出了鲁迅作品上述两个方面的特点。《补天》要讲述的是造“人”的“神”——女娲的故事，分“造人”“补天”“死后”三个部分。小说最显著的便是用了“人”与“神”对照的方法。女娲的身上闪现的便是解放了的生命力。其一，先看神的“形”，女娲是一位巨人，异常高大，高大到了“顶天立地”的地步。女娲不仅高大，而且散发着异彩。是女娲照亮了天、地、大海，而不是相反。而且，不仅仅是颜色，女娲的精神也充斥于天地之间。其二，神的“言”，女娲沉默寡言。女娲的说话/表达，句子简洁，意思明了，用了平民百姓的词语、调子，也展现了普通人的寻常心理——充满好奇，希望了解真相。其三，神的“行”，女娲少说话，却是一个行动者。小说里面，女娲做了两件事，“造人”与“补天”。女娲行动时，不打旗帜，不喊口号，没有宣称怀抱着什么动听的、崇高的目的。女娲的行动没有也不需要语言的包裹，是一个“为行动而行动者”，一个炎炎地烧着的烈火似的内部生命的载体。

作为对照的是“人”。作家不仅生动地展现了“人”的生命力的被压抑以致扭曲，也揭除了“人”所披戴的种种假面与画皮。其一，人的“形”。小说中，“人”一被造出来，就只是女娲眼中的一个“小东西”。迈入文明进程之后，小说中的“人”又有了新变化。“人”不再赤身裸体，“怪模怪样的已经都用什么包了身子”，人的神情也随之发生了变化。坦然、无畏、无所顾虑的女娲看到的是“人”的“失望”“害怕”“骄傲”的各种神态。其二，人的“言”。人一来到世间，先只会无意义地“叫”与“笑”，后来逐渐学会了“说”。“人”说起话来，便拿腔拿调，遣用了许多普通人所不明白的词语、句式。上等“人”满嘴“上真”“天”“天位”“天讨”以及“道”“德”“人心”“礼”“度”等玩意儿，下等“人”也不敢说真话。语言失去了交流的功能，成为贪生怕死、攻占杀戮、自我保护的包裹物。其三，“人”的“行”。对应“人”的“言”，“人”特别是“上等人”热衷于做的事，第一是“争权夺利”；第二是学仙问药，以求长生不老，秦皇汉武也不例外；第三便是巧用种种漂亮的“说”来包裹与修饰自己的纯粹出于动物欲望的行动。

第二节 原文选读[①]

一

[1][②] 女娲忽然醒来了。

[2] 伊似乎是从梦中惊醒的，然而已经记不清做了什么梦；只是很懊恼，觉得有什么不足，又觉得有什么太多了。煽动的和风，暖暾的将伊的气力吹得弥漫在宇宙里。

[3] 伊揉一揉自己的眼睛。

[4] 粉红的天空中，曲曲折折的漂着许多条石绿色的浮云，星便在那后面忽明忽灭的䀹眼。天边的血红的云彩里有一个光芒四射的太阳，如流动的金球包在荒古的熔岩中；那一边，却是一个生铁一般的冷而且白的月亮。然而伊并不理会谁是下去，和谁是上来。

[5] 地上都嫩绿了，便是不很换叶的松柏也显得格外的娇嫩。桃红和青白色的斗大的杂花，在眼前还分明，到远处可就成为斑斓的烟霭了。

[6] “唉唉，我从来没有这样的无聊过！”伊想着，猛然间站立起来了，擎上那非常圆满而精力洋溢的臂膊，向天打一个欠伸，天空便突然失了色，化为神异的肉红，暂时再也辨不出伊所在的处所。

[7] 伊在这肉红色的天地间走到海边，全身的曲线都消融在淡玫瑰似的光海里，直到身中央才浓成一段纯白。波涛都惊异，起伏得很有秩序了，然而浪花溅在伊身上。这纯白的影子在海水里动摇，仿佛全体都正在四面八方的迸散。但伊自己并没有见，只是不由的跪下一足，伸手掬起带水的软泥来，同时又揉捏几回，便有一个和自己差不多的小东西在两手里。

[8] “阿，阿！”伊固然以为是自己做的，但也疑心这东西就白薯似的原在泥土里，禁不住很诧异了。

[9] 然而这诧异使伊喜欢，以未曾有的勇往和愉快继续着伊的事业，

---

① 选文所据版本：鲁迅. 补天. 鲁迅全集(第二卷)[M]. 北京：人民文学出版社，1981.
② 为便于阅读和讲解，为每个自然段标了序号。

呼吸吹嘘着，汗混和着……

[10] “Nga！ nga！”那些小东西可是叫起来了。

[11] “阿，阿！”伊又吃了惊，觉得全身的毛孔中无不有什么东西飞散，于是地上便罩满了乳白色的烟云，伊才定了神，那些小东西也住了口。

[12] “Akon，Agon！”有些东西向伊说。

[13] “阿阿，可爱的宝贝。”伊看定他们，伸出带着泥土的手指去拨他肥白的脸。

[14] “Uvu，Ahaha！”他们笑了。这是伊第一回在天地间看见的笑，于是自己也第一回笑得合不上嘴唇来。

[15] 伊一面抚弄他们，一面还是做，被做的都在伊的身边打圈，但他们渐渐的走得远，说得多了，伊也渐渐的懂不得，只觉得耳朵边满是嘈杂的嚷，嚷得颇有些头昏。

[16] 伊在长久的欢喜中，早已带着疲乏了。几乎吹完了呼吸，流完了汗，而况又头昏，两眼便蒙胧起来，两颊也渐渐的发了热，自己觉得无所谓了，而且不耐烦。然而伊还是照旧的不歇手，不自觉的只是做。

[17] 终于，腰腿的酸痛逼得伊站立起来，倚在一座较为光滑的高山上，仰面一看，满天是鱼鳞样的白云，下面则是黑压压的浓绿。伊自己也不知道怎样，总觉得左右不如意了，便焦躁的伸出手去，信手一拉，拔起一株从山上长到天边的紫藤，一房一房的刚开着大不可言的紫花，伊一挥，那藤便横搭在地面上，遍地散满了半紫半白的花瓣。

[18] 伊接着一摆手，紫藤便在泥和水里一翻身，同时也溅出拌着水的泥土来，待到落在地上，就成了许多伊先前做过了一般的小东西，只是大半呆头呆脑，獐头鼠目的有些讨厌。然而伊不暇理会这等事了，单是有趣而且烦躁，夹着恶作剧的将手只是抡，愈抡愈飞速了，那藤便拖泥带水的在地上滚，像一条给沸水烫伤了的赤练蛇。泥点也就暴雨似的从藤身上飞溅开来，还在空中便成了哇哇地啼哭的小东西，爬来爬去的撒得满地。

[19] 伊近于失神了，更其抡，但是不独腰腿痛，连两条臂膊也都乏

了力，伊于是不由的蹲下身子去，将头靠着高山，头发漆黑的搭在山顶上，喘息一回之后，叹一口气，两眼就合上了。紫藤从伊的手里落了下来，也困顿不堪似的懒洋洋的躺在地面上。

二

[20] 轰!!!

[21] 在这天崩地塌价的声音中，女娲猛然醒来，同时也就向东南方直溜下去了。伊伸了脚想踏住，然而什么也踹不到，连忙一舒臂揪住了山峰，这才没有再向下滑的形势。

[22] 但伊又觉得水和沙石都从背后向伊头上和身边滚泼过去了，略一回头，便灌了一口和两耳朵的水，伊赶紧低了头，又只见地面不住的动摇。幸而这动摇也似乎平静下去了，伊向后一移，坐稳了身子，这才挪出手来拭去额角上和眼睛边的水，细看是怎样的情形。

[23] 情形很不清楚，遍地是瀑布般的流水；大概是海里罢，有几处更站起很尖的波浪来。伊只得呆呆的等着。

[24] 可是终于大平静了，大波不过高如从前的山，像是陆地的处所便露出棱棱的石骨。伊正向海上看，只见几座山奔流过来，一面又在波浪堆里打旋子。伊恐怕那些山碰了自己的脚，便伸手将他们撮住，望那山坳里，还伏着许多未曾见过的东西。

[25] 伊将手一缩，拉近山来仔细的看，只见那些东西旁边的地上吐得很狼藉，似乎是金玉的粉末，又夹杂些嚼碎的松柏叶和鱼肉。他们也慢慢的陆续抬起头来了，女娲圆睁了眼睛，好容易才省悟到这便是自己先前所做的小东西，只是怪模怪样的已经都用什么包了身子，有几个还在脸的下半截长着雪白的毛毛了，虽然被海水粘得像一片尖尖的白杨叶。

[26] “阿，阿!”伊诧异而且害怕的叫，皮肤上都起粟，就像触着一支毛刺虫。

[27] “上真救命……”一个脸的下半截长着白毛的昂了头，一面呕吐，一面断断续续的说，“救命……臣等……是学仙的。谁料坏劫到来，

天地分崩了。……现在幸而……遇到上真，……请救蚁命，……并赐仙……仙药……”他于是将头一起一落的做出异样的举动。

[28] 伊都茫然，只得又说，“什么？”

[29] 他们中的许多也都开口了，一样的是一面呕吐，一面“上真上真”的只是嚷，接着又都做出异样的举动。伊被他们闹得心烦，颇后悔这一拉，竟至于惹了莫名其妙的祸。伊无法可想的向四处看，便看见有一队巨鳌正在海面上游玩，伊不由的喜出望外了，立刻将那些山都搁在他们的脊梁上，嘱咐道，“给我驼到平稳点的地方去罢！”巨鳌们似乎点一点头，成群结队的驼远了。可是先前拉得过于猛，以致从山上摔下一个脸有白毛的来，此时赶不上，又不会凫水，便伏在海边自己打嘴巴。这倒使女娲觉得可怜了，然而也不管，因为伊实在也没有工夫来管这些事。

[30] 伊嘘一口气，心地较为轻松了，再转过眼光来看自己的身边，流水已经退得不少，处处也露出广阔的土石，石缝里又嵌着许多东西，有的是直挺挺的了，有的却还在动。伊瞥见有一个正在白着眼睛呆看伊；那是遍身多用铁片包起来的，脸上的神情似乎很失望而且害怕。

[31] “那是怎么一回事呢？”伊顺便的问。

[32] “呜呼，天降丧。”那一个便凄凉可怜的说，“颛顼不道，抗我后，我后躬行天讨，战于郊，天不祐德，我师反走，……”

[33] “什么？”伊向来没有听过这类话，非常诧异了。

[34] “我师反走，我后爰以厥首触不周之山，折天柱，绝地维，我后亦殂落。呜呼，是实惟……”

[35] “够了够了，我不懂你的意思。”伊转过脸去了，却又看见一个高兴而且骄傲的脸，也多用铁片包了全身的。

[36] “那是怎么一回事呢？”伊到此时才知道这些小东西竟会变这么花样不同的脸，所以也想问出别样的可懂的答话来。

[37] “人心不古，康回实有豕心，觑天位，我后躬行天讨，战于郊，天实祐德，我师攻战无敌，殛康回于不周之山。”

[38] “什么？”伊大约仍然没有懂。

[39] “人心不古，……”

[40] “够了够了，又是这一套！”伊气得从两颊立刻红到耳根，火速背转头，另外去寻觅，好容易才看见一个不包铁片的东西，身子精光，带着伤痕还在流血，只是腰间却也围着一块破布片。他正从别一个直挺挺的东西的腰间解下那破布来，慌忙系上自己的腰，但神色倒也很平淡。

[41] 伊料想他和包铁片的那些是别一种，应该可以探出一些头绪了，便问道：

[42] “那是怎么一回事呢？”

[43] “那是怎么一回事啊。”他略一抬头，说。

[44] “那刚才闹出来的是？……”

[45] “那刚才闹出来的么？”

[46] “是打仗罢？”伊没有法，只好自己来猜测了。

[47] “打仗罢？”然而他也问。

[48] 女娲倒抽了一口冷气，同时也仰了脸去看天。天上一条大裂纹，非常深，也非常阔。伊站起来，用指甲去一弹，一点不清脆，竟和破碗的声音相差无几了。伊皱着眉心，向四面察看一番，又想了一会，便拧去头发里的水，分开了搭在左右肩膀上，打起精神来向各处拔芦柴：伊已经打定了“修补起来再说”的主意了。

[49] 伊从此日日夜夜堆芦柴，柴堆高多少，伊也就瘦多少，因为情形不比先前，——仰面是歪斜开裂的天，低头是龌龊破烂的地，毫没有一些可以赏心悦目的东西了。

[50] 芦柴堆到裂口，伊才去寻青石头。当初本想用和天一色的纯青石的，然而地上没有这么多，大山又舍不得用，有时到热闹处所去寻些零碎，看见的又冷笑，痛骂，或者抢回去，甚而至于还咬伊的手。伊于是只好搀些白石，再不够，便凑上些红黄的和灰黑的，后来总算将就的填满了裂口，止要一点火，一熔化，事情便完成，然而伊也累得眼花耳响，支持

不住了。

[51]“唉唉，我从来没有这样的无聊过。”伊坐在一座山顶上，两手捧着头，上气不接下气的说。

[52] 这时昆仑山上的古森林的大火还没有熄，西边的天际都通红。伊向西一瞟，决计从那里拿过一株带火的大树来点芦柴积，正要伸手，又觉得脚趾上有什么东西刺着了。

[53] 伊顺下眼去看，照例是先前所做的小东西，然而更异样了，累累坠坠的用什么布似的东西挂了一身，腰间又格外挂上十几条布，头上也罩着些不知什么，顶上是一块乌黑的小小的长方板，手里拿着一片物件，刺伊脚趾的便是这东西。

[54] 那顶着长方板的却偏站在女娲的两腿之间向上看，见伊一顺眼，便仓皇的将那小片递上来了。伊接过来看时，是一条很光滑的青竹片，上面还有两行黑色的细点，比槲树叶上的黑斑小得多。伊倒也很佩服这手段的细巧。

[55]“这是什么？”伊还不免于好奇，又忍不住要问了。

[56] 顶长方板的便指着竹片，背诵如流的说道，“裸裎淫佚，失德蔑礼败度，禽兽行。国有常刑，惟禁！”

[57] 女娲对那小方板瞪了一眼，倒暗笑自己问得太悖了，伊本已知道和这类东西扳谈，照例是说不通的，于是不再开口，随手将竹片搁在那头顶上面的方板上，回手便从火树林里抽出一株烧着的大树来，要向芦柴堆上去点火。

[58] 忽而听到呜呜咽咽的声音了，可也是闻所未闻的玩艺，伊姑且向下再一瞟，却见方板底下的小眼睛里含着两粒比芥子还小的眼泪。因为这和伊先前听惯的“nga nga”的哭声大不同了，所以竟不知道这也是一种哭。

[59] 伊就去点上火，而且不止一地方。

[60] 火势并不旺，那芦柴是没有干透的，但居然也烘烘的响，很久

很久，终于伸出无数火焰的舌头来，一伸一缩的向上舔，又很久，便合成火焰的重台花，又成了火焰的柱，赫赫的压倒了昆仑山上的红光。大风忽地起来，火柱旋转着发吼，青的和杂色的石块都一色通红了，饴糖似的流布在裂缝中间，像一条不灭的闪电。

[61] 风和火势卷得伊的头发都四散而且旋转，汗水如瀑布一般奔流，大光焰烘托了伊的身躯，使宇宙间现出最后的肉红色。

[62] 火柱逐渐上升了，只留下一堆芦柴灰。伊待到天上一色青碧的时候，才伸手去一摸，指面上却觉得还很有些参差。

[63] “养回了力气，再来罢。……”伊自己想。

[64] 伊于是弯腰去捧芦灰了，一捧一捧的填在地上的大水里，芦灰还未冷透，蒸得水澌澌的沸涌，灰水泼满了伊的周身。大风又不肯停，夹着灰扑来，使伊成了灰土的颜色。

[65] “吁！……”伊吐出最后的呼吸来。

[66] 天边的血红的云彩里有一个光芒四射的太阳，如流动的金球包在荒古的熔岩中；那一边，却是一个生铁一般的冷而且白的月亮。但不知道谁是下去和谁是上来。这时候，伊的以自己用尽了自己一切的躯壳，便在这中间躺倒，而且不再呼吸了。

[67] 上下四方是死灭以上的寂静。

三

[68] 有一日，天气很寒冷，却听到一点喧嚣，那是禁军终于杀到了，因为他们等候着望不见火光和烟尘的时候，所以到得迟。他们左边一柄黄斧头，右边一柄黑斧头，后面一柄极大极古的大纛，躲躲闪闪的攻到女娲死尸的旁边，却并不见有什么动静。他们就在死尸的肚皮上扎了寨，因为这一处最膏腴，他们检选这些事是很伶俐的。然而他们却突然变了口风，说惟有他们是女娲的嫡派，同时也就改换了大纛旗上的科斗字，写道“女娲氏之肠”。

[69] 落在海岸上的老道士也传了无数代了。他临死的时候，才将仙

山被巨鳌背到海上这一件要闻传授徒弟，徒弟又传给徒孙，后来一个方士想讨好，竟去奏闻了秦始皇，秦始皇便教方士去寻去。

[70] 方士寻不到仙山，秦始皇终于死掉了；汉武帝又教寻，也一样的没有影。

[71] 大约巨鳌们是并没有懂得女娲的话的，那时不过偶而凑巧的点了点头。模模胡胡的背了一程之后，大家便走散去睡觉，仙山也就跟着沉下了，所以直到现在，总没有人看见半座神仙山，至多也不外乎发见了若干野蛮岛。

一九二二年十一月作。

第三节　选文讲解

一、“新”讲的“旧”故事

《补天》讲了一个关于“人”与“神”的故事。

一社会，一种族，一政权，倘还没有灭绝，就少不了故事。试想想，如果没有故事，人们会生活在一个怎样枯燥、寂静、黑暗的世界里？

故事养育了人类，反过来，人又为故事所萦绕与围困。这些故事里有关于“人”的故事，也有关于“神”的故事，年代一久，人的故事与神的故事就混杂在了一起，无从分别；这里有旧的故事，也有新的故事，慢慢地，新的故事与旧的故事相互牵扯渗透，人们也难以理出其先与后，新与旧了；这里头有不识时务的愚人与呆子的故事，也有精明的野心家苦心经营的故事，到后来，这故事谁是谁讲的，同样也不甚了了了。

《补天》写于 1922 年，曾收入《呐喊》集，排在最末一篇。后来从《呐喊》中抽出收入《故事新编》，排在这个集子的最前面。可以说，鲁迅选择了两种途径去讲故事/写小说。其一是讲“全新”的故事，《呐喊》《彷徨》是也；其二是“新讲”旧的故事，曰《故事新编》。在后者，《补天》开了一个头。

但实际的情形也许是，鲁迅并不以为自己能讲出“全新”的故事来，无论怎样“新”的故事也得扎根于旧的故事里头；或者说，这故事的“新”，仅仅是被掩没、被忽视的“旧”的故事，被拂去了历史的积尘，“呐喊”出之，引起了人们“新”的注意而已；或许鲁迅意识到了，就算是“新”的故事，最终也难免会堕入旧的故事的漩涡当中，消失得无影无踪。所以对层层相积、错综复杂的旧的故事网络进行一番挖掘、整理与编排工作，于“旧”于“新”，就都弥足珍贵了。

二、作为对照的“神”

《补天》要整理的就是造“人”的“神”——“女娲”的故事，分“造人”“补天”“死后”三个部分。小说最显著的便是用了“人”与“神”对照的方法。读这篇作品，可以从比较“神”与“人”着手。

（一）神的“形”

女娲是一位巨人，异常高大，高大到了“顶天立地”的地步。女娲站立起来，便倚靠在“一座较为光滑的高山上”；[17]蹲下身子去，头“靠着高山”，头发则“搭在山顶上”。[18]女娲如此高大，站立在天地之间，有着与常人不同的视野——“仰面一看，满天是鱼鳞样的白云，下面是黑压压的浓绿”。[17]而且，山川、河流在女娲手里就像孩童的玩具，可以任意搬弄。山崩地裂之时，女娲“一舒臂揪住了山峰”，使得山体“没有再向下滑的形势”。[21]女娲甚至还可以查看“天”，发现了“天上一条大裂纹，非常深，也非常阔”。女娲的手能够摸着天，检测天被破坏的程度——“用指甲去一弹，一点不清脆，竟和破碗的声音相差无几了”。[48]

女娲不仅高大，而且散发着异彩。是女娲照亮了天、地、大海，而不是相反。女娲“猛然间站立起来”，“天空便突然失了色，化为神异肉红”，以致“再也辨不出伊所在的处所。”[6]而且，不仅仅是颜色，女娲的精神也充斥于天地之间——

> 伊在这肉红色的天地间走到海边，全身的曲线都消融在淡玫瑰似的光海里，直到身中央才浓成一段纯白。波涛都惊异，起伏得很有秩序了，然而浪花溅在伊身上。这纯白的影子在海水里动摇，仿佛全体都在四面八方的迸散。[7]

整篇小说没有女娲的穿着与打扮的描写。在事实上，女娲不着修饰，赤身裸体，是大自然的天然的一部分。以致女娲造出“人”之后，招来她所造的“小东西”所谓“裸裎淫佚，失德蔑礼败度，禽兽行”[56]的含泪指责。

（二）神的“言”

女娲沉默寡言。整个故事里面就说了一些简短的话。其一类是她自言自语，表达一时的叹息与惊诧——“唉唉，我从来没有这样的无聊过！”[6、51]“阿，阿！”[8、11、26]“阿阿，可爱的宝贝。”[13]其二类是与人交流时的种种疑惑、质问与命令——“什么？”[28、33、38]/“这是什么？”[55]“给我驼到平稳点的地方去罢！”[29]“那是怎么一回事呢？”[31、36、42]“够了够了，我不懂你的意思。”[35]/“够了够了，又是这一套！”[40]“那刚才闹出来的是？……”[44]“是打仗罢？”[46]等等。女娲的说话/表达，句子简洁，意思明了，用了平民百姓的词语、调子，也展现了普通人的寻常心理——充满好奇，希望了解真相。然而女娲无法与“人”交流，“人”的话女娲听不懂，而女娲的询问与质疑在“人”那里得不到答案。

(三) 神的“行”

女娲少说话，却是一个行动者。小说里面，女娲做了两件事，“造人”与“补天”。女娲行动时，不打旗帜，不喊口号，没有宣称怀抱着什么动听的、崇高的目的。像“造人”一类的事，先是因为无聊，后来甚至还夹着些“恶作剧”[18]；就是“补天”，也只是“打定了‘修补起来再说’的主意”[48]，丝毫没有“拯救”“牺牲”一类的念头。

女娲的行动没有也不需要语言的包裹，是一个“为行动而行动”者。正因为如此，她行动起来，便竭尽全力，坚持不懈。造人时，尽管“几乎吹完了呼吸，流完了汗，而况又头昏，两眼便蒙胧起来，……，而且不耐烦”，女娲还是“照旧的不歇手，不自觉的只是做”。[16]补天也如此。女娲“日日夜夜堆芦柴，柴堆高多少，伊也就瘦多少”。[49]柴堆好了，女娲又到处找石头。等到石头填满了裂口，女娲已经“支持不住了”。[50]但女娲没有停下来，她还要点火。天补好了，女娲仍不满足，又去捧芦灰，填在地上的大水里，直至“用尽了自己一切的躯壳，便在这中间躺倒，而且不再呼吸了”。[66]可谓死而后已。

三、作为对照的“人”

(一) “人”的“形”

小说中，“人”一被造出来，就只是女娲眼中的一个“小东西”。[7]起初是女娲用手揉捏出来的，便都是“白薯似的”[8]。到了后来，“人”由紫藤上溅出来的泥土所变，就“大半呆头呆脑，獐头鼠目的有些讨厌”[18]了。迈入文明进程之后，小说中的“人”又有了新变化。

“人”不再赤身裸体，“怪模怪样的已经都用什么包了身子”[25]。有的“遍身多用铁片包起来”；[30]“一个不包铁片的东西，身子精光，带着伤痕还在流血，只是腰间却也围着一块破布片”。[40]也有“人”留起了胡须——“脸的下半截长着雪白的毛毛了，虽然被海水粘得像一片尖尖的白杨叶。”[25]还有“人”披挂上了繁复的装扮——

“伊顺下眼去看，照例是先前所做的小东西，然而更异样了，累累坠坠的用什么布似的东西挂了一身，腰间又格外挂上十几条布，头上也罩着些不知什么，顶上是一块乌黑的小小的长方板，手里拿着一片物件，刺伊脚趾的便是这东西。”[53]

人的神情也随之发生了变化。坦然、无畏、无所顾虑的女娲看到的是“人”的“失望”“害怕”“骄傲”的各种神态。

(二) “人”的“言”

人一来到世间，先只会无意义地“叫”与“笑”。后来，逐渐学会了“说”。“说得多了”，女娲便听不明白，只觉得耳朵边满是“嘈杂的嚷，嚷得颇有些头昏”。[15]他们嚷叫些什么呢？这嚷叫声大约有以下几类。

第一类是有关杀戮、破坏的“那一套”。包括失败者所说——“颛顼不道，抗我后，我后躬行天讨，战于郊，天不祐德，我师反走，……”[32]“我师反走，我后爰以厥首触不周之山，折天柱，绝地维，我后亦殂落。呜呼，是实惟……”[34]以及胜利者所言——“人心不古，康回实有豕心，觑天位，我后躬行天讨，战于郊，天实祐德，我师攻战无敌，殛康回于不周之山。”[37]

第二类是求仙问药者的“‘上真上真’的只是嚷”——“救命……臣等……是学仙的。谁料坏劫到来，天地分崩了。……现在幸而……遇到上真，……请救蚁命，……并赐仙……仙药……”[27]

第三类，进步了，是写在“长方板”上的“文字”——“裸裎淫佚，失德蔑礼败度，禽兽行。国有常刑，惟禁！”[56]

第四类便是古人的“打酱油”——

“那是怎么一回事呢？”

“那是怎么一回事呵。”他略一抬头，说。

“那刚才闹出来的是？……”

“那刚才闹出来的么？”

“是打仗罢？”伊没有法，只好自己来猜测了。

“打仗罢？”然而他也问。[42~47]

总之，“人”说起话来，便拿腔拿调，遣用了许多普通人所不明白的词语、句式。上等“人”满嘴“上真”“天”“天位”“天讨”以及“道”“德”“人心”“礼”“度”等玩意儿，下等“人”也不敢说真话。语言失去了交流的功能，成为贪生怕死、攻占杀戮、自我保护的包裹物。

(三) “人”的“行”

对应“人”的“言”，“人”特别是“上等人”热衷于做的事，第一便是“争权夺利”，手段不外乎攻伐与杀戮。其中必有胜败。胜者称王，有一张“高兴而且骄傲的脸”；[35]败者脸上的神情则是“失望与害怕”，[30]攫取了现世的权位与利益，还不够。因为死日迫近。“上等人”第二件重要的工作，便是学仙问药，以求长生不老。秦皇汉武也不例外。

“人”的行动与“神”的行动最大的区别在于其“做”是否必用“说”来包裹与修饰。“人”的杀阀与攻占都声称是“天讨”，都大喊自己是“德”的化身。不仅如此，人还擅长更改旗号——

他们左边一柄黄斧头，右边一柄黑斧头，后面一柄极大极古的大纛，躲躲闪闪的攻到女娲死尸的旁边，却并不见有什么动静。他们就在死尸的肚皮上扎了寨，因为这一处最膏腴，他们检选这些事是很伶俐的。然而他们却突然变了口风，说惟有他们是女娲的嫡派，同时也就改换了大纛旗上的科斗字，写道“女娲氏之肠”。[68]

这要归功于所谓的“知识分子”。这也是“人”的第三件重要的工作。

四、神的“在”与“不在”

“神”在这篇小说中意味着什么？“神”是人的理想？“神”已经永远消失了？小说的第一部分有这样一段话——

天边的血红的云彩里有一个光芒四射的太阳，如流动的金球包在荒古的熔岩中；那一边，却是一个生铁一般的冷而且白的月亮。然而伊并不理会谁是下去，和谁是上来。[4]

这段话仅改了几个字又重复出现在第二部分的末尾——

天边的血红的云彩里有一个光芒四射的太阳，如流动的金球包在荒古的熔岩中；那一边，却是一个生铁一般的冷而且白的月亮。但不知道谁是下去和谁是上来。[66]

这段话在小说里的重复，为小说故事勾勒了一个时间框架——太阳与月亮是计量时间的尺度，一个完全相同的时刻在故事里的再现，无非强调了时间的循环往复。（日出月落或者日落月出，大约是农历十五日的凌晨或者傍晚。）女娲并不“不理会/不知道”这时间（日月）的来与去，“下去”与“上来”，意味着她超越了时间的局限——女娲在某一时刻到来，又在这同一时刻离去，周而复始，无远弗届。

所以说，在这个世界上，女娲“在”而又“不在”。女娲倘“在”，她在哪里？女娲在普通人的内心里，在平民百姓的言行中。女娲实质上是一个普通人——自然质朴、言行一致。这样一种品质，便是人身上的“神性”，或者称为“人而神”。所谓人是宇宙的精华，万物的灵长，大约指的便是这一方面。野火烧不尽，春风吹又生。这个世界让人留念，催人奋进，原因就在这人身上的永不消失的“神性”。

“女娲”又“不在”。一方面，女娲遭到野心家与权力者的屠戮与驱逐。女娲的“在”，是野心家与权力者所不能容忍的。女娲要探求真相；权力者通过对真相的操控获得与巩固权力。女娲不考虑利害，为理想而行动，言行一致；而权力者的言行均以维护权力格局为第一要义，其所说的不一定做，做了的却秘而不宣。女娲为行动而行动，至死不渝；权力者恐吓弱者，让大众不敢说，不能动，乖乖就范。女娲是权力者与野心家的天敌，必先除之而后快。另一方面，女娲作为一种精神，被数目众多的“人”所掩没与压抑。“人”大声嚷叫，又人多势众；女娲声音微弱，难以被人听到。况且女娲被驱赶到了边远的地方，人迹罕至，以致让“人”觉得并不存在。女娲是一位在而又不在的孤独者。

那么女娲所造的“人”呢？小说里的“人”不妨称为“人而鬼”。人被“鬼”所包围、俘虏，身上洋溢着鬼气，内心里装满了形形色色的鬼。小说所描述的世界里鬼比人多，层层叠叠，把人压得喘不过气。人而鬼，便是满脑子利害的考虑，语言充满了诡计，行动不择手段。人而神是可敬的，人而鬼是可怖的。神与鬼将战斗到永远。

五、写作与造人

接下来的问题是，为什么女娲要造人？

因为“无聊”。一如鲁迅在《故事新编·序言》里所说，他写《补天》，“不过取了弗罗特说，来解释创造——人和文学的——缘起。”①

弗洛伊德(弗罗特)所认为的“创造的缘起”指的是什么？我不妨抄录鲁迅翻译的日本厨川白村著《苦闷的象征》里的一段文字来作答——

在伏在心的深处的内底的生活，即无意识心理的底里，是蓄积着极痛烈而且深刻的许多伤害的。一面经验着这样的苦闷，一面参与着悲惨的战斗，向人生的道路进行的时候，我们就或呻，或叫，或怨嗟，或号泣，而同时也常有自己陶醉在奏凯的欢乐和赞美的事。这发出来的声音，就是文艺。②

鲁迅赞同厨川氏对弗洛伊德的“性压抑说”的改造。弗洛伊德以受压抑的性欲为创造的源起。厨川白村认为把一切都归之于性欲多少有些片面，不妨以“最广的意义上的生命力的突进跳跃”来替换。③女娲内在的突进与跳跃的生命力受到压抑让她感到生的苦闷，无聊起来，所以她才“创造”。

然而，人的创造与文学的创造又有什么关联？厨川白村把文艺创作与母亲的分娩作了一个比较——

作家的生育的苦痛，就是为了怎样将存在自己胸里的东西，炼成自然人生的感觉底事象，而放射到外界去；或者怎样造成理趣情景兼备的一个新的完全的统一的小天地，人物事象，而表现出去的苦痛。这又如母亲们所做的一样，是作家分给自己的血，割了灵和肉，作为一个新的创造物而产生。④

可见，女娲依自己的形象造人，与文学家依自己的内心而写作/表达是相通的。甚至我们可以说，写作/表达就是一件造人的工作。我们每说一句话，每制作一个符号，都希望有人理解它，认识它，都希望接收者内心生产出与自己所要表达的同样

① 鲁迅. 故事新编·序言. 鲁迅全集(第二卷)[M]. 北京：人民文学出版社，1981：341.
② [日本]厨川白村. 苦闷的象征. 鲁迅译文集(第三卷)[M]. 北京：人民文学出版社，1958：23.
③ 同上，第22页.
④ 同上，第37页.

的意义来。这不就是在依自己的形象造人？

文学史家黄子平教授以为《补天》是鲁迅“全部写作生涯的一个‘预言’”，①道理就在这里。女娲“补天”时找石头，就有“人”“冷笑，痛骂，或者抢回去，甚而至于还咬伊的手”。[50]死后又被“人”奉为嫡派，尊为“女娲氏之肠”。鲁迅所谓的“呐喊”“启蒙”，也有着造人的意味。然而他活着时受攻击，死后被人树为旗帜，女娲的遭际便是写照。

第四节　阅读思考与延伸阅读

一、阅读思考

1. 《补天》里的“神”与“自然”之间有何种关联？
2. 《补天》里女娲的“死”有何寓意？

二、延伸阅读

1. 鲁迅. 朝花夕拾[M]. 北京：人民文学出版社，2015.
2. 鲁迅. 呐喊[M]. 北京：人民文学出版社，2019.
3. 鲁迅. 彷徨[M]. 北京：人民文学出版社，2019.
4. 鲁迅. 故事新编[M]. 北京：人民文学出版社，2020.

（本章由曹清华撰稿）

曹清华，男，湖南耒阳人，哲学博士，现任深圳大学人文学院中文系教授；著有《中国左翼文学史稿(1921—1936)》(2008)、《词语、表达与鲁迅的“思想”》(2009)、《意义生产与出版活动——中国现代文学的两维》(2013)、《中国现当代小说十讲》(2014)、《逃亡者：〈水浒传〉八讲》(2019)。

① 黄子平. 革命•历史•小说[M]. 香港：牛津大学出版社，1996：117.

第十章 市场经济理论的创始之作——《国富论》导读

第一节 作者及作品介绍

亚当·斯密(Adam Smith，1723—1790)出生于苏格兰的柯科迪(Kirkcaldy)，英国古典政治经济学的集大成者，现代经济学之父。14 岁进入格拉斯哥大学，17 岁转到牛津大学继续其大学教育。1751—1763 年，在格拉斯哥大学先后任逻辑学教授、道德哲学教授。1763 年，辞去大学教授职位，作为私人教师陪同年轻的巴克莱公爵赴欧洲大陆研修游历。1766 年返回英国，1778—1790 年在爱丁堡定居，1787 年当选格拉斯哥大学荣誉校长，曾任苏格兰海关和盐税专员。斯密终生未娶，与母亲、友人和书本在一起，是斯密的三大乐趣。斯密在去世前将手稿全数销毁，生前出版的著作《道德情操论》(1759 年)、《国富论》(1776 年)对后世产生了深远影响。格拉斯哥版《亚当·斯密全集及通讯集》(1976—1984)使他的全部作品重见天日，说明他不仅是经济学家，而且是一个宏大体系的构建者。

《国富论》是经济学的奠基之作、古典经济学的经典之作、市场经济理论的创始之作。这本书确立了以“富国裕民”为政治经济学的明确目标，以“国民财富”

的增进为研究对象和立足点；对增进国民财富的各种途径如提高劳动生产率、深化分工、加强资本积累等进行了论证和分析，全书贯穿着确立自由竞争的市场经济制度的政策主张。

《国富论》出版于1776年，全书由序言和五篇正文构成，既有对基本经济理论(第一、二篇)的研究，又有对经济史(第三篇)、经济思想史(第四篇)的考察，并且对若干重要问题的具体应用也进行了深入分析(第五篇)。

全书在澄清国民财富的性质后，对如何增进国民财富的理论及相应政策主张展开论证。第一篇是斯密价值理论和分配理论的核心，从分工入手探究增进国民财富的第一条途径——劳动生产率的提升，主要内容包括分工交换理论、价值价格理论、分配理论。第二篇研究资本积累及资本的合理运用，探究增进国民财富的第二条途径——提高生产性劳动对非生产性劳动的比例，主要内容包括货币理论、资本积累、生产及非生产性劳动、利息理论等。第三篇考察和总结近代欧洲各国经济发展的历史经验和教训，它也是罗马帝国衰落以后欧洲农业发展的一个独立的专论。第四篇从政策的实际影响转向政策的理论体系，将“政治经济学体系”界定为一个或多个与国家管理有关的经济政策及分析体系，专门讨论重商主义理论和政策，结束于论重农主义。第五篇是关于国家财政的独立论述，主要内容是国家收入和支出的历史分析及基本税负理论。

卡尔•马克思的评价：在亚当•斯密那里，政治经济学已发展为某种整体，它所包括的范围在一定程度上已经形成。亚当•斯密第一次对政治经济学的基本问题做出了系统的研究，创立了一个完整的理论体系，把英国资产阶级古典政治经济学提高到一个新的水平。罗森伯格则评论说：“过去的200多年，经济学史的特点就是对亚当•斯密著作的不断注释。”[①]

第二节 原文选读[②]

一、论分工

劳动生产力上最大的增进，以及运用劳动时所表现的更大的熟练、技巧和判断力，似乎都是分工的结果。

为使读者易于理解社会一般业务分工所产生的结果，我现在来讨论个

① Rosenberg N. Adam Smith and Laissez-faire revisited，Adam Smith and Modern Political Economy，Bicentennial essays on The Wealth of Nations，ed. by GP. O' Driscoll，JR. ，Iowa，1979：19.

② 选文所据版本：亚当•斯密. 国民财富的性质和原因的研究(上册)[M]. 郭大力，王亚南，译. 北京：商务印书馆，1972. 亚当•斯密. 国民财富的性质和原因的研究(下册)[M]. 郭大力，王亚南，译. 北京：商务印书馆，1974.

别制造业分工状况。一般人认为，分工最完全的制造业，乃是一些极不重要的制造业。不重要制造业的分工，实际上并不比重要制造业的分工更为周密。但是，目的在于供给少数人小量需要的不重要制造业，所雇用的劳动者人数，必然不多，而从事各部门工作的工人，往往可集合在同一工厂内，使观察者能一览无遗。反之，那些大制造业，要供给大多数人的大量需要，所以，各工作部门都雇有许许多多劳动者，要把这许许多多劳动者集合在一个厂内，势不可能。我们要同时看见一个部门以上的工人，也不可能。像这种大制造业的工作，尽管实际上比小制造业分成多得多的部分，但因为这种划分不能像小制造业的划分那么明显，所以很少人注意到。

扣针制造业是极微小的了，但它的分工往往唤起人们的注意。所以，我把它引来作为例子。一个劳动者，如果对于这职业(分工的结果，使扣针的制造成为一种专门职业)没有受过相当训练，又不知怎样使用这职业上的机械(使这种机械有发明的可能的，恐怕也是分工的结果)，那末纵使竭力工作，也许一天也制造不出一枚扣针，要做二十枚，当然是决不可能了。但按照现在经营的方法，不但这种作业全部已经成为专门职业，而且这种职业分成若干部门，其中有大多数也同样成为专门职业。一个人抽铁线，一个人拉直，一个人切截，一个人削尖线的一端，一个人磨另一端，以便装上圆头。要做圆头，就需要有二三种不同的操作。装圆头，涂白色，乃至包装，都是专门的职业。这样，扣针的制造分为十八种操作。有些工厂，这十八种操作，分由十八个专门工人担任。固然，有时一人也兼任二三门。我见过一个这种小工厂，只雇用十个工人，因此在这一个工厂中，有几个工人担任二三种操作。像这样一个小工厂的工人，虽很穷困，他们的必要机械设备，虽很简陋，但他们如果勤勉努力，一日也能成针十二磅。从每磅中等针有四千枚计，这十个工人每日就可成针四万八千枚，即一人一日可成针四千八百枚。如果他们各自独立工作，不专习一种特殊业务，那末，他们不论是谁，绝对不能一日制造二十枚针，说不定一天连一枚针也制造不出来。他们不但不能制出今日由适当分工合作而制成的数量的二百四十分之一，就连这数量的四千八百分之一，恐怕也制造不出来。

就其他各种工艺及制造业说，虽有许多不能作这样细密的分工，共操作也不能变得这样简单，但分工的效果总是一样的。凡能采用分工制的工艺，一经采用分工制，便相应地增进劳动的生产力。**各种行业之所以各各分立，似乎也是由于分工有这种好处。一个国家的产业与劳动生产力的增进程度如果是极高的，则其各种行业的分工一般也都达到极高的程度**[①]。未开化社会中一人独任的工作，在进步的社会中，一般都成为几个人分任的工作。在进步的社会中，农民一般只是农民，制造者只是制造者。而且，生产一种完全制造品所必要的劳动，也往往分由许多劳动者担任。试以麻织业和毛织业为例，从亚麻及羊毛的生产到麻布的漂白和烫平或呢绒的染色和最后一道加工，各部门所使用的不同技艺是那么多啊！农业由于它的性质，不能有像制造业那样细密的分工，各种工作，不能像制造业那样判然分立。木匠的职业与铁匠的职业，通常是截然分开的，但畜牧者的业务与种稻者的业务，不能像前者那样完全分开。纺工和织工，几乎都是各别的两个人，但锄耕、耙掘、播种和收割，却常由一人兼任。农业上种种劳动，随季节推移而巡回，要指定一个人只从事一种劳动，事实上绝不可能。所以，农业上劳动生产力的增进，总跟不上制造业上劳动生产力的增进的主要原因，也许就是农业不能采用完全的分工制度。现在最富裕的国家，固然在农业和制造业上都优于邻国，但制造业方面的优越程度，必定大于农业方面的优越程度。

……

有了分工，同数劳动者就能完成比过去多得多的工作量，其原因有三：第一，劳动者的技巧因业专而日进；第二，由一种工作转到另一种工作，通常须损失不少时间，有了分工，就可以免除这种损失；第三，许多简化

① 弗里德曼为里德的《铅笔的故事》(*I, Pencil*)撰写的导语(秋风译)：伦纳德·里德引人入胜的《铅笔的故事》，已经成为一篇经典之作，它也确实是名副其实的经典。据我所知，再也没有其他的文献像这篇文章这样简明扼要，令人信服地、有力地阐明了亚当·斯密“看不见的手”——在没有强制情况下合作的可能性——的含义。

劳动和缩减劳动的机械的发明，使一个人能够做许多人的工作。[①]

……

在一个政治修明的社会里，造成普及到最下层人民的那种普遍富裕情况的，是各行各业的产量由于分工而大增。各劳动者，除自身所需数的以外，还有大量产物可以出卖；同时，因为一切其他劳动者的处境相同，各个人都能以自身生产的大量产物，换得其他劳动着生产的大量产物，换言之，都能换得其他劳动者大量产物的价格。**别人所需的物品，他能与以充分供给；他自身所需的，别人亦能与以充分供给。于是，社会各阶级普遍富裕。**

考察一下文明而繁荣的国家的最普通技工或日工的日用物品罢；你就会看到，用他的劳动的一部分（虽然只是一小部分）来生产这种日用品的人的数目，是难以数计的。例如，日工所穿的粗劣呢绒上衣，就是许多劳动者联合劳动的产物。为完成这种朴素的产物，必需有牧羊者、拣羊毛者、梳羊毛者、染工、粗梳工、纺工、织工、漂白工、裁缝工，以及其他许多人，联合起来工作。加之，这些劳动者居住的地方，往往相隔很远，把材料由甲地运至乙地，该需要多少商人和运输者啊！染工所用药料，常须购自世界上各个遥远的地方，要把各种药料由各个不同地方收集起来，该需要多少商业和航运业，该需要雇用多少船工、水手、帆布制造者和绳索制造者啊！为生产这些最普通劳动者所使用的工具，又需要多少种类的劳动啊！复杂机械如水手工作的船、漂白工用的水车或织工用的织机，姑置不论，单就简单器械如牧羊者剪毛时所用的剪刀来说，其制造就须经过许多种类的劳动。为了生产这极简单的剪刀[②]，矿工、熔铁炉建造者、木材采伐者、熔铁厂烧炭工人、制砖者、泥水匠、在熔铁炉旁服务的工人、机械安装工人、铁匠等等，必须把他们各种各样的技艺联结起来。同样，要是

① 劳动分工的发现不是斯密的洞见和原创，分工问题可追溯至柏拉图，以及威廉•皮特（1690 年）；在中国北宋时期的分工和商业发展也曾达到相当繁荣的地步，也有人在那个时代为分工鼓而呼。

② 制作“这极简单的剪刀”和生产一支铅笔一样，看似极简单，却经历了多少的分工与合作。后来里德所做经典短文《铅笔的故事》借一支铅笔“讲述给里德听的我的家谱”，极其简明地刻画了市场的力量，是对斯密“看不见的手”的生动阐释。

我们考察一个劳动者的服装和家庭用具，如贴身穿的粗麻衬衣，脚上穿的鞋子，就寝用的床铺和床铺上各种装置，调制食物的炉子，由地下采掘出来而且也许需要经过水陆运输才能送到他手边供他烧饭的煤炭，厨房中一切其他用具，食桌上一切用具，刀子和叉子，盛放食物和分取食物的陶制和锡蜡制器皿，制造面包和麦酒供他食喝的各种工人，那种透得热气和光线并能遮蔽风雨的玻璃窗，和使世界北部成为极舒适的居住地的大发明所必须借助的一切知识和技术，只及工人制造这些便利品所用的各种器具等等。总之，我们如果考察这一切东西，并考虑到投在这每样东西上的各种劳动，我们就会觉得，没有成千上万的人的帮助和合作，一个文明国家里的卑不足道的人，即便按照(这是我们很错误地想象的)他一般适应的舒服简单的方式也不能够取得其日用品的供给的。

二、论分工的原由

引出上述许多利益的分工，原不是人类智慧的结果，尽管人类智慧预见到分工会产生普遍富裕并想利用它来实现普遍富裕。它是不以这广大效用为目标的一种人类倾向所缓慢而逐渐造成的结果，这种倾向就是互通有无，物物交换，互相交易。

这种倾向，是不是一种不能进一步分析的本然的性能，或者更确切地说是不是理性和言语能力的必然结果，这不属于我们现在研究的范围。这种倾向，为人类所共有，亦为人类所特有，在其他各种动物中是找不到的。其他各种动物，似乎都不知道这种或其他任何一种协约。……但人类几乎随时随地都需要同胞的协助，要想仅仅依赖他人的恩惠，那是一定不行的。他如果能够刺激他们的利己心，使有利于他，并告诉他们，给他做事，是对他们自己有利的，他要达到目的就容易得多了。不论是谁，如果他要与旁人做买卖，他首先就要这样提议。请给我以我所要的东西吧，同时，你也可以获得你所要的东西：这句话是交易的通义。我们所需要的相互帮忙，大部分是依照这个方法取得的。**我们每天所需的食料和饮料，不是出自屠**

户、酿酒家或烙面师的恩惠，而是出于他们自利的打算[①]。我们不说唤起他们利他心的话，而说唤起他们利己心的话。我们不说自己有需要，而说对他们有利。社会上，除乞丐外，没有一个人愿意全然靠别人的恩惠过活。而且，就连乞丐，也不能一味依赖别人。诚然，乞丐生活资料的供给，全部出自善人的慈悲。虽然这种道义归根到底给乞丐提供了他所需要的一切东西，但没有，也不可能，随时随刻给他提供他所需要的东西。他的大部分临时需要和其他人一样，也是通过契约、交换和买卖而得到供给的。他把一个人给他的金钱，拿去购买食物，把另一个人给他的旧衣，拿去交换更合身的旧衣，或交换一些食料和寄宿的地方；或者，先把旧衣换成货币，再用货币购买自己需要的食品、衣服和住所。

由于我们所需要的相互帮忙，大部分是通过契约、交换和买卖取得的，所以当初产生分工的也正是人类要求互相交换这个倾向[②]。例如，在狩猎或游牧民族中，有个善于制造弓矢的人，他往往以自己制成的弓矢，与他人交换家畜或兽肉，结果他发觉，与其亲自到野外捕猎，倒不如与猎人交换，因为交换所得却比较多。为他自身的利益打算，他只好以制造弓矢为主要业务，于是他便成为一种武器制造者。另有一个人，因长于建造小茅房或移动房屋的框架和屋顶，往往被人请去造屋，得家畜兽肉为酬，于是他终于发觉，完全献身于这一工作对自己有利，因而就成为一个房屋建筑者。同样，第三个人成为铁匠或铜匠，第四个人成为硝皮者或制革者，皮革是未开化人类的主要衣料。这样一来，人人都一定能够把自己消费不了的自己劳动生产物的剩余部分，换得自己所需要的别人劳动生产物的剩余部分。这就鼓励大家各自委身于一种特定业务，使他们在各自的业务上，磨炼和发挥各自的天赋资质或才能。

---

① 这是斯密最广泛为人引用的一段文字：不是出于仁慈，而是出于自利；不是强制，而是选择。参见米尔顿•弗里德曼及其夫人在《两个幸运的人：弗里德曼回忆录》（中信出版社，2004 年）中，谈及的关于美国征兵制的公共政策辩论。

② 斯密在这一章指出，出于自利的目的，人类相互交换的倾向引发了分工，而分工的实现又会锻炼不同的才能，能力的差异也许也是分工的结果。

人们天赋才能的差异，实际上并不像我们所感觉的那么大。人们壮年时在不同职业上表现出来的极不相同的才能，在多数场合，与其说是分工的原因，倒不如说是分工的结果。例如，两个性格极不相同的人，一个是哲学家，一个是街上的挑夫。他们间的差异，看来是起因于习惯、风俗与教育，而不是起因于天性。他们生下来，在七八岁以前，彼此的天性极相类似，他们的双亲和朋友，恐怕也不能在他们两者间看出任何显著的差别。大约在这个年龄，或者此后不久，他们就从事于极不相同的职业，于是他们才能的差异，渐渐可以看得出来，往后逐渐增大，结果，哲学家为虚荣心所驱使，简直不肯承认他们之间有一点类似的地方。然而，人类如果没有互通有无、物物交换和互相交易的倾向，各个人都须亲自生产自己生活上一切必需品和便利品，而一切人的任务和工作全无分别，那末工作差异所产生的才能的巨大差异，就不可能存在了。

使各种职业家的才能形成极显著的差异的，是交换的倾向；使这种差异成为有用的也是这个倾向。许多同种但不同属的动物，得自天性的天资上的差异，比人类在未受教育和未受习俗熏陶以前得自自然的资质上的差别大得多。就天赋资质说，哲学家与街上挑夫的差异，比猛犬与猎狗的差异，比猎狗与长耳狗的差异，比长耳狗与牧畜家犬的差异，少得多。但是，这些同种但不同属的动物，并没有相互利用的机会。猛犬的强力，决不能辅以猎狗的敏速，辅以长耳狗的智巧，或辅以牧畜家犬的柔顺。它们因为没有交换交易的能力和倾向，所以，不能把这种种不同的资质才能，结成一个共同的资源，因而，对于同种的幸福和便利，不能有所增进。各动物现在和从前都须各自分立，各自保卫。自然给了它们各种各样的才能，而它们却不能从此得到何种利益。人类的情况，就完全两样了。他们彼此间，那怕是极不类似的才能也能交相为用。他们依着互通有无、物物交换和互相交易的一般倾向，好像把各种才能所生产的各种不同产物，结成一个共同的资源，各个人都可以这个资源随意购取自己需要的别人生产的物品。

三、论限制从外国输入国内能生产的货物

以高关税或绝对禁止的办法限制从外国输入国内能够生产的货物，国内从事生产这些货物的产业便多少可以确保国内市场的独占。例如，禁止从外国输入活牲畜和腌制食品的结果，英国牧畜业者就确保了国内肉类市场的独占。对谷物输入课以高额关税，就给与谷物生产者以同样的利益，因为在一般丰收的时候对谷物输入课以高额关税，等于禁止它的输入。外国毛织品输入的禁止，同样有利于毛织品制造业。丝绸制造业所用的材料虽全系产自国外，但近来也已取得了同样的利益。麻布制造业尚未取得这样的利益，但正在大踏步向这一目标迈进。还有其他许多种类的制造业同样地在英国完全取得了或几乎取得了不利于同胞的独占权。英国所绝对禁止输入或在某些条件下禁止输入的货物，其种类之繁多，不很熟悉关税法的人是简直极不容易猜想出来的。

这种国内市场的独占，对享有独占权的各种产业往往给予很大的鼓励，并往往使社会在那情况下有较大部分的劳动和资财转用到这方面来，那是毫无疑问的。但这办法会不会增进社会的全部产业，会不会引导全部产业走上最有利的方向，也许并不是十分明显的。

社会全部的产业决不会超过社会资本所能维持的限度。任何个人所能雇用的工人人数必定和他的资本成某种比例，同样地，大社会的一切成员所能继续雇用的工人人数，也一定同那社会的全部资本成某种比例，决不会超过这个比例。任何商业条例都不能使任何社会的产业量的增加超过其资本所能维持的限度。它只能使本来不纳入某一方向的一部分产业转到这个方向来。至于这个人为的方向是否比自然的方向更有利于社会，却不能确定。

各个人都不断地努力为他自己所能支配的资本找到最有利的用途。固然，他所考虑的不是社会的利益，而是他自身的利益，但他对自身利益的研究自然会或者毋宁说必然会引导他选定最有利于社会的用途。

第一，每个人都想把他的资本投在尽可能接近他家乡的地方，因而都

尽可能把资本用来维持国内产业，如果这样做他能取得资本的普通利润，或比普通利润少得有限的利润。

第二，每个个人把资本用以支持国内产业，必然会努力指导那种产业，使其生产物尽可能有最大的价值。

劳动的结果是劳动对其对象或对施以劳动的原材料所增加的东西。劳动者利润的大小，同这生产物价值的大小成比例。但是，把资本用来支持产业的人，既以牟取利润为唯一目的，他自然总会努力使他用其资本所支持的产业的生产物能具有最大价值，换言之，能交换最大数量的货币或其他货物。

但每个社会的年收入，总是与其产业的全部年产物的交换价值恰好相等，或者无宁说，和那种交换价值恰好是同一样东西。所以，由于**每个个人都努力把他的资本尽可能用来支持国内产业，都努力管理国内产业，使其生产物的价值能达到最高程度，他就必然竭力使社会的年收入尽量增大起来。确实，他通常既不打算促进公共的利益，也不知道他自己是在什么程度上促进那种利益。由于宁愿投资支持国内产业而不支持国外产业，他只是盘算他自己的安全；由于他管理产业的方式目的在于使其生产物的价值能达到最大程度，他所盘算的也只是他自己的利益。在这场合，像在其他许多场合一样，他受着一只看不见的手[①]的指导，去尽力达到一个并非他本意想要达到的目的。也并不因为事非出于本意，就对社会有害。他追求自己的利益，往往使他能比在真正出于本意的情况下更有效地促进社会的利益。我从来没有听说过，那些假装为公众幸福而经营贸易的人做了多少好事[②]。**事实上，这种装模作样的神态在商人中间并不普遍，用不着多费唇舌去劝阻他们。

---

① Grampp (2000) 宣称："看不见的手"的重要性不如它的趣味性。之所以有趣，是因为它已经成为经济政策论战中的辩论工具，常常被用来斥责某些人对价格机能的认知视野狭隘。斯密本人在这项观念的论述中，少有甚或没有证据可以支持后人对"看不见的手"的种种诠释。参见 William Grampp (2000). What did Smith mean by the invisible hand? Journal of Political Economy，108[3]：441-465.

② 这里或许有些夸大其词，但不要忘记，这些话主要是针对当时的重商主义制度而言。斯密曾经写道，错误的观念就像弯曲的柳条，为了让它们变直，首先必须用强力把它们向另一方向折弯。参见[德]森图姆. 看不见的手：经济思想古今谈[M]. 商务印书馆，2016：7.

关于可以把资本用在什么种类的国内产业上面，其生产物能有最大价值这一问题，每一个人处在他当地的地位，显然能判断得比政治家或立法家好得多。如果政治家企图指导私人应如何运用他们的资本，那不仅是自寻烦恼地去注意最不需注意的问题，而且是僭取一种不能放心地委托给任何个人、也不能放心地委之于任何委员会或参议院的权力。把这种权力交给一个大言不惭地、荒唐地自认为有资格行使的人，是再危险也没有了。

使国内产业中任何特定的工艺或制造业的生产物独占国内市场，就是在某种程度上指导私人应如何运用他们的资本，而这种管制几乎毫无例外地必定是无用的或有害的。

第三节　选文讲解

经济思想史的大家马克•布劳格曾说，《国富论》"真正启发后人思想的只是前两篇"。他在其著作《经济理论的回顾》一书中表示："现在已经没有人从头到尾阅读18世纪的宏伟著作了。现今我们读吉本、约翰逊、弗格森和休谟的选集，并只读《国富论》的前十章。"[①]

深圳大学苏东斌先生回顾自己刚进入北京大学，向陈岱孙先生请教读《国富论》的一段故事：

> 回顾1963年冬天，我还在北京大学经济学系读第一学期的时候，曾经去北大镜春园19号拜访过时任系主任的陈岱孙老先生，请教他如何读《国富论》。还记得他先是一愣，然后，笑眯眯地告诫我说"你先不要去读原著，等到学习到经济学说史时再读；或者即使现在想读，也先了解一下作者的生平简况"。[②]

让我们也从亚当•斯密所处的时代开始吧。

一、斯密所处的时代

斯密之所以能把最初以道德哲学问题形式出现的利己与社会利益之间的关系问

① [英]马克•布劳格. 经济理论的回顾[M]. 5版. 姚开建，译校. 北京：中国人民大学出版社，2009：21.

② 苏东斌，钟若愚. 我讲《国富论》[M]. 北京：中国经济出版社，2007：2.

题系统地转化为经济学的主题，与他所处的经济时代有一种内在联系①。

斯密生活的时代，基本上可以用“资本主义的兴起与发展”来描述。一方面，这个时代正处于英国工业革命开始并迅猛向前发展之际，18 世纪中期的英国社会拥有欧洲大陆社会所缺乏的制度和经济上的一系列优势：相当高的企业经营管理和工艺技术水平，容易获得投资于工业的资本，运价低廉的交通设施，组织严密的市场，人力和物力可以比较自由地流动的政治环境，一个有丰富经验的商人阶层，较为独特的具有开放性和灵活性的社会阶层结构，等等。

另一方面，斯密所处时代是所谓欧洲历史上的启蒙时代(age of enlightenment)，大约是从 1688 年英格兰的光荣革命(Glorious Revolution)到一个世纪后法国大革命(French Revolution)这个时期②。由启蒙运动带来的思想解放成为这个时代普遍的公共观点，而对“人类本性”的重新估价和定位成为这个时期启蒙思想家的核心命题③。

亚当·斯密认为，个人作为自己利益的最好判断者，都在不断地努力为他自己所能支配的资本找到最有利的用途。虽然他们考虑的是自身的利益，但他们对自身利益的追逐，自然会引导他选定最有利于社会的用途。此即“个人无意为之的普遍利益”。“个人的利害关系与情欲自然会引导人们把社会的资本，尽可能按照最适合于全社会利害关系的比例分配到国内一切不同用途。”④“如果政治家企图指导私人应如何运用他们的资本那不仅是自寻烦恼地去注意最不需注意的问题，而且是僭取了一种不能放心地委托给任何个人、也不能放心地委之于任何委员会或参议院的权力。把这种权力交给一个大言不惭地、荒唐地自认为有资格行使的人，是再危险也没有了。”⑤

二、财富与分工

斯密在《国富论》全书开篇“序论及全书设计”中明确提出，构成一国财富的不是金银，而是人们能够消费的“一切生活必需品和便利品”；在第四篇《论政治经济学体系》中提出政治经济学的两大目标，一是使人民能够为自己提供充足的收入，二是为国家提供足以公共服务的收入。可见，斯密政治经济学的两大目标和《国富

① 斯密生活的历史时期恰好是资本主义的上升时期，斯密自己把这段时期称为“政治经济(political economy)对道德经济(moral economy)的胜利”，是商业社会的扩散过程。

② 在这个时期，欧美出现了众多杰出的影响深远的思想家，如法国的孟德斯鸠(Montesquieu)、卢梭(Rousseau)，德国的康德(Kant)，英格兰的洛克(Locke)、柏克(Burke)，苏格兰的休谟(David Hume)、斯密(Adam Smith)以及美国的富兰克林(Benjamin Franklin)。

③ 一些思想家努力寻求理性的法律与伦理制度；斯密则认为，人类社会的基础根植于人的天性，我们的自然本能是比自负的理性更好的行动指南。如果我们去除“一切带有偏好或限制的制度”，“自然自由”将自发地带向和谐、高效的社会秩序。参见[英]巴特勒. 解读亚当·斯密[M]. 西安：陕西人民出版社，2009：6.

④ [英]亚当·斯密. 国民财富的性质和原因的研究(下卷)[M]. 北京：商务印书馆，1974：199.

⑤ [英]亚当·斯密. 国民财富的性质和原因的研究(下卷)[M]. 北京：商务印书馆，1974：27-28.

论》的论述目的在于“富国裕民”[①]，而论述的一大主题是：如何增进国民财富？

一国国民每年的劳动，本来就是供给他们每年消费的一切生活必需品和便利品的源泉。构成这种必需品和便利品的，或是本国劳动的直接产物，或是用这类产物从外国购进来的物品。[②]

上面这个开场白直入主题，暗示并反驳了当时流行的观点(见图 1)：财富即金银。斯密明确指出：财富不在于那些贵金属，而在于人们使用或消费的货物；它的源泉或原因是劳动。而财富作为一门科学的主题，被斯密单独提出来。在这个基础上，斯密构建了其经济学的理论体系和科学大厦。索利在《英国哲学史》中评述：其推理是基于对人类本性和它的环境的观点上的，这两个方面在劳动中会合。[③]

这个开场白暗示：

（1）财富不在于那些贵金属，而在于人们使用或消费的货物【不同于重商主义】

（此后与货币主义有关 → 货币决定论）

（2）其源泉或原因是劳动【接近于重农主义】

（此后为强调劳动价值的学说体系吸收 → 劳动决定论）

→ 从而，斯密把“财富”作为一门科学/学科的主题。

图1　《国富论》开场白的暗示

要想增加国民财富，必须解决两大问题，即什么是国民财富，如何才能增加国民财富。前者涉及的是国民财富的性质，后者涉及的是国民财富增进的原因。这也就是《国民财富的性质和原因的研究》一书标题的含义所在。

斯密论述了国民财富增加的两条途径和一个保障：途径之一是劳动生产率的提高，它主要依赖于分工的深化和市场交换过程的畅通；二是生产性劳动和非生产性劳动比例的提高，它在很大程度上依赖于资本的积累和资本用途的适当。在实现这两条途径的过程中，坚持经济自由、取消政府的不适当干预，让经济生活依其天然秩序运行就是最根本的制度保障。

分工是《国富论》观察和论述的逻辑起点。第一篇从讨论劳动分工的好处开始，论述分工专业化的意义。通过观察扣针制造的例子，斯密从劳动分工与产出之间的关系出发，得出：“只要采用了分工，在任何一门手艺里，分工都会使劳动生产力成比例地增长。”他在第一篇第四章《论货币的起源及其效用》中写道：

分工一经完全确立，一个人自己劳动的生产物，便只能满足自己欲望的极小部

① 简单而言，就是共同富裕——让所有的人都富裕起来。

② 斯密认为，一国的国民财富就是供给一国国民“每年消费的一切生活必需品和便利品”，而衡量一国财富多少的标准则是看这些必需品和便利品与消费者人数的比例。

③ [英]索利. 英国哲学史[M]. 2 版. 济南：山东人民出版社，2007：190-191.

分。他的大部分欲望，须用自己消费不了的剩余劳动生产物，交换自己所需要的别人劳动生产物的剩余部分来满足。于是，一切人都要依赖交换而生活，或者说，在一定程度上，一切人都成为商人，而社会本身，严格地说，也成为商业社会。

分工是效率之前提，是斯密《国富论》研究的逻辑起点，但分工问题不仅是分工自身，是分工合作，是为了更好地追求个人利益而分工合作；同时也是市场通过合作实现协同和整体福利提升的基础。整个第一篇便建立在劳动的社会分工主题基础之上：分工理论延伸便是商业社会的产生，经济体系本质上是一个庞大的、由价格制度连在一起的、在专业化生产者之间相互关联的工作网。

三、看不见的手

斯密是经济自由和市场自由运转的倡导者。这只是斯密复杂学术思想中一个重要部分，却是在经济学说史和经济学主流思想观点上留下深刻印记的洞见(insights)。斯密关于市场的作用的论述，是《国富论》全书最为重要的两段语录之一，以下是选自第四篇第二章的语录：

"由于每个个人都努力……使其生产物的价值能达到最高程度，他就必然竭力使社会的年收入尽量增大起来。确实，他通常既不打算促进公共的利益，也不知道他自己是在什么程度上促进那种利益。……他所盘算的也只是他自己的利益。在这场合，像在其他许多场合一样，他受着一只看不见的手的指导，去尽力达到一个并非他本意想要达到的目的。也并不因为事非出于本意，就对社会有害。他追求自己的利益，往往使他能比在真正出于本意的情况下更有效地促进社会的利益。我从来没有听说过，那些假装为公众幸福而经营贸易的人做了多少好事。"

人们在意并追求他们自己的利益，却由一只"看不见的手"导向社会整体的更好结果。《国富论》依靠着这种朴素的推理，即所谓"利益自发和谐"的原理和"个人无意为之的普遍利益"。[①]不过，达至"利益自发和谐"的理想状态，还需要斯密所说"最明白最单纯的自然自由制度"，"看不见的手"才能发挥作用。关于保障市场运行的制度，斯密的经典论述如下(第四篇第九章)：

一切特惠或限制的制度，一经完全废除，最明白最单纯的合乎自然的自由的制度就会树立起来。每一个人，在他不违反正义的法律时，都应听其完全自由，让他采用自己的方法，追求自己的利益，以其劳动及资本和任何其他人或其他阶级相竞争。

---

① 有评论认为：斯密即使不是一个无神论者，也几乎肯定是一个自然神论者，并且他抛弃了"看不见的手"这个短语的所有神学含义。

斯密虽然在《国富论》中没有明确“经济人”这一概念，但实际上已经运用了这一假设。所谓的经济人，我们可以理解为它是与“社会人”相区别的一个概念，是指按普通的行为方式从事经济活动的人。而所谓普通的行为方式是指，既然人都有利己的本性，那么每个人的行为的目的都是追求自身利益，实现个人利益的最大化；分工和交换又使得每个人在实现自身利益的同时，也有益于他人，使公共利益也得以实现，从而使经济、社会达到一种自然均衡的状态。在本意利己、客观利他这个过程中，为何对个人利益的追求却能使整体经济实现均衡？斯密认为，这是一只“看不见的手”在发挥作用，实际上指的就是今天所说的客观价值规律和市场机制。①

四、斯密问题：怎样完整地理解斯密的学说思想

斯密问题或斯密悖论，是一个在经济思想史上极富争议、纠缠至今的话题，它同时也是理解经济思想史乃至当代中国经济社会转型的一个重要线索。作为导读，有必要在一开始就给读者提供理解经典的线索。

（一）何谓斯密问题

斯密生前出版的两本著作中出现了对人性似乎“截然不同”的观点，《道德情操论》②中的“同情心”和《国富论》中的“利己心”，看起来有着相当的矛盾。在《道德情操论》中，他从同情心出发论述了利他主义的伦理观，但在《国富论》中，他从物质利益出发论述了利己主义的经济观。这两者之间的不一致被称为“亚当•斯密问题”，或“斯密之谜”“斯密悖论”。③

（二）“两位一体”的理解

以同情为基础的伦理学。索利在《英国哲学史》④中提出：事实上，也可以主张，在伦理学专著中提出的个体中的社会因素，乃是那种公众利益和私人利益之间协调一致的观点的必要条件，这种协调一致的观点构成了《国富论》中所教导的所谓“自然自由”学说的基础。

---

① 苏东斌，钟若愚. 我讲《国富论》[M]. 北京：中国经济出版社，2007：170-171.

② 18 世纪时，“道德”二字与我们今天的概念有所不同，它不是“品德高尚”的意思，而是指“社会哲学”。《道德情操论》第一章的内容：Of Sympathy（同理心、同情心），即我们所说的“人同此心，心同此理”。

③ “亚当•斯密问题”（Das Adam Smith Problem）一词是 19 世纪中叶由德国历史学派提出来的。历史学派作为英国古典经济学的反对者，用国家与民族至上反对个人主义，用保护贸易反对自由贸易。正是在对斯密和古典经济学经济自由的批判中，德国历史学派提出了《国富论》与《道德情操论》对比悬殊，似乎前后割裂、相互矛盾的问题，此即“亚当•斯密问题”，简称“斯密问题”。

④ [英]索利. 英国哲学史[M]. 段德智，译. 济南：山东人民出版社，2007：188-189.

阿马蒂亚·森的解说：在经济学的发展历程中，由于人们只看到斯密在其《国富论》中论述资本主义生产关系，重视经济人的谋利心理和行为，强调“自利”，却相对忽略了其在《道德情操论》中所重视的社会人的伦理、心理、法律和道德情操，从而曲解、误读了亚当·斯密学说。

针对“斯密问题”，巴克尔在《英国文明史》中给出了这样的解释：若要理解这个迄今为止最伟大的苏格兰哲学家的思想，必须将这两本书放在一起，视为一本书研究。因为事实上它们确实是讲述同一个主题的两个不同部分。在《道德情操论》中，他考察的是人性中同情心的那部分。在《国富论》中，他论述的是人性自私的那部分。[①]

可见，索利从哲学和伦理学的角度解释，与阿马蒂亚·森的观点是一致的，基本上认为是一个问题的两个方面。巴克尔的说明，同样是将《道德情操论》与《国富论》视为一本书的研究，是在讲述同一主题的两个不同部分。我们可以将这些解释或说明视为对所谓斯密问题“两位一体”的辩护与解释，他们显然不同意反对者所称斯密的思想突变、前后割裂。

（三）“三位一体”的理解

从斯密问题出发，怎样更完整地理解亚当·斯密的学说思想呢？

从斯密的讲义来看，斯密的学说思想在大学任教期间即已成为一体，而且前后一致。在大学任教的 15 年，是斯密后来回忆说“一生中度过的最美好的时光”[②]。斯密讲义的四个部分，直接形成了此后的三部相关著作：

(1) 自然神学——阐述、寻求神迹存在于人间的理论、证据。

(2) 伦理学——构成此后的《道德情操论》(以及与正义有关的那部分道德学)。

(3) 政治学——其中关于“经济政策和政治经济学”的若干问题，即《国富论》一书的胚胎。

(4) 法学——构成此后的《法学演讲集》。

帕特里夏·沃哈恩提出，亚当·斯密并不是一个把自我利益作为经济活动唯一驱动力的利己主义者，包括“看不见的手”在内的所谓自由主义观点必须在特定条件下才能发挥作用。这些条件是：

(1) 以同情为基础的公正旁观者作为内心的监督；

(2) 以公正为核心原则的法律制度作为社会运行的基本框架；

(3) 完全平等条件下的自由竞争。

---

① 巴克尔(H. T. Buckle). 英国文明史(第二卷)[M]. 伦敦，1861.

② 斯密最初在爱丁堡大学谋职，讲授修辞学和文学(1748—1750 年)；1750 年被格拉斯哥大学聘为逻辑学教授(以前 Smith 的数学教授推荐)，1751 年秋开始授课(不同于一般逻辑学教授的经院式的逻辑学、形而上学，受欢迎)，讲授修辞学和文学，代课法学和政治学；1752 年被聘为道德哲学教授(以法学和政治学为主)，直至 1763 年辞职。

我们不妨把第二个条件视为“市场的法制保障条件”。根据作者的说法，这三条正是《道德情操论》《法学演讲集》和《国富论》三本著作各自的主题。①

斯密的作品，除了生前出版的两部著作，还有在其去世后研究者或学生根据早年讲义整理的《法学演讲集》，可以称为“三位一体”，这可能有助于我们更为完整地理解斯密学说及其思想体系，更有助于我们完整地认知市场经济的逻辑和构成。从斯密的著作来看，多位研究者均指出要重视斯密构建学说的整体性。汪丁丁在其《经济学思想史讲义》中介绍了温奇论文《亚当•斯密：作为政治经济学家的道德哲学家》(Winch，1992)的观点：斯密恰恰是反对那些(18 世纪的)理性主义者、功利主义者和基于“自利”假设的简约主义模型构建者。汪丁丁教授强调：我们在研究斯密这两部著作的同时，还应该注意斯密的其他手稿，比如哲学与修辞学手稿，以及最为重要的法理学讲义，这样才能形成对斯密思想的整体把握②。

苏东斌教授 2007 年年初和我在深圳大学开设的经典精读《国富论》课程，也反复强调了重视斯密学说及其思想的整体性构建。斯密的学说，若单独从《国富论》来看，其逻辑起点是分工→交换→资本积累→市场深化→商业社会的发展；若从斯密学说体系的完整性来看，其逻辑前提就更需要进行拓展，是人性→选择→幸福，所以经济学是人的科学，而不仅仅是资源配置的问题。这里，再对斯密作品中这三本著作简单说明如下：

《国富论》看到的是人与人之间的差异，因而分工为各自的选择提供了机会，使得个人和个体的努力能转化为社会整体的秩序与富裕富足。

《道德情操论》看到了每个个体均有同情心，是愿意帮助他人的；例如今天的丹麦，人们不愿意见到有人在大街上流浪，这既与“宗教情怀”有关，也说明个体选择与道德约束是可以互补的。

《法学演讲集》则揭示在这种个体选择基础上，社会得以运转的基础和前提——法治的保障。

重视经典作品所表达思想的体系和整体，才有助于完整理解斯密的学说思想。正如马克•布劳格所说：用经济分析的能力标准来判断，斯密甚至在他自己那个年代也不是最伟大的。但是，在对经济过程及其性质的敏锐判断上，在对市场理解的思想表达上，亚当•斯密至今都是不平凡的。

五、市场的逻辑：来自选择的幸福

“斯密问题”反映了市场经济的内在矛盾，但这一矛盾并不是不可协调的。人们追寻自身利益将对公众福利有益，而这首先是一个制度性的框架。从自利到利他，

① 帕特里夏•沃哈恩. 亚当•斯密及其留给现代资本主义的遗产[M]. 夏镇平，译. 上海：上海译文出版社，2006.

② 汪丁丁. 经济学思想史讲义[M]. 2 版. 上海：世纪出版集团、上海人民出版社，2012：154-156.

是市场机制本身提供了解决这一矛盾的基础，社会道德标准的建立和立法则提供了利己与利他一致的保证，其中道德、立法保障使得“利己达至利他”成为可能。这就是“利己先利他”的逻辑。

《国富论》这么厚的文本(五篇、32 章)，在张维迎所著《市场的逻辑》[①]中，一句话就基本说清楚了。他说，市场的基本逻辑是：如果一个人想得到幸福，他必须首先使别人幸福。更通俗地讲，利己先利人。[②]

当然，还需要进一步的解释：市场竞争，本质上是为他人创造价值的竞争。不能为他人创造价值的企业，必然在竞争中被淘汰。市场的这一逻辑把个人对财富和幸福的追求转化为创造社会财富和推动社会进步的动力。由此，才有了西方世界过去 200 多年的崛起，也才有了中国过去 40 多年的经济奇迹。

六、对公正的追求

研究者们都注意两点：第一是斯密特别强调社会的公正，即只有在公平竞争条件下，“看不见的手”才有可能发挥作用；第二是斯密特别反对的仅仅是政府的不公平管制，并非任何形式的政府干预。

对贫困问题的关注和洞察，促使斯密探究财富与增长问题，以追求个人与社会的公正[③]。从这个意义上看，《国富论》不是一本教科书，其目的在于探究：①国民财富的真正含义；②国民财富增长和富裕的途径；③阻碍这一进程的因素。关注贫困问题关乎同情，更关乎公正，这就是斯密在《道德情操论》中所说的“内心的公正的旁观者”。

在斯密那里，拥有财富不应该是少数人的专利。斯密认识到、找到了拥有财富并向多数人扩散，以及经数代人累积的机制及意义；那种机制，足以解释财富向多数人的扩散。正由于对贫困问题的洞察，斯密才会深入思考为何是市场而不是其他，才能真正改善和改变这一切[④]。

斯密在大学任教的早期讲义已显示出他对市场问题的构想和体系性的思考，但构思并最终完成《国富论》花了更长时间。斯密的洞见在于发现贫困背后的真正原因是财富创造的缺位。只有社会内部提供了创造财富的条件，贫困才可能被战胜。因而，解决贫困还要靠市场机制而不是压制市场。

斯密在《国富论》第一篇第八章中关于“公正”问题的论述如下：“社会最大部分成员境遇的改善，决不能视为对社会全体不利。有大部分成员陷于贫困悲惨状态

---

① 张维迎. 市场的逻辑[M]. 上海：上海人民出版社，2010.

② 可见，市场的基本逻辑是如此简单明了，五个字就说清楚了。

③ Emma Rothschild 在其《经济情操论》中指出，贫困问题给斯密心灵上带来的震撼，推动斯密构想并最终完成《国富论》。

④ 西欧的大部分人都曾经生活在极端贫困之中，经济上的贫困和政治上的贫乏与受迫害，驱使他们向北美、南非和澳洲移民。

的社会，决不能说是繁荣幸福的社会。而且，供给社会全体以衣食住的人，在自身劳动生产物中，分享一部分，使自己得到过得去的衣食住条件，才算是公正。”

在《道德情操论》的结尾部分，把讨论重点从美德转向他所认为的美德的确切形式，即公正，斯密在全书最后一段向读者提出“自然公正的哲学”，并称之为“贯穿所有国家的法律，并成为所有国家法律的基础的准则”。[①]

沃哈恩根据斯密的所有著作(包括由学生听课笔记整理而成的《法学演讲集》)，指出斯密关注的焦点是权利，而公义/公正的论题则贯穿其所有著作中。对沃哈恩来说，“平等对待”和公义/公正是构成斯密理想中的自由经济的基本条件，“公正既是一条保护人民及其权利和财产免受伤害的消极的原则，又是一条公平游戏的积极的原则”，而“离开公正的框架，任何一种市场都不可能运作”，“只有当竞争在地位相等的各方面之间进行，市场才最有效率，最为公平”[②]。换句话说，斯密心目中的自由商业原则，建基于公义/公正和公平，而他认为如果穷人感觉受到最残酷的压迫，就“显示违背了自然的自由和公义”。

第四节　阅读思考与延伸阅读

一、阅读思考

1. 斯密是如何定义国民财富的，何种因素引起了国民财富的增长？

2. “看不见的手”究竟意所何指？[③]

3. 对增长原因的解读有很多。实现经济增长的基本原因，一般被归结为运气、地理、制度、技术、文化等多种因素。请思考：为什么会有国富、国穷的差异，持续的增长怎样才能得以发生？

4. 何谓“斯密悖论”？请尝试根据斯密的三部主要作品来理解斯密学说思想的完整性和系统性。

5. 斯密的著作围绕自由竞争、法制保障、道德约束做了有意思的阐述。改革开放开启了当代中国从计划经济到市场经济的伟大转型，请结合《国富论》所阐述的思想之精髓，思考市场经济得以有效运作需要哪些条件。

---

① 公正是唯一可以强制实施的美德，斯密强调自然的正义或者自然公正的哲学，参见[英]詹姆斯•布坎. 真实的亚当•斯密. 北京：中信出版社，2007：68-70.

② 苏东斌，钟若愚. 我讲《国富论》. 北京：中国经济出版社，2007：206-208.

③ 参见 William Grampp. What did Smith mean by the invisible hand?[J]. Journal of Political Economy, 108(3)：441-65. 中译文参见袁大羽译，赖建诚校，亚当•斯密的“看不见的手”究竟意所何指，载赖建诚著《经济思想史的趣味》附录 4，杭州：浙江大学出版社，2011：260-283.

二、延伸阅读

著作

1. Emma Rothschild. Economic Sentiments：Adam Smith，Condorcet，and the Enlightenment，Harvard University Press，2002；中译本：经济情操论：亚当·斯密、孔多塞与启蒙运动[M]. 赵劲松，别曼，译. 北京：社会科学文献出版社，2019.

2. 苏东斌，钟若愚. 我讲《国富论》[M]. 北京：中国经济出版社，2007.

3. 罗卫东. 情感、秩序、美德——亚当·斯密的伦理学世界[M]. 北京：中国人民大学出版社，2006.

4. 赖建诚. 亚当·斯密与严复：《国复论》与中国[M]. 杭州：浙江大学出版社，2009.

5. [英]巴特勒. 解读亚当·斯密[M]. 西安：陕西人民出版社，2009.

论文或著作中的章节

1. Mark Blaug. 亚当·斯密. 经济理论的回顾[M]. 5 版. 北京：中国人民大学出版社，2009：21-48.

2. William Grampp. What did Smith mean by the invisible hand?[J]. Journal of Political Economy，2000，108(3)：441-65.

3. Andrew S Skinner. Adam Smith. The New Palgrave Dictionary of Economics[M]. 3rd Ed. Palgrave Macmillan，2018：12414-12454.

4. Peter Groenewegen. 'Political Economy' and 'Economics'. The New Palgrave Dictionary of Economics[M]. 3rd Ed. Palgrave Macmillan，2018：10404-10408.

（本章由钟若愚撰稿）

钟若愚，男，南开大学经济学博士，现为深圳大学中国经济特区研究中心教授、博士生导师，兼任中国经济思想史学会理事、深圳市应用经济研究会会长；曾任山西财经大学副校长；主要著作有《基于物质流分析的中国资源生产率研究》（中国经济出版社，2009）、《走向现代服务业》（上海三联书店，2006）等。与苏东斌先生合著《劳动价值学说史略》（中国经济出版社，2003）、《我讲〈国富论〉》（中国经济出版社，2007）等，其中《中国经济特区导论》（苏东斌、钟若愚著，商务印书馆，2010）2018年入选“书影深圳 40 年·40 本”图书。

第十一章 劳动价值理论
——《资本论》导读

第一节 作者及作品介绍

卡尔·马克思(Karl Marx，1818—1883)是犹太裔德国哲学家、经济学家、社会学家、政治学家、革命理论家、马克思主义的创始人之一，无产阶级的精神领袖，国际共产主义运动的开创者。他一生中出版过大量理论著作，其中以1848年发表的《共产党宣言》和1867—1894年出版的《资本论》两部著作最负盛名和影响力。一百多年来，马克思的思想极大地影响和改变了世界历史进程，为全世界的进步力量提供了观察世界和分析世界的世界观和方法论，成为工人阶级为自身利益奋斗的强大武器，为社会主义和共产主义运动指明了方向。马克思的思想也深刻改变了中国，中国共产党和中国人民创造性地把马克思主义与中国革命和建设实践相结合，取得了社会主义革命的伟大胜利，并在建设有中国特色社会主义的道路上不断取得新的进步。正因其思想的巨大影响力，1999年马克思被西方学术界和公众评为千年最伟大的思想家，与爱因斯坦、牛顿、阿奎那等齐名。

马克思于1818年5月5日出生于普鲁士莱茵省的特里尔小城，这是一座经历了古罗马、法兰西和德意志等时代并具有两千年历史的古城。马克思在青年时代就有远大的抱负，他在特里尔中学毕业时写的《青年选择职业时的考虑》作文中写到，“如

果我们选择了最能为人类福利而劳动的职业，我们就不会为它的重负所压倒，因为这是为全人类所做的牺牲；那时我们感到的将不是一点点自私而可怜的欢乐，我们的幸福将属于千万人，我们的事业不是显赫一时，但将永远存在。”中学毕业后，马克思进入波恩大学学习法律，后又转入柏林大学法律系，研究哲学、历史和艺术史，并参加青年黑格尔左派小组。1841 年获得哲学博士学位后，马克思与几位青年一起创办了德国第一家民主主义报纸《莱茵报》，该报由于观点激进而被普鲁士当局于 1843 年 4 月查封。之后，马克思写了《论犹太人问题》《黑格尔法哲学批判导言》《1844 年经济学哲学手稿》《神圣家族》等文章，用唯物主义观点对青年黑格尔派的主观唯心主义做了批判，清算了黑格尔的客观唯心主义，开始显示其无产阶级革命思想，他指出“历史活动是群众的事业”，既不是“绝对精神”的体现，也不是少数“杰出天才”的创造，无产阶级能够而且必须自己解放自己。1845 年春，马克思被法国政府驱逐迁往布鲁塞尔，在那里写成了《关于费尔巴哈的提纲》，阐明了马克思主义唯物主义哲学的最基本的特征——社会实践，并做出了“哲学家们只是用不同的方式解释世界，而问题在于改变世界”和“人的本质是一切社会关系的总和”的著名论断。1846 年，马克思与恩格斯合作写作《德意志意识形态》，对费尔巴哈的形而上学和当时思想界的各种唯心主义进行批判，同时广泛地阐述了历史唯物主义的基本原理，并论证了资本主义社会必然灭亡的趋势和无产阶级革命的不可避免，第一次提出了无产阶级夺取政权的任务。1847 年出版《哲学的贫困》一书，阐发了马克思主义政治经济学初步原理，进一步论述了历史唯物主义原理，奠定了唯物辩证法的基本原理。1848 年 2 月发表的《共产党宣言》，揭示了资本主义产生和发展的规律，得出“资产阶级的灭亡和无产阶级的胜利是同样不可避免的”结论，阐明了无产阶级肩负着埋葬资本主义、实现共产主义的伟大历史使命。

这一时期，马克思在研究理论、形成自己新价值观的同时，还着手建立无产阶级的运动组织。他和恩格斯在布鲁塞尔建立共产主义通讯委员会，改名正义者同盟为共产主义同盟，并被同盟中央委员会选举为主席；提出“全世界无产者，联合起来”的口号，制定了无产阶级的革命策略；使用了无产阶级专政的概念，强调工农联盟的必要性。1852 年，在同盟被欧洲当局势力镇压后，为了从理论上科学地阐明资本主义的历史命运，马克思在继续指导国际工人运动的同时，把主要精力放在了经济学研究上，力图从经济上论证资本主义生产关系的历史局限性。1859 年，马克思出版其卓越著作《政治经济学批判》，它是马克思从事政治经济学研究的第一个伟大成果。这部著作系统地分析了商品生产的一系列基本范畴，第一次阐述了马克思的价值理论和货币理论，为剩余价值学说奠定了基础，大体形成了《资本论》的基本原理。1862 年写作《剩余价值学说史》，围绕剩余价值理论这个政治经济学的核心问题，对资产阶级古典政治经济学理论进行了系统的历史分析和批判，以论战形式阐述了马克思主义政治经济学的许多重要方面。1867 年，巨著《资本论》第一卷出版。1883 年 3 月 14 日，马克思因病在伦敦寓所里逝世，终年 65 岁，被安葬在伦敦郊外的海格特公墓。马克思去世后，恩格斯从马克思留下的一大捆手稿中搜集材料，编辑剩余的两卷《资本论》，1885 年和 1894 年，《资本论》第二卷和第三卷分别出版。

《资本论》是马克思毕生的研究成果，是马克思经济思想的宏伟巨著，也是经济学说史上最重要的文献之一。在《资本论》里，马克思运用辩证唯物主义和历史唯物主义世界观和方法论，从分析资本主义最基础的细胞——商品着手，通过其构建的劳动价值理论，深入详尽地剖析了资本主义经济制度，揭露了资本主义社会经济运动的规律；通过对资本运动过程的进一步研究，创立了自己的剩余价值理论，揭露了资本剥削雇佣劳动的秘密，透彻地说明了资产阶级与无产阶级的对立，以及资本主义必然灭亡和社会主义、共产主义必然胜利的规律，为其科学社会主义提供了坚实的理论基础。可以说，《资本论》是个经济学证明，它证明了资本主义生产关系已经不能适应蓬勃发展的生产力，资本主义具有历史局限性，绝不是永恒的制度；新兴的无产阶级起来革命，推翻剥夺者，建立共产主义，不仅是正义的，而且符合历史发展的趋势。因为《资本论》完全揭露了资本主义剥削的秘密，所以恩格斯指出："自地球上有资本家和工人以来，没有一本书像我们面前这本书那样，对于工人具有如此重要的意义"，《资本论》也被誉为工人阶级的"圣经"。

《资本论》的研究对象是资本主义生产方式以及和它相应的生产关系和交换关系，它有着特定的制度背景，不能把其结论生搬硬套到其他社会制度中去。《资本论》研究的最终目的是揭示现代社会的经济运行规律，主要有生产力发展规律、按比例规律、再生产速度规律、生产关系和生产力相互作用规律、价值规律和价值增殖规律等，其中建立在价值规律基础上的价值增殖规律是《资本论》的主要脉络。《资本论》的大部分写作完成于 19 世纪 60 年代中期，马克思完成了所有三卷和有关经济思想史的第四卷草稿。《资本论》第一卷主要叙述资本的生产过程，这是资本运动的本质阶段，它揭示资本的生产过程是再生产过程中的劳动过程和价值增殖过程的统一。由于再生产过程是以流通为媒介的，所以《资本论》第二卷论述资本的流通过程，主要研究广义的资本流通过程，不仅包含资本循环、周转和社会总资本再生产等重要理论，也蕴含了资本积累的时间和空间动态。它揭示了剩余价值实现的可能性，并通过分析社会总产品实现条件——各生产部门按客观的比例进行生产和交换，阐述社会总资本再生产和流通中的矛盾激化导致经济危机爆发的可能性。在《资本论》前两卷中，对资本主义的分析是在价格与价值成比例的简化基础上进行的，商品是与同等价值的货币相交换，每一资本都是总资本的代表，剩余价值的增加是其所雇工人从事剩余劳动的结果。在《资本论》第三卷中，马克思将一般财产收入中的利润、利息、地租等经济范畴，用对剩余价值的分析加以解释。由于剩余价值采取利润的形式，资本价值增殖规律就进一步展开为以提高生产力为手段，达到最大限度占有利润并进行积累的目的。但生产力的提高导致平均利润率下降和资本价值增殖发生矛盾，矛盾激化便导致经济危机。此外，马克思还分析了资本主义分配关系，指出利息是资本所有权的实现形式，利润是资本使用权的实现形式，地租是土地所有权在经济上借以实现其增殖价值的形式。因此，产业工人和商业工人创造的剩余价值，被全社会各种资本家共同分割。马克思生前并没有修订和出版《资本论》第四卷，恩格斯也没有来得及出版它，恩格斯临终前将马克思的全部经济学手稿都交给了马克思的幼女艾琳娜·马克思。后来，《剩余价值理论》草稿转交给了 K. 考茨基。考茨基在出版此书时，没有按照马克思的计划，把它作为《资本论》的第四卷出版，而是把它作为与《资本论》并立的独立著作，以《剩余价值理论》的书名出版。《剩余价值理论》一书对《资本论》的一、二、三卷做了大量的补充，它系统地研究了 17 世纪中叶至 19 世纪 50 年代资产阶级政治经济学的发展史，详细地分析了当时主要经济学家的理论观点，肯定了他们在科学理论上的贡献，批评了他们的谬误，评价了他们在经济学说史上的地位，阐明了经济学的科学化过程，揭示了实证主义经济学产生的历史条件和理论基础。因此，一般来说，《资本论》有三卷，但完整的马克思经济学说应该包括《资本论》三卷和《剩余价值理论》。

在《资本论》理论体系大厦中，劳动价值理论是其基石。马克思创造性地分析了劳动的二重性，建立了科学的劳动价值理论。没有劳动价值理论就没有剩余价值等一系列理论。因为分析剩余价值的生产，必须从劳动的二重性出发，不了解劳动的二重性，就无法区分劳动过程和价值增值过程，不能区分不变资本和可变资本，也就无法阐明和揭示剩余价值的来源和本质。平均利润和生产价格理论、资本积累理论，都是剩余价值理论的延续。因此，劳动价值学说是马克思主义政治经济学的基础，劳动二重性又是劳动价值理论的核心。我们认为，《资本论》作为马克思政治经济学理论体系的代表作，研究的是整个资本主义生产方式的运行，劳动价值理论是它基本的出发点或者理论体系支撑，在这个基石上，马克思建立了他的再生产理论、资本积累理论、剩余价值生产和分配理论等。因此，从理论体系构成的角度看，劳动价值理论是马克思经济学思想的重要一环，所关注的主要是价值的实体、价值量的决定、价值表现形式等问题。

第二节 原文选读①

一、商品的两个因素：使用价值和价值

资本主义生产方式占统治地位的社会的财富，表现为“庞大的商品堆

① 选文所据版本：马克思. 资本论(纪念版)第一卷[M]. 中共中央马克思恩格斯列宁斯大林著作编译局编译. 北京：人民出版社，2018.

积”[①]，单个的商品表现为这种财富的元素形式。因此，我们的研究就从分析商品开始。

【解读】资本主义生产是一个商品生产体系，就是说，物品生产出来是为了买卖，而不是生产者自己消费。马克思选取资本主义经济细胞——商品作为论证的开始，一方面因为它最常见，便于读者理解，另一方面也在于它蕴含了资本主义一切矛盾的胚芽。

商品首先是一个外界的对象，一个靠自己的属性来满足人的某种需要的物。这种需要的性质如何，例如是由胃产生还是由幻想产生，是与问题无关的。[②]这里的问题也不在于物怎样来满足人的需要，是作为生活资料即消费品来直接满足，还是作为生产资料来间接满足。

每一种有用物，如铁、纸等等，都可以从质和量两个角度来考察。每一种这样的物都是许多属性的总和，因此可以在不同的方面有用。发现这些不同的方面，从而发现物的多种使用方式，是历史的事情。[③]为有用物的量找到社会尺度，也是这样。商品尺度之所以不同，部分是由于被计量的物的性质不同，部分是由于约定俗成。

物的有用性使物成为使用价值。[④]但这种有用性不是悬在空中的。它决定于商品体的属性，离开了商品体就不存在。因此，商品体本身，例如铁、小麦、金钢石等等，就是使用价值，或财物。商品体的这种性质，同人取得它的使用属性所耗费的劳动的多少没有关系。在考察使用价值时，总是以它们的量的规定性为前提，如一打表，一码布，一吨铁等等。商品

① 卡尔·马克思. 政治经济学批判[M]. 1859：3.

② “欲望包含着需要，这是精神的食欲，就像肉体的饥饿那样自然……的大部分<物>具有价值，是因为他们满足精神的需要。”参见尼古拉斯·巴尔本. 新币轻铸论。答洛克先生关于提高货币价值的意见[M]. 1696：2-3.

③ “物都有内在的长处，这种长处在任何地方都是一样的，如磁石吸铁的长处就是如此。”（尼古拉斯·巴尔本. 新币轻铸论。答洛克先生关于提高货币价值的意见[M]. 1969：6）磁石吸铁的属性只是在通过它发现了磁极性以后才有用的。

④ “任何物的自然价值（worth）都在于它能满足必要的需要，或者给人类生活带来方便。”（约翰·洛克《论降低利息的后果》（1691 年），载于《约翰·洛克著作集》1777 年伦敦版第 2 卷第 28 页）17 世纪，我们还常常看到英国作家用“worth”表示使用价值，用“value”表示交换价值；这完全符合英语的精神，英语喜欢用日耳曼语源的词表示直接的东西，用罗马语源的词表示被反射的东西。

的使用价值为商品学这门学科提供材料。[①]使用价值只是在使用或消费中得到实现。不论财富的社会形式如何，使用价值总是构成财富的物质内容。在我们所要考察的社会形式中，使用价值同时又是交换价值的物质承担者。

【解读】商品在这里被定义为用来和其他商品相交换的物品，它包括使用价值和价值两个因素。任何商品都具有使用价值，即能够直接或间接满足人的某种需要。需要本身的性质是次要的，也不包含道德判断，面包和炸弹都可以作为使用价值。

一般和特殊的分析方式，始终贯彻在《资本论》分析过程中。商品不仅具有使用价值，而且能够用来交换，因此具有交换价值。使用价值构成一个社会财富的物质内容，它是交换价值的基础，是交换价值的物质承担者，没有使用价值的物品，就无人购买。使用价值是一般，交换价值是特殊。交换关系只是出现在某些社会中，即生产商品的社会中。

满足人的需要的东西未必都是实实在在的商品体，在现代社会中，教学、理发、咨询、金融等看不见摸不着的各种类型的服务，显然也具有使用价值。也许是因为服务的使用价值不容易计量，也许是因为马克思所处时代的资本主义，财富的主体是物质财富，马克思对没有对服务进行分析。

交换价值首先表现为一种使用价值同另一种使用价值相交换的量的关系或比例[②]，这个比例随着时间和地点的不同而不断改变。因此，交换价值好像是一种偶然的、纯粹相对的东西，也就是说，商品固有的、内在的交换价值似乎是一个形容语的矛盾。[③]现在我们进一步考察这个问题。

某种一定量的商品，例如一夸特小麦，同 x 量鞋油或 y 量绸缎或 z 量金等等交换，总之，按各种极不相同的比例同别的商品交换。因此，小麦有许多种交换价值，而不是只有一种。既然 x 量鞋油、y 量绸缎、z 量金等等都是一夸特小麦的交换价值，那么，x 量鞋油、y 量绸缎、z 量金等等就必定是能够互相代替的或同样大的交换价值。由此可见，第一，同一种

---

① 在资产阶级社会中，流行着一种法律拟制，认为每个人作为商品的买者都具有百科全书般的商品知识。

② “价值就是一物和另一物、一定量的这种产品和一定量的别种产品之间的交换关系。”（勒特罗纳. 论社会利益. [载于]德尔编《重农学派》，1846：889）

③ “任何东西都不可能有内在的交换价值。”（尼古拉斯•巴尔本. 新币轻铸论。答洛克先生关于提高货币价值的意见[M]. 1969：6）或者像巴特勒所说：“物的价值正好和它会换来的东西相等。”

商品的各种有效的交换价值表示一个等同的东西。第二，交换价值只能是可以与它相区别的某种内容的表现方式，“表现形式”。

我们再拿两种商品例如小麦和铁来说。不管二者的交换比例怎样，总是可以用一个等式来表示：一定量的小麦等于若干量的铁，如 1 夸特小麦=a 吨英担铁。这个等式说明什么呢？它说明在两种不同的物里面，即在 1 夸特小麦和 a 英担铁里面，有一种等量的共同的东西。因而这二者都等于第三种东西，后者本身既不是第一种物，也不是第二种物。这样，二者中的每一个只要是交换价值，就必定能化为这第三种东西。

用一个简单的几何学例子就可以说明这一点。为了确定和比较各种直线形的面积，就把它们分成三角形，再把三角形化成与它的外形完全不同的表现——底乘高的一半。各种商品的交换价值也同样要化成一种共同东西，各自代表这种共同东西的多量或少量。

这种共同东西不可能是商品的几何的、物理的、化学的或其他的天然属性。商品的物体属性只是就它们使商品有用，从而使商品成为使用价值来说，才加以考虑。另一方面，商品交换关系的明显特点，正在于抽去商品的使用价值。在商品交换关系中，只要比例适当，一种使用价值就和其他任何一种使用价值完全相等。或者像老巴尔本说的：

“只要交换价值相等，一种商品就同另一种商品一样。交换价值相等的物是没有任何差别或区别的。”①

作为使用价值，商品首先有质的差别；作为交换价值，商品只能有量的差别，因而不包含任何一个使用价值的原子。

如果把商品体的使用价值撇开，商品体就只剩下一个属性，即劳动产品这个属性。可是劳动产品在我们手里也已经起了变化。如果我们把劳动产品的使用价值抽去，那末也就是把那些使劳动产品成为使用价值的物质

---

① “只要交换价值相等，一种商品就同另一种商品一样。交换价值相等的物是没有任何差别或区别的……价值 100 镑的铅或铁与价值 100 镑的银和金具有相等的交换价值。”（尼古拉斯·巴尔本. 新币轻铸论。答洛克先生关于提高货币价值的意见[M]. 1969：53、7）

组成部分和形式抽去。它们不再是桌子、房屋、纱或别的什么有用物。它们的一切可以感觉到的属性都消失了。它们也不再是木匠劳动、瓦匠劳动、纺纱劳动，或其他某种一定的生产劳动的产品了。随着劳动产品的有用性质的消失，体现在劳动产品中的各种劳动的有用性质也消失了，因而这些劳动的各种具体形式也消失了。各种劳动不再有什么差别，全都化为相同的人类劳动，抽象人类劳动。

【解读】X 单位一种物品可以和 Y 单位另一种物品相交换，不同商品之间量的关系背后，有没有某种共同的东西？马克思这里推断和肯定了能用来交换的商品之间，一定存在某种共同属性。这个共同属性不可能是商品的天然属性如长度、重量、颜色等，因为正是这些东西构成了商品的使用价值。马克思认为共同属性是劳动产品，即价值。商品价值是抽象人类劳动的凝结，它和劳动的具体形式无关。

马克思之后的效用价值论和供求价格论，否认价值存在的客观基础，把价值看作市场交易主体主观评价的产物。效用价值论认为商品价值是最后一单位效用，即边际效用，它纯属个人的主观感受。供求价格论把边际效用论和成本费用论结合在一起，提出市场出清的价格为均衡价格，并把供求相一致的状态定义为均衡状态。这是与马克思劳动价值论根本不同的。

现在我们来考察劳动产品剩下来的东西。它们剩下的只是同一的幽灵般的对象性，只是无差别的人类劳动的单纯凝结，即不管以哪种形式进行的人类劳动力耗费的单纯凝结。这些物现在只是表示，在它们的生产上耗费了人类劳动力，积累了人类劳动。这些物，作为它们共有的这个社会实体的结晶，就是价值——商品价值。

我们已经看到，在商品的交换关系本身中，商品的交换价值表现为同它们的使用价值完全无关的东西。如果真正把劳动产品的使用价值抽去，就得到刚才已经规定的它们的价值。因此，在商品的交换关系或交换价值中表现出来的共同东西，也就是商品的价值。研究的进程会使我们再把交换价值当作价值的必然的表现方式或表现形式来考察，但现在，我们应该首先不管这种形式来考察价值。

可见，使用价值或财物具有价值，只是因为有抽象人类劳动对象化或物化在里面。那末，它的价值量是怎样计量的呢？是用它所包含的“形成价值的实体”即劳动的量来计量。劳动本身的量是用劳动的持续时间来计量，而劳动时间又是用一定的时间单位如小时、日等作尺度。

可能会有人这样认为，既然商品的价值由生产商品所耗费的劳动量来决定，那末一个人越懒，越不熟练，他的商品就越有价值，因为他制造商品需要花费的时间越多。但是，形成价值实体的劳动是相同的人类劳动，是同一的人类劳动力的耗费。体现在商品世界全部价值中的社会的全部劳动力，在这里是当作一个同一的人类劳动力，虽然它是由无数单个劳动力构成的。每一个这种单个劳动力，同别一个劳动力一样，都是同一的人类劳动力，只要它具有社会平均劳动力的性质，起着这种社会平均劳动力的作用，从而在商品的生产上只使用平均必要劳动时间或社会必要劳动时间。**社会必要劳动时间是在现有的社会正常的生产条件下，在社会平均的劳动熟练程度和劳动强度下制造某种使用价值所需要的劳动时间**。例如，在英国采用蒸汽织布机以后，把一定量的纱织成布所需要的劳动可能比过去少一半。实际上，英国的手工织布工人把纱织成布仍旧要用以前那样多的劳动时间，但这时他一小时的个人劳动的产品只代表半小时的社会劳动，因此价值也降到了它以前的一半。

可见，只是社会必要劳动量，或生产使用价值的社会必要劳动时间，决定该使用价值的价值量。在这里，单个商品是当作该种商品的平均样品。① 因此，含有等量劳动或能在同样劳动时间内生产出来的商品，具有同样的价值量。一种商品的价值同其他任何一种商品的价值的比例，就是生产前者的必要劳动时间同生产后者的必要劳动时间的比例。“作为价值，一切商品都只是一定量的凝固的劳动时间。”②

【解读】马克思在这里考察了价值量大小。既然商品价值取决于社会必要劳动量，生产商品花费的劳动时间自然就成为价值量的度量标准。个别商品的价值并不取决于生产它的个别场合所耗费的劳动时间，而是取决于社会必要劳动时间。生产商品的个别劳动时间，只有比照社会平均水平，换算成社会必要劳动时间才可以。

---

① “全部同类产品其实只是一个量，这个量的价格是整个地决定的，而不以特殊情况为转移。”(勒特罗纳. 论社会利益[M]. 893)

② 卡尔·马克思. 政治经济学批判[M]. 1859：6.

这表明，价值是一种社会属性，不是个别的现象。如果制造一个导弹和生产一辆跑车耗费了等量的社会必要劳动，它们就具有相同的价值。如果某个产品(如空调器)绝大多数厂商都采用流水线生产，一部空调器生产时间平均为 2 小时，那么，即使有一家厂商生产同样规格的一部空调器平均花费 10 小时，其产品价值也和 2 小时生产出来的空调器相等。

马克思这里没有考虑共同生产问题，即当一种商品和另外一种商品共同生产出来时，如何计算它们的价值。比如，通过猪的生产，农户同时生产了猪肉和猪肝，多少劳动归于猪肉，多少劳动归于猪肝？如果两者劳动量是一致的，为什么猪肉和猪肝价格经常存在显著差异？

因此，如果生产商品所需要的劳动时间不变，商品的价值量也就不变。但是，生产商品所需要的劳动时间随着劳动生产力的每一变动而变动。**劳动生产力是由多种情况决定的，其中包括：工人的平均熟练程度，科学的发展水平和它在工艺上应用的程度，生产过程的社会结合，生产资料的规模和效能，以及自然条件。**例如，同一劳动量在丰收年表现为八蒲式耳小麦，在歉收年只表现为四蒲式耳。同一劳动量用在富矿比用在贫矿能提供更多的金属等等。金刚石在地壳中是很稀少的，因而发现金刚石平均要花很多劳动时间。因此，很小一块金刚石就代表很多劳动。杰科布怀疑金是否按其全部价值支付过。至于金刚石，就更可以这样说了。厄什韦葛说过，到 1823 年，巴西金刚石矿 80 年的总产量的价格还赶不上巴西甘蔗种植园或咖啡种植园一年半平均产量的价格，虽然前者代表的劳动多得多，从而价值也多得多。如果发现富矿，同一劳动量就会表现为更多的金刚石，金刚石的价值就会降低。假如能用不多的劳动把煤转化为金刚石，金刚石的价值就会低于砖的价值。总之，劳动生产力越高，生产一种物品所需要的劳动时间就越少，凝结在该物品中的劳动量就越小，该物品的价值就越小。相反地，劳动生产力越低，生产一种物品的必要劳动时间就越多，该物品的价值就越大。可见，**商品的价值量与实现在商品中的劳动的量成正比地变动，与这一劳动的生产力成反比地变动。**

【解读】马克思这里探讨了商品价值量与劳动生产率的关系。从前文我们看到，商品价值量与体现在商品中的劳动量成正比，如果一个行业的劳动生产率普遍提高，行业的正常生产条件和生产熟练程度发生变化，生产单个商品所需要的社会劳动时间缩短，自然该商品的价值就下降。所以马克思得出了商品价值量与劳动生产率成反比的结论，并列出了影响劳动生产率的因素：工人的平均熟练程度，科学的发展水平和它在工艺上应用的程度，生产过程的社会结合，生产资料的规模和效能，以及自然条件等。

想一想，如果鞋子行业整体劳动生产率没有提高，生产一双鞋子一般需要 10 小时(即社会必要劳动时间)。而某一个制鞋厂商生产效率特别高，生产一双鞋子只需要 4 小时(个别劳动时间)，该厂商生产的鞋子的价值是多少？这种状况对该商品生产者有什么影响？

一个物可以是使用价值而不是价值。在这个物不是以劳动为中介而对人有用的情况下就是这样。例如，空气、处女地、天然草地、野生林等等。一个物可以有用，而且是人类劳动产品，但不是商品。谁用自己的产品来满足自己的需要，他生产的虽然是使用价值，但不是商品。要生产商品，他不仅要生产使用价值，而且要为别人生产使用价值，即生产社会的使用价值。(而且不只是简单地为别人。中世纪农民为封建主生产作为代役租的粮食，为神父生产作为什一税的粮食。但不管是作为代役租的粮食，还是作为什一税的粮食，都并不因为是为别人生产的，就成为商品。要成为商品，产品必须通过交换，转到把它当作使用价值使用的人的手里)。[①]最后，没有一个物可以是价值而不是使用物品。如果物没有用，那么其中包含的劳动也就没有用，不能算做劳动，因此不形成价值。

二、体现在商品中的劳动的二重性

起初我们看到，商品是一种二重的东西，即使用价值和交换价值。后来表明，劳动就它表现为价值而论，也不再具有它作为使用价值的创造者所具有的那些特征。**商品中包含的劳动的这种二重性，是首先由我批判地证明了的**[②]。**这一点是理解政治经济学的枢纽**，因此，在这里要较详细地

① 第四版注：我插进了括号里的这段话，因为省去这段话常常会引起误解，好像不是由生产者本人消费的产品，马克思都认为是商品。——弗•恩•(此处出处不明？)

② 卡尔•马克思. 政治经济学批判[M]. 1859：12、13.

加以说明。

我们就拿两种商品如 1 件上衣和 10 码麻布来说。假定前者的价值比后者的价值大一倍。所以，如果 10 码麻布=W，则 1 件上衣=2W。

上衣是满足一种特殊需要的使用价值。要生产上衣，就需要进行特定种类的生产活动。这种生产活动是由它的目的、操作方式、对象、手段和结果决定的。由自己产品的使用价值或者由自己产品是使用价值来表示自己的有用性的劳动，我们简称为有用劳动。从这个观点来看，劳动总是联系到它的有用效果来考察的。

上衣和麻布是不同质的使用价值，同样，决定它们存在的劳动即缝和织，也是不同质的。如果这些物不是不同质的使用价值，从而不是不同质的有用劳动的产品，它们就根本不能作为商品来互相对立。上衣不会与上衣交换，一种使用价值不会与同种的使用价值交换。

各种使用价值或商品体的总和，表现了同样多种的、按照属、种、科、亚种、变种分类的有用劳动的总和，即表现了社会分工。**这种分工是商品生产存在的条件，虽然不能反过来说商品生产是社会分工存在的条件。**在古代印度公社中就有社会分工，但产品并不成为商品。或者拿一个较近的例子来说，每个工厂内都有系统的分工，但是这种分工不是由工人交换他们个人的产品来实现的。只有独立的互不依赖的私人劳动的产品，才作为商品互相对立。

可见，每个商品的使用价值都包含着一定的有目的的生产活动，或有用劳动。各种使用价值如果不包含不同质的有用劳动，就不能作为商品互相对立。在产品普遍采取商品形式的社会里，也就是在商品生产者的社会里，作为独立生产者的私事而各自独立进行的各种有用劳动的这种质的区别，发展成一个多支的体系，发展成社会分工。

对上衣来说，无论是裁缝自己穿还是他的顾客穿，都是一样的。在这两种场合，它都是起使用价值的作用。同样，上衣和生产上衣的劳动之间的关系，也并不因为裁缝劳动成为专门职业，成为社会分工的一个独立的部分就有所改变。在有穿衣需要的地方，在有人当裁缝以前，人已经缝了几千年的衣服。但是，上衣、麻布以及任何一种不是天然存在的物质财富要素，总是必须通过某种专门的、使特殊的自然物质适合于特殊的人类需要的、有目的的生产活动创造出来。因此，**劳动作为使用价值的创造者，作为有用劳动，是不以一切社会形式为转移的人类生存条件，是人和自然之间的物质变换即人类生活得以实现的永恒的自然必然性。**

上衣、麻布等等使用价值，简言之，种种商品体，是自然物质和劳动这两种要素的结合。如果把上衣、麻布等等包含的各种不同的有用劳动的总和除外，总还剩有一种不借人力而天然存在的物质基质。人在生产中只能象自然本身那样发挥作用，就是说，只能改变物质的形式。[①]不仅如此，他在这种改变形态的劳动中还要经常依靠自然力的帮助。因此，劳动并不是它所生产的使用价值即物质财富的唯一源泉。

正像威廉·配第所说，劳动是财富之父，土地是财富之母。

【解读】使用价值和交换价值的区别，背后来自劳动的两个方面：有用劳动和抽象劳动。有用劳动是形成商品使用价值的劳动，具有永恒必然性，任何社会中都如此。有用劳动目的、对象、方式、过程、结果不同，对应的使用价值也有所差异。在生产商品的过程中，并非只有劳动才是财富(使用价值)的唯一源泉，生产资料甚至是自然本身也参与了财富创造。社会分工促成了有用劳动的多样化和差异。

但撇开有用劳动的具体形式，从一般意义上看，任何形式的劳动都是人的大脑、肌肉、神经、双手等的生产耗费，即一般人类劳动的耗费。这就是抽象劳动，它形成商品的价值。

具体劳动和抽象劳动是同一劳动的两个方面，是劳动的二重属性，而非两种劳动或两次劳动。

现在，我们放下作为使用物品的商品，来考察商品价值。

我们曾假定，上衣的价值比麻布大一倍。但这只是量的差别，我们先

① “宇宙的一切现象，不论是由人手创造的，还是由物理学的一般规律引起的，都不是真正的新创造，而只是物质的形态变化。结合和分离是人的智慧在分析再生产的观念时一再发现的唯一要素；价值(指使用价值，尽管韦里在这里同重农学派论战时自己也不清楚是哪一种价值)和财富的再生产，如土地、空气和水在田地上变成小麦，或者昆虫的分泌物经过人的手变成丝绸，或者一些金属片被装配成钟表，也是这样。”(彼得罗·韦里《政治经济学研究》1771年初版，载于库斯托第编《意大利政治经济学名家文集·现代部分》，第15卷第21、22页)

不去管它。我们要记住的是，假如 1 件上衣的价值比 10 码麻布的价值大一倍，那么，20 码麻布就与 1 件上衣具有同样的价值量。作为价值，上衣和麻布是有相同实体的物，是同种劳动的客观表现。但缝和织是不同质的劳动。然而在有些社会状态下，同一个人时而缝时而织，因此，这两种不同的劳动方式只是同一个人的劳动的变化，还不是不同的人的专门固定职能，正如我们的裁缝今天缝上衣和明天缝裤子只是同一的个人劳动的变化一样。其次，一看就知道，在我们资本主义社会里，随着劳动需求方向的改变，总有一定部分的人类劳动时而采取缝的形式，时而采取织的形式。劳动形式发生这种变换时不可能没有摩擦，但这种变换是必定要发生的。如果把生产活动的特定性质撇开，从而把劳动的有用性质撇开，生产活动就只剩下一点：它是人类劳动力的耗费。尽管缝和织是不同质的生产活动，但二者都是人的脑、肌肉、神经、手等等的生产耗费，从这个意义上说，二者都是人类劳动。这只是耗费人类劳动力的两种不同的形式。当然，人类劳动力本身必须已有或多或少的发展，才能以这种或那种形式耗费。但是，商品价值体现的是人类劳动本身，是一般人类劳动的耗费。正如在资产阶级社会里，将军或银行家扮演着重要的角色，而人本身则扮演极卑微的角色一样[①]，人类劳动在这里也是这样。它是每个没有任何专长的普通人的机体平均具有的简单劳动力的耗费。简单平均劳动本身虽然在不同的国家和不同的文化时代具有不同的性质，但在一定的社会里是一定的。**比较复杂的劳动只是自乘的或不如说多倍的简单劳动，因此，少量的复杂劳动等于多量的简单劳动。**经验证明，这种简化是经常进行的。一个商品可能是最复杂的劳动的产品，但是它的价值使它与简单劳动的产品相等，因而本身只表示一定量的简单劳动。[②]各种劳动化为当作它们的计量单位的简单劳动的不同比例，是在生产者背后由社会过程决定的，因而在他们看来，似乎是由习惯确定的。为了简便起见，我们以后把各种劳动力直接当

---

① 黑格尔. 法哲学[M]. 1840：250，190.

② 读者应当注意，这里指的不是工人得到的一个工作日的工资或价值，而是指工人的一个工作日物化成的商品价值。在我们叙述的这个阶段，工资这个范畴还不存在。

作简单劳动力，这样就省去了简化的麻烦。

【解读】复杂劳动(或熟练劳动)和简单劳动的换算，是一个有争议的问题。社会必要劳动时间决定价值，这里的劳动时间指的是简单劳动花费的时间。所以，按照马克思的逻辑，价值的基准是简单平均劳动。熟练劳动、复杂劳动等于倍加的或自乘的简单劳动。在抽象劳动的意义上，一个小时的熟练劳动可以等于两个或更多小时的简单劳动。问题的困难在于是什么决定着多少简单劳动等于一小时复杂劳动，即两者之间的换算比例。马克思认为这不是什么问题，而且这种简化是经常进行的，但又认为“各种劳动化为当作它们的计量单位的简单劳动的不同比例，是在生产者背后由社会过程决定的”，这等于说，一方面，简单劳动和熟练劳动换算比例应是客观的，两者都应是生产者劳动的耗费；另一方面，这个比例又是交换的社会过程决定的，是否是循环论证？

复杂劳动和简单劳动比较和换算的困难，还在于劳动的异质性问题。马克思也有异质性思想，但他指的是具体劳动，而各种劳动，不管是复杂劳动还是简单劳动，都是一般人类劳动的耗费，都是人的脑、肌肉、神经、手等的生产耗费，因而是同质的，只不过复杂劳动的耗费几倍于简单劳动。但实践中各种类型的劳动，在脑、肌肉、神经、手等的生产耗费方面存在差别。即便同是复杂劳动，其相互之间也差异显著，比较起来也非常困难。试想，导弹设计者的劳动耗费和钢琴作曲家的劳动耗费之间如何换算？先把它们化成简单劳动，然后再进行比较？

因此，正如在作为价值的上衣和麻布中，它们的使用价值的差别被抽去一样，在表现为这些价值的劳动中，劳动的有用形式即缝和织的区别也被抽去了。作为使用价值的上衣和麻布是有一定目的的生产活动同布和纱的结合，而作为价值的上衣和麻布，不过是同种劳动的凝结，同样，这些价值所包含的劳动之所以算作劳动，并不是因为它们同布和纱发生了生产的关系，而只是因为它们是人类劳动力的耗费。正是由于缝和织具有不同的质，它们才是形成作为使用价值的上衣和麻布的要素；而只是由于它们的特殊的质被抽去，由于它们具有相同的质，即人类劳动的质，它们才是上衣价值和麻布价值的实体。

可是，上衣和麻布不仅是价值一般，而且是一定量的价值。我们曾假定，1 件上衣的价值比 10 码麻布的价值大一倍。它们价值量的这种差别是从哪里来的呢？这是由于麻布包含的劳动只有上衣的一半，因而生产后者所要耗费劳动力的时间必须比生产前者多一倍。

因此，就使用价值说，有意义的只是商品中包含的劳动的质，就价值量说，有意义的只是商品中包含的劳动的量，不过这种劳动已经化为没有进一步的质的区别的人类劳动。在前一种情况下，是怎样劳动，什么劳动的问题；在后一种情况下，是劳动多少，劳动时间多长的问题。既然商品的价值量只是表示商品中包含的劳动量，那末，在一定的比例上，各种商品应该总是等量的价值。

如果生产一件上衣所需要的一切有用劳动的生产力不变，上衣的价值量就同上衣的数量一起增加。如果一件上衣代表 x 个工作日，两件上衣就代表 2x 个工作日，依此类推。假定生产一件上衣的必要劳动增加一倍或减少一半。在前一种场合，一件上衣就具有以前两件上衣的价值，在后一种场合，两件上衣就只有以前一件上衣的价值，虽然在这两种场合，上衣的效用和从前一样，上衣包含的有用劳动的质也和从前一样。但生产上衣所耗费的劳动量有了变化。

更多的使用价值本身就是更多的物质财富，两件上衣比一件上衣多。两件上衣可以两个人穿，一件上衣只能一个人穿，依此类推。然而随着物质财富的量的增长，它的价值量可能同时下降。这种对立的运动来源于劳动的二重性。生产力当然始终是有用的、具体的劳动的生产力，它事实上只决定有目的的生产活动在一定时间内的效率。因此，有用劳动成为较富或较贫的产品源泉与有用劳动的生产力的提高或降低成正比。相反地，生产力的变化本身丝毫也不会影响表现为价值的劳动。既然生产力属于劳动的具体有用形式，它自然不再能同抽去了具体有用形式的劳动有关。因此，不管生产力发生了什么变化，同一劳动在同样的时间内提供的价值量总是相同的。但它在同样的时间内提供的使用价值量是不同的：生产力提高时就多些，生产力降低时就少些。因此，那种能提高劳动成效从而增加劳动所提供的使用价值量的生产力变化，如果会缩减生产这个使用价值量所必需的劳动时间的总和，就会减少这个增大的总量的价值量。反之亦然。

【解读】商品价值并非是凝结在商品中固定不变的。如果劳动生产率发生改变，比如劳动生产率提高，生产一件物品的社会必要劳动时间就会减少，其价值量就会下降。但无论生产率怎样改变，相同时间的平均劳动所创造的价值量总是相等的，尽管其使用价值量会发生改变。就是说，在生产力高度发达的今天，我们拥有了更多的使用价值，如更多的电脑、汽车、服装的同时，这些高使用价值商品在今天的价值，并不比以前低使用价值的同类产品，价值量更高。

一切劳动，从一方面看，是人类劳动力在生理学意义上的耗费；作为相同的或抽象的人类劳动，它形成商品价值。一切劳动，从另一方面看，是人类劳动力在特殊的有一定目的的形式上的耗费；就具体的有用的劳动这个属性来说，它生产使用价值。

【解读】商品二因素和劳动二重性的关系。商品的二因素是由劳动的二重性决定的。具体劳动生产商品的使用价值，它是劳动的特殊属性；抽象劳动形成商品价值，它是劳动的一般属性。

第三节　选文讲解

一、劳动价值理论的内容与发展

具体来说，劳动价值理论的具体内容包括以下几点。

(1) 商品以价值形式存在的特定历史条件，这是马克思价值理论研究的前提。商品具有使用价值和价值两个因素，只有在资本主义生产方式下，商品才采用价值形式，商品生产者之间互相交换物的背后是人与人之间的社会关系。

(2) 商品价值实体即价值质的决定，它回答价值创造的源泉是什么。创造商品价值的只有劳动，而且是无差别的一般人类劳动，物化劳动借助于活劳动转移生产资料价值，本身并不创造价值。

(3) 商品价值量的衡量。决定商品价值量的是生产商品的社会必要劳动时间，而不是个别劳动者生产某种商品的个别劳动时间。社会必要劳动时间是以简单劳动为尺度计量的，复杂劳动可以看成是倍加的或自乘的简单劳动。商品价值量与生产该商品的社会必要劳动时间成正比，与劳动生产率成反比。

(4) 价值的表现形式。商品价值通过其交换价值表现出来，商品按照价值量相对的原则进行交换，价值形式经过发展，所有商品都用其中一种商品的价值来表现，即一般等价物。货币作为一般等价物的特殊商品是在社会过程中得到确认的，商品价值的货币表现就是价格。商品价格围绕价值而波动，但长期来看，商品价格总量和价值总量趋于一致。

二、劳动价值理论的思想渊源

从思想渊源来看，劳动价值理论是马克思总结以往价值理论，特别是在批判地吸收古典政治经济学家有关价值的论述基础上提出来的。从价值理论发展史来看，把劳动作为价值源泉和财富产生的原因的观点，古而有之，但把劳动时间作为商品价值的决定因素，并坚持这一观点，是历史上特定时期才出现的。洛克说，使用价值 99%应归功于劳动。当只有少数几种商品时，人们常常关心的是其平均价格，简单的供求价值论就够了。但在资本主义生产方式下商品生产范围急剧扩大，特别是利润作为一个独立的阶级收入出现以后，利润水平如何决定？这时，作为生产领域的劳动，其价值创造的主体功能就显现出来了。换句话说，是利润的滚滚而来，让资产阶级古典学派经济学家看到其背后生产者——产业工人的劳动在价值创造中的独特作用。“劳动是价值源泉”的理念在经济学家头脑中越来越清晰和坚定。

马克思承袭了斯密道德哲学中对人与社会关系的重视，关注人类幸福，因此才远离了黑格尔哲学对观念运动的沉迷，转而剖析市民社会的物质生活。马克思接受了斯密认为生产商品所花费的劳动不但是它价值的来源，而且是构成它的价值的实体，因而劳动是一切商品交换价值的真实尺度的观点，但批评了他的价值尺度绝不能从商品的生产条件里面求得，而必须从它的交换条件里面求得，商品价值的真实尺度是这一商品在市场上所能换得的劳动量即“购买或支配的劳动量”的观点。马克思还接受了斯密的商品价格围绕其平均价格(自然价格)波动，并与其趋于一致的观点，只是马克思明确地把这个自然价格看作是价值。对于李嘉图的学说，马克思吸取了其“按照体现在商品中的劳动量来计算价值的”有价值的思想，以及资本积累倾向于降低利润的独到见解，批评了其把价值和生产成本等同起来的观点。除此之外，对于古典学派其他代表人物，如马尔萨斯、西斯蒙第等人有价值的观点，马克思都批判地吸收。这反映了马克思治学严谨，以及对前人思想的尊重，同时也表明，劳动价值理论不是无源之水，它是在吸收前辈思想家思想精华基础上的结晶。

三、劳动价值理论的学界观点

当 1894 年《资本论》第三卷出版时，马克思主义已经成为大多数主要欧洲社会党的官方理论，第二次世界大战后，更成为新兴社会主义国家的官方指导思想。马克思的经济思想在实践中遇到了两种完全相反的对待，一方面是对它的攻击，把它说成是黑格尔式的废话和胡说，是价值转化为价格的无聊说法；另一方面是教条式的保卫，顽强固守导师经典著作的词句。

对马克思价值理论的批评有三类。第一类是承认经济理论体系必须有某种价值学说作为基础，但马克思的价值理论站不住脚，主张价值的边际效用说，代表人物有庞巴维克、帕累托等。帕累托针对马克思的“生产力无论怎样变化，同一劳动在同一时间内提供的价值量，总是不变的”①发出疑问，一个制造商为什么要采用新式机器来提高生产率呢？这样做唯一的结果就是导致商品单位价值量下降。

第二类认为虽然马克思的价值学说学术上站不住脚，但它在马克思理论体系中具有独特的作用，如果用边际效用说与之调和一致时，马克思的基本观点还是不错的，这被称作对马克思观点的修正主义，代表人物有林赛和贝恩施坦。林赛认为劳动价值学说主要是自然权利学说，而不是价格学说，它所要解释的市场价格并非实际存在的价格，而只是在高度抽象的条件下才会普遍出现的价格。伯恩施坦认为对所考察的商品，实际上无从精确估计一定时间内社会需要的多少，马克思猜想的价值纯粹是抽象的东西，与杰文斯和庞巴维克的效用价值没有什么两样。克罗齐则批评马克思的劳动价值是一个被想象为和假定为典型的事实，马克思把作为一个标准而假设的典型价值本身，当作支配资本主义经济现象的规律了。

第三类认为劳动价值学说绝对不像许多马克思主义者所主张的那样不可或缺，这个学说毫无用处。波兰经济学家兰格认为这一学说实际上是造成马克思主义经济学在许多方面蹩脚的原因。

另外对于劳动价值理论的具体内容，学术界的看法并不一致。一些学者从宽泛的角度看待劳动价值论，甚至把《资本论》整个理论体系都纳入劳动价值理论之中，这是有一定道理的。因为一个完整的价值理论，一般要对价值创造即价值由什么决定、价值形成或价值转型、价值实现、价值分配等问题做出全面的回答。按照这样的逻辑，《资本论》的一、二、三卷都是围绕价值运转来展开的，全部《资本论》就是价值理论。赵凌云认为，劳动价值论是一个从抽象到具体的体系，其基本内容包括从核心到外围的四个层次。第一层次是价值实体与价值形成理论，价值是由凝结在商品中的抽象劳动创造的，第二层次是价值量的理论，即社会必要劳动时间决定商品价值量。第三层次是价值表现与价值转型理论，包括：价值表现为价格；价值转变为生产价格；价值转变为垄断价格。第四层次是价值实质与价值存在条件理论，即价值体现着商品生产者之间交换劳动的关系，价值是私有制和社会分工等特定历史条件下的产物。②白暴力等也认为，马克思的劳动价值理论和马克思的全部经济理论是一个有机的整体，劳动价值理论是包含价值实体形成与价值分配、价格决定与形成，以及通过价格实现价值分配的完整理论体系。③

① 马克思. 资本论(第一卷)[M]. 北京：人民出版社，1958：20.
② 赵凌云. 劳动价值论的理论体系特征及其发展[J]. 经济评论，2002(1)：26-29.
③ 白暴力，王胜利. 全面理解马克思劳动价值理论[J]. 当代经济研究，2007(2)：1-7，73.

但大部分学者主要从价值决定的角度定义马克思劳动价值理论，从最核心、最基本的内容去理解马克思价值学说。例如，蒋学模在提到马克思劳动价值理论的科学论断时，认为商品有使用价值和价值两个因素；商品的两因素仍然是由生产商品的劳动二重性决定的；价值仍然凝结在商品中的一般人类劳动(抽象劳动)，价值量仍然凝结在商品中的劳动量；商品生产过程中消耗的活劳动是商品价值创造的唯一源泉，表现为生产资料的物化劳动只是借助活劳动把它的原有价值转移到新产品中去，不是价值的源泉。这些都是从基本方面去理解劳动价值理论的。[①]杨志在论述如何讲授马克思劳动价值理论时，提出要把握马克思对价值的社会属性(价值实体及其内容、价值尺度的测量、价值表现形式等量)、劳动二重性理论、价值形式的分析等内容，而这些都是《资本论》第一卷所回答的内容。[②]卫兴华先生在论及马克思劳动价值理论时，认为分配方式或分配制度的选择与确定，不是由价值理论决定的，分配制度的理论和事实依据不是价值理论。[③]由此看来，分配理论是否应该包括在价值理论之中，是值得商榷的。

四、劳动价值理论的实践与发展

作为主要说明资本主义社会经济过程演进的制度结构的马克思经济学，其在社会主义国家的具体实践中也遇到了一些新问题，这些问题有：价值、商品、货币这些有着特定制度生产关系联结的东西，在社会主义条件下是否应继续容许其存在？社会主义制度下要不要发展商品经济？价格和市场的功能是什么？知识经济和信息社会下，知识、信息、管理等作为要素是否参与价值创造？管理劳动、服务业劳动如何创造价值，价值量大小如何衡量？等等。围绕这些问题，社会主义国家的理论家和建设者进行了艰辛的探索。

苏联学者针对按照集体主义原则组织起来而以共同占有生产资料为基础的社会里、生产者之间并不交换自己的产品、个人劳动也很少直接表现为价值所带来的生产效率低下和激励不足，认为价值规律在社会主义制度下还继续发挥作用，虽然发挥作用的形式与在资本主义制度下是不同的，是在改造过的形式下发挥作用，是由苏维埃国家有意识地加以利用的规律。列宁在 1921 年实施的新经济政策，适应当时生产力发展的实际水平，着力于发展商品生产和多种形式的经营，活跃市场和自由贸易，使生产力得到发展，工农联盟得到巩固。斯大林强调，“只有在国民经济有计划发展的经济法则的基础上，社会主义的国民经济才能进行”[④]。但他也认为“集体

---

① 蒋学模. 马克思劳动价值理论在社会主义市场经济中的应用[J].复旦学报(社会科学版)，2004(1)：1-6.

② 杨志. 如何讲授马克思的劳动价值理论[J]. 教学与研究，1997(4)：17-21.

③ 卫兴华. 马克思的劳动价值理论与当代现实[J]. 理论学刊，2002(1)：7-11.

④ 苏联社会主义经济问题[M]. 北京：人民出版社：1958：5.

农庄的剩余产品以及它们要直接或间接换得的工业品，同样都是商品，这些生产者之间的关系，实质上是一种商品关系”①。但由于实行高度集中的国民经济计划管理，不重视发展商品经济，导致苏联中后期经济一直缺乏活力，国民收入增长率从20世纪50年代的超过10%一路下滑，90年代初出现负增长。②

中国在建设中国特色社会主义伟大实践过程中，创造性地把马克思主义普遍真理与中国具体实践相结合，在坚持劳动价值理论的同时，不断深化对社会主义劳动和劳动价值理论的认识，既捍卫了劳动价值学说，又对其进行丰富和完善。早在1957年，顾准在《经济研究》发表《试论社会主义制度下的商品生产和价值规律》一文，对直接用劳动时间来衡量产品的劳动消耗提出疑问，提出社会主义经济应当重视市场机制的作用，成为中国学术界提出社会主义市场经济理论第一人。③1959年，孙冶方先生发表《论价值》一文，对社会主义制度下价值的存在性进行探索。他反对传统社会主义经济理论认为价值和价值规律与社会主义水火不容、将计划与市场对立起来的做法，不仅提出要恢复价值和价值规律在社会主义经济理论体系中的地位，还要根据恩格斯的论述对价值概念与价值规律的作用做出重新阐释④，提出要“理直气壮地抓社会主义企业增加利润”⑤。

改革开放以后，随着实践标准和生产力标准的确立，我国对社会主义发展阶段的认识逐步深化。中共十三大提出社会主义初级阶段理论，建立以公有制为主体，多种所有制并存，分配方式实行以按劳分配为主体的多种分配方式，实行有计划的商品经济。中共十四大确立了建立社会主义市场经济体制的改革目标。中共十五大报告指出：坚持按劳分配为主体、多种分配方式并存的制度，把按劳分配和按生产要素分配结合起来。这一时期，理论上围绕劳动价值理论的研究非常活跃，对社会主义社会劳动和劳动价值理论的研究与认识都得到了深化，在取得一些创新成果的同时，分歧仍然存在，主要表现在以下方面。

一是对创造商品劳动的范畴进行了扩展。原来马克思笔下的全部商品都是用于交换的物质产品的传统市场经济时代，已经发展成今天的物质产品、精神产品、服务产品等各类型商品纷纷涌现的现代市场经济时代，相应地，马克思时代创造价值的单纯物质劳动的价值理论也必须丰富和发展。多数学者认为，不仅工农业部门创造物质产品的劳动是生产劳动，创造精神产品的精神劳动和提供服务产品的服务劳动，也是创造商品和创造价值的生产劳动。而且随着生产现代化、知识经济和科学技术成为第一生产力，精神劳动和服务劳动在现代市场经济中的地位和作用越来越重

① 苏联社会主义经济问题[M]. 北京：人民出版社：1958：16.
② 焦志勇. 苏联演变的经济体制原因[J]. 今日东欧中亚，1996(02)：57-58，35.
③ 顾准. 试论社会主义制度下的商品生产和价值规律[J]. 经济研究，1957(03)：21-53.
④ 王立胜,李连波. 孙冶方的学术遗产及其时代价值——纪念孙冶方诞辰110周年[J]. 经济学家，2018(10)：21-31.
⑤ 孙冶方. 要理直气壮地抓社会主义利润[J]. 经济研究，1978(09)：2-14.

要。①对科技劳动、服务劳动、管理劳动等各种类型的劳动在价值创造中的作用进行承认和肯定，是新时代对劳动价值理论的主要发展。

二是对价值创造源泉的认识。传统的政治经济学教科书认为财富的创造是多元的，而价值实体的唯一源泉是物质生产部门的劳动。但价值形成和财富的创造从来不是分割的，财富形成的源泉必然也是价值形成的源泉。在现代市场经济条件下，除了劳动、资本和土地外，科技、信息等要素也在价值形成中必不可少。有的学者认为，社会必要劳动创造价值与劳动自身的生产力、劳动的资本生产力以及劳动的土地生产力共同创造价值，都是符合劳动价值论的。物质生产领域和非物质生产领域的劳动都创造社会财富，都形成价值。②钱伯海认为，在社会再生产的长河中，所有各种社会劳动都通过社会生产而凝聚在生产诸要素——劳动力、劳动手段和劳动对象之中，作为社会劳动的凝结物——生产诸要素共同创造价值。③一部分学者支持这种看法。但苏星、吴易风等学者对物化劳动和活劳动共同创造价值的观点提出了质疑，他们认为坚持劳动价值论的关键在于分清劳动价值论和生产要素价值论的原则界限，新知识、新科技等是决定劳动生产力的因素，但不是决定价值的因素。决定劳动生产力的因素是多元的，而决定价值的因素是一元的。④

三是提出了用广义价值理论发展马克思的劳动价值论。有的学者认为应该坚持马克思劳动价值论一元论的科学性，并借鉴西方经济学价值论的宽泛性，使劳动价值论由狭义向广义发展。即先由狭义的商品价值向较广义的产品价值或经济价值发展，然后再由产品或经济价值向更广义的贡献价值或社会价值发展。⑤有的学者从一般交换原则出发，指出分工交换的前提条件是交换双方存在获取比较利益的可能，均衡的交换比率即广义价值是根据比较利益率均等的原则确定的。交换双方等量机会成本获得等量比较利益，并由此证明比较利益率相等原则是市场竞争均衡的结果。⑥但学者们对广义价值的认识还很不一致。

总之，马克思的价值理论宝库中，还有许多有价值的思想等待我们去挖掘，我们在坚持马克思劳动价值理论的同时，还要根据新的实践不断丰富和发展它。坚持和发展不是矛盾的，而是统一的。

---

① 蒋学模. 马克思劳动价值理论在社会主义市场经济中的应用[J]. 复旦学报(社会科学版)，2004(01)：1-6.
② 谷书堂. 社会主义经济学通论[M]. 上海：上海人民出版社，1989.
③ 钱伯海. 论社会劳动创造价值[M]. 数量经济技术经济研究，1993(12)：15-25.
④ 吴易风. 价值理论“新见解”辨析[J]. 当代经济研究，1995(04)：1-10.
⑤ 孙宇晖. 关于劳动价值理论发展的探讨[J]. 当代经济研究，2005(12)：14-17.
⑥ 蔡继明，江永基. 广义价值论的基础及推广——兼答广义价值论的批评者[J]. 经济评论，2009(06)：131-137.

第四节　阅读思考与延伸阅读

一、阅读思考

1. 商品二因素与劳动二重性的关系是怎样的？

2. 商品价值的质是什么？量是什么？商品价值量与劳动生产率是什么关系？

3. 简单劳动和复杂劳动的关系是什么？你认为如何把复杂劳动换算成简单劳动？

4. 马克思劳动价值理论与古典政治经济学主要思想家的价值思想有何关联？

5. 根据劳动价值理论，商品价格围绕其价值波动，长期来看，商品价格总额与价值总量是相等的，而商品价值量是由社会必要劳动量决定的。因此，假如劳动生产率不变，单个劳动者年劳动时间不变，全社会每年生产的价值总量取决于劳动人数。从劳动人数(就业人员)来看，1979—2017 年，我国就业人员年均增长速度为 1.7%，而同期国内生产总值(GDP，按不变价格计算)增长速度为 9.5%，如何用劳动价值理论进行解释？

二、延伸阅读

1. [德]马克思. 资本论(纪念版)第一卷[M]. 中共中央马克思恩格斯列宁斯大林著作编译局编译. 北京：人民出版社，2018.

2. [英]安东尼•布雷沃. 《资本论》导读[M]. 胡健，等译. 北京：中国经济出版社，2019.

3. 张薰华.《资本论》脉络[M]. 上海：复旦大学出版社，1999.

4. [英]米克. 劳动价值学说的研究[M]. 陈彪如，译. 北京：商务印书馆，2014.

5. [英]亚当•斯密. 国富论[M]. 郭大力，王亚南，译. 北京：商务印书馆，2015.

6. [英]大卫•李嘉图. 政治经济学及赋税原理[M]. 郭大力，王亚南，译. 北京：译林出版社，2014.

7. 杨圣明，俞可平. 马克思主义经典作家关于劳动价值理论和剩余价值理论的基本观点研究[M]. 北京：人民出版社，2017.

(本章由张克听撰稿)

张克听，南京大学法学硕士，清华大学经济学博士；现为深圳大学经济学院副教授，经济系副主任；主要研究领域为区域经济学、企业创新，在《经济学动态》《经济问题》等刊物发表论文二十余篇，承担省部级课题两项，深圳市课题多项，合著《特区经济学》等著作。

第十二章　人与法律及其政体
——《论法的精神》导读

第一节　作者及作品介绍

孟德斯鸠(Baron de Montesquieu，1689—1755)和《论法的精神》对于中国人来说并不陌生。早在 20 世纪初，《论法的精神》便由严复先生以《法意》之名翻译，通行于中文世界，对中国近现代政治和法律理论影响甚巨。

孟德斯鸠是 18 世纪法国启蒙思想家，法国大革命的思想先驱，1689 年出生于著名的红酒产地——波尔多。孟德斯鸠出身贵族家庭，自幼受过良好的教育，19 岁获法学学士学位，毕业后做律师，25 岁时当选波尔多省议会议员，两年后从其伯父继承波尔多议会议长的职务，承袭了他的“孟德斯鸠男爵”的尊号，并以此名为后世所知，他的本名叫查理·路易·德·色贡达。后来，他卖掉世袭的职位，漫游欧洲各国，考察各国的政治、法律、风俗、信仰等社会情况。

1721 年，孟德斯鸠用化名“波尔·马多”出版了书信体小说《波斯人信札》，此书假托两位漫游法国的波斯人写给家人的信，以抨击路易十四晚年朝政的衰败。这部作品令孟德斯鸠声名鹊起，因此他进入了巴黎的文人学士圈子。短暂游历欧洲以后，1731 年，孟德斯鸠回国后着手写作《罗马盛衰原因论》，他利用古罗马的历史资料来阐明自己的政治主张，这本书1734年在荷兰匿名出版。1748年，他在日内瓦出版了《论法的精神》，这是他一生中最为重要、最有影响的著作。一经问世，便震撼了世界，出版不到两年就刊印了22版，多种外文译本也相继出版。但很快，这本书就被天主教会列入《禁书目录》，1750年，孟德斯鸠匿名发表了《为<论法的精神>辩护与解释》一文。

《论法的精神》包括6卷，共31章，卷帙浩繁。第一卷中讲到法的定义、法律和政体的关系，以及政体的种类和各自的原则；第二卷主要探讨了政治自由和分权学说；第三卷则主要讨论法律与土壤、气候、民族风俗与宗教信仰的关系。他在书中提出了独特的法的定义和理论，并提出了政体理论和分权学说。他将法律分为自然法和人为法，并将人为法分为政治法、公民法，他与霍布斯、洛克、斯宾诺莎及卢梭一道成为近代以来西方古典自然法理论的代表。他还修正了亚里士多德的政体理论，将政体划分为共和政体、君主政体和专制政体，讨论了不同政体的性质和行动原则。他特别指出，共和政体的原则是美德，君主政体的原则是荣誉，专制政体的原则是恐惧。他又吸收了洛克的分权学说和对英国政体的观察，提出了国家权力应该划分为立法权、行政权和司法权，三者互相制衡的理论。尽管有人认为此三权分立学说产生于对英国宪政的误解，却成为近代以来最有生命力的政治法律理论之一。因此，《论法的精神》被誉为亚里士多德之后第一本综合性的政治学著作。

对于中国人而言，令人困惑的是，他在这本书中一反伏尔泰等人对古老中国的崇敬之情和赞美之意，将“中华帝国”当作专制政体的样板，虽然当时即受到了一些著名思想家如伏尔泰、魁奈等人的批评，但是，正像刘小枫所说：“随着时间推移，逐渐成了西方学人看待古代中国的‘常识’——尤其重要的是，也成了数代中国学人看待古代中国的未经审视的‘常识’”。作为中国人，恐怕不应该将此200多年前的议论当定论，而是应该仔细研究并阐发中国古典时期的法的精神。如此，我们就更有理由去重新审视和检讨孟德斯鸠的结论，而不是茫茫然接受他的结论。

当然，对于《论法的精神》一书，曾有不止一人指责该书杂乱无章，琐碎繁杂，令人费解。也不乏对此书赞誉有加者，如伏尔泰便称此书为“理性和自由的法典”。达朗贝尔则为这本书的杂乱以及令人费解提供了一个非常重要的解释：这种安排恰恰是孟德斯鸠特意为之，他用这种方法对一般读者隐藏真正的意图，而将揭示真实思想的蛛丝马迹留给智慧的读者。为此，美国的潘戈教授专门写了本《孟德斯鸠的自由主义哲学——<论法的精神>疏证》，来揭示隐藏在本书中的真实意图和思想。这种解释未见得能为人们全部认同，因而争论是不可避免的。但是，《论法的精神》一书的自序似乎印证了达朗贝尔和潘戈的解释不是丝毫没有道理的。他说：“我有一个请求，但又怕得不到允准，那就是不要仅仅翻阅了寥寥数页就对这部花费了二十年心血的著作妄下断言，受到赞许或贬斥的应该是整部著作，而不是其中的某几句话。想要探明作者的意图，也只有读完整部著作才能发现。”这个交代似乎告诉我们，读他的书，应该剥开重重云雾，方能得见月亮。因此，我们应该成为一个智慧的读者，如此才不辜负孟德斯鸠的期待。

第二节　原文选读[①]

一、总体意义上的法

（一）法与各种存在物的关系

从最广泛的意义上来说，法是源于事物本性的必然关系。就此而言，一切存在物都各有其法。上帝有其法，物质世界有其法，超人智灵有其法，兽类有其法，人类有其法。

有人说，我们在世界上所看到的一切，都是盲目的必然性造成的，这种说法荒谬绝伦，试想，还有比声称具有智慧的存在物也产生于盲目的必然性更加荒谬的言论吗？

由此可见，存在着一个初元理性，法就是初元理性和各种存在物之间的关系，也是各种存在物之间的相互关系。

作为宇宙的创造者和保护者，上帝与宇宙有关系，上帝创造宇宙时所依据的法，便是他保护宇宙时所依据的法。他依照这些规则行事，因为他了解这些规则。他之所以了解这些规则，是因为这些规则与他的智能和能力有关。正如我们所见，由物质运动组成而且没有智慧的世界始终存在着。可见，世界的运动必定有其不变的法则。我们如果能够想象出另一个世界来，那么，这个世界大概也有其固定的规律，否则它就会毁灭。

因此，创世看似一种随心所欲的行为，其实它意味着一些不变的法则，就像无神论者注定的命运那样。没有法则世界便不复存在，所以声言造物主可以不凭借这些法则来治理世界，那是谬论。

这些法则是恒定不变的关系。在两个各自运动的物体之间，所有运动

① 选文所据版本：孟德斯鸠. 论法的精神[M]. 许明龙，译. 北京：商务印书馆，2007.

的获得、增大、减小或丧失，原因都是质量和速度的关系，差异意味着同一，变化意味着恒定。

与众不同的智能存在物能够拥有他们自己创制的规则，但他们同样拥有一些并非由他们自己创制的法则。在智能存在物尚未存在之时，他们已经有了存在的可能性，他们彼此之间有可能存在着某些关系，因而也就可能有了某些法律。在制订法律之前，就可能存在着某些裁定是非的关系。断言有了提倡和禁止某些行为的人为法之后，才有公正和不公正的区别，那就不啻于说，在画出圆圈之前，所有半径都是长短不一的。

所以，我们必须承认，在人为法确立公正关系之前，就存在着公正关系。例如，倘若已经有了人类社会，那么，遵守人类社会的法律就是正确的；倘若智能存在物获得了另一种存在物的泽惠，那么，前者理应感谢后者。倘若一个智能存在物创造了另一个智能存在物，被创造者就应该始终保持与生俱来的从属关系。倘若一个智能存在物加害于另一个智能存在物，前者就应该受到同样的损害。如此等等。

但是，智能世界的治理远远比不上物理世界。因为，智能世界虽然也有因其本性而不能改变的法则，但是，智能世界却不像物理世界那样恒久地遵守这些法则。其原因在于，与众不同的智能存在物受本性所限，难免会犯错误，再则，他们往往始终出于本性而自行其是，所以，他们并不始终遵守他们的初元法则，也不始终如一地遵循他们自己制订的法律。

我们不知道，兽类是受制于普遍的运动法则抑或受制于特殊的动因。无论是前者还是后者，兽类与上帝的关系绝对不比物质世界中的其它东西更为亲密。只有在它们的相互关系中，只有在它们与其它特殊存在物的关系中或是在对待它们自己时，情感对它们来说才是有用的。

借助肉欲的引诱，它们保存了自己特殊的存在，肉欲的引诱同样使它们得以保存自己的物种。它们有自然法则，因为它们由同样的情感联接在一起，但是，它们并非凭借认知而联接在一起，所以它们没有人为法。不过，兽类并不一成不变地遵守自然法则，倒是那些既没有知识也没有情感的植物，更好地遵守了自然法则。

兽类虽然完全不具备我们那种无与伦比的优越性，但它们也有我们所不具备的优越性。它们虽然丝毫没有我们的期望，却也没有我们的恐惧；它们像我们一样会死去，但是它们在死去的时候并不知道死亡为何物；它们中的大多数比我们更善于保存自己，而且不那么放纵情欲。

作为物质存在，人与其它物质一样，也受制于不变的法则。作为智能存在物，人不断地破坏上帝确定的法则。人本应自持自理，可是，人有局限性，如同一切高级智慧物一样，既会陷于无知，也会犯错误；把本来就不多的知识丢失，而作为一种感情丰富的创造物，人往往会萌生出各种各样的欲念。这样一种存在物随时随地都可能忘掉其创造者，上帝则借助宗教法规唤起他们对上帝的记忆。这样一种存在物随时都可能忘掉自己是谁，哲学家们借助道德规范提醒他们。他们来到世上就要生活在社会中，有可能忘掉他人，立法者借助政治法和公民法让他们恪尽自己的义务。

（二）自然法

先于所有这些法则和规则而存在的是自然法；之所以称作自然法，是因为除了我们的存在本质之外，再没有任何其它渊源。只有考虑了社会组成之前的人，才能较好地认识自然法。自然法就是人在社会组成之前所接受的法。如果不是依照顺序而是依照重要性排列，自然法的第一条便是把造物主的观念灌输给我们，并让我们心向往之。自然状态下的人具有认知能力，但知识相当贫乏。人的最初思想显然绝非思辨意识。人首先想到的是保存自己，然后才会去思索自己来自何处。因此，人起初感到的是自己的弱小，因而十分怯懦。如果需要对此提供实证，那么，丛林中的蛮人便是。任何东西都会使他们颤栗，任何响动都会把他们吓跑。

在这种情况下，人人都自以为不如他人，相互平等的感觉微乎其微。所以，谁也不会想方设法彼此攻击，和平于是成了自然法的第一条。霍布斯认为，人最初的欲念是相互制服，这种说法没有道理。霸道和高踞他人之上的念头绝非单一的思想，而是从属于许多其它思想，所以，霸道和高踞他人之上不可能是人的最初思想。

霍布斯问道："人如果并非生而处于战争状态，那么，他们为什么总是全副武装，总要给自己的住所上锁呢？"但是，霍布斯没有想到，只是在社会组成之后，人才找到了相互攻击和自我保护的理由，他是把社会组成后发生的事加之于社会组成前的人身上了。

人在感到自己弱小的同时，还有需求。因此，自然法的另一条就是设法填饱肚子。

我在前面说到，畏惧促使人们逃跑，但是，当人们发现彼此都心怀畏惧时，反而很快亲近起来。况且，一个动物在一个同类向它靠近时所体验到的愉悦，也会促使他们相互亲近。因此，两性之间互献殷勤便是自然法的第三条。

除了最初拥有的感情，人还渐渐获得了知识，于是人便有了其它动物所没有的第二种联系，从而有了相互结合的新理由；在社会中共同生活的愿望便是自然法的第四条。

（三）人为法

人一旦生活在社会中便不再感到弱小，平等不复存在，战争状态于是就开始了。每个社会都觉得自己实力强大，于是国与国之间便处于战争状态。每个社会中的每个人都开始觉得自己的实力强大，于是就想方设法使社会的主要好处为己所用，于是人与人之间便处于战争状态。

这两种战争状态的存在，促成了人与人之间的法律的产生。地球如此巨大，地球上的居民也必然分成不同的民族，各个民族之间的相互关系中于是有了一些法律，这便是万民法。各个民族生活在一个社会之中，这个社会应该得到维持，因而在治人者和治于人者之间的关系中便有了一些法律，这就是政治法。全体公民之间的关系中也有法，这便是公民法。

万民法自然而然地建立在如下原则之上：在和平时期，各国应尽力谋求福祉，在战争期间，各国应在无损于自己的真正利益的同时，尽一切可能减少破坏。

战争的目的是胜利，胜利的目的是征服，而征服的目的则是保全自己。组成为万民法的所有法律，都应源自这项原则和前项原则。

所有国家都有万民法，就连将战俘杀而食之的易洛魁人也有一种万民法。他们派遣和接受使节，懂得战争法与和平法，但是，坏就坏在他们的万民法并非建立在名副其实的基础之上。

除了与各个社会有关的万民法之外，每个社会还有各自的政治法。如果没有政府，一个社会是不可能存续的。格拉维纳说得对："各种单个力量汇集起来，就组成人们所说的政治国家"。

整体力量可以置于一人或数人手中。有人曾认为，大自然既然确立了父权，由一人单独执政当然最符合自然。可是，父权的实例却丝毫不能证明这一点。因为如果说，父权可以与一人单独执政相比的话，那么，父亲死后权力传到兄弟们手中，或者兄弟们死后，权力传到堂兄弟或表兄弟们手中，这些人的权力也可以与数人执政相比了。政治权力必然包含着若干家族的联合。

确切地说，最符合自然的政体应该是这样的：为一个民族所设置的政体，最符合这个民族的秉性。

意志如果不能彼此融合，诸多单个力量便无法联合起来。格拉维纳又说，意愿的融合就是人们所说的公民国家。

就总体而言，法是人类的理性，因为它治理着地球上的所有民族。各国的政治法和公民法只不过是人类理性在各个具体场合的实际应用而已。

这些法律应该量身定做，仅仅适用于特定的国家；倘若一个国家的法律适用于另一个国家，那是罕见的巧合。

各种法律应该与业已建立或想要建立的政体性质和原则相吻合，其中包括藉以组成这个政体的政治法，以及用以维持这个政体的公民法。

法律还应该顾及国家的物质条件，顾及气候的寒冷、酷热或温和、土地的质量、地理位置、疆域大小，以及农夫、猎人或牧人等民众的生活方式等等。法律还应顾及基本政治体制所能承受的自由度，居民的宗教信仰、偏好、财富、人口多寡，以及他们的贸易、风俗习惯等等。最后，各种法律还应彼此相关，考虑自身的起源、立法者的目标，以及这些法律赖以建立的各种事物的秩序。必须从所有这些方面去审视法律。

这就是我在本书中打算做的事。我将一一考察这些关系，所有这些关系组成了我所说的法的精神。

我并未将政治法和公民法分割开来，因为，我将要论述的不是法，而是法的精神，而法的精神存在于法与各种事物可能发生的关系之中。所以，我不得不较多地遵循这些关系和这些事物的顺序，而较少地顾及这些法的自然顺序。

首先，我将考察法与自然的关系，以及法与每一种政体原则的关系；鉴于这种原则对法具有至巨的影响，因而我将倾全力去正确认识它。一旦我成功地理清了原则，人们将会看到，各种法就会从它们的源头一一流出。然后，我将转而论述其它看来比较具体的关系。

二、直接源自政体性质的法

（一）三种不同政体的性质

政体有三种：共和政体、君主政体、专制政体。即使是学识最浅薄的人，他们所拥有的观念也足以发现这三种政体的性质。我设定三种定义，或者更准确地说是三种事实。其一，共和政体是全体人民或仅仅部分人民掌握最高权力的政体；君主政体是由一人以固定和确立的法单独执政的政体；专制政体也是一人单独执政的政体，但无法规，全由他的个人意愿和喜怒无常的心情处置一切。

这就是我所说的每一种政体的性质。应该看一看，哪些法直接产生于政体的性质，因而也就是最重要的基本法。

（二）共和政体和与民主相关的法

在共和国中，当全体人民掌握最高权力时便是民主政体，部分人民掌握最高权力时便是贵族政体。在民主政体中，人民在某些方面是君主，在另一些方面是臣民。全体人民只有通过表达其意志的选票才能成为君主。掌握最高权力者的意志就是最高权力者本身。在这种政体中，确立选举权的法当然就是基本法。规定如何投票、谁投票、投给谁、就什么事情投票，这些事情都很重要，其重要性不亚于君主政体下需要知道谁是君主、他将如何治理国家。

（三）与贵族政治性质相关的法

在贵族政治中，最高权力执掌在一定数量的人手中，由他们立法并执法，其余人民与他们的关系，恰如君主政体下臣民与君主的关系。……

在共和政体中，一个公民如果突然被赋予过高的权力，共和政体就可能变成君主政体，甚至比君主政体更加君主政体。在君主政体中，法律服务于基本政体，或者与之相适应，政体的原则束缚着君主的手脚。可是，在共和政体中，如果一个公民攫取了过高的权力，滥用权力的情况就会更加严重，因为法律对此未曾作出预见，因而无力制止。……

（四）法律与君主政体性质的关系

君主政体即单独一人借助基本法治国的政体，其性质由中间、从属和依附的权力构成。我谈到了中间、从属和依附的权力，因为在君主政体中，君主是一切政治权力和公民权力的源泉。既然有基本法，那就必然需要一些中间管道，藉以保障权力得以顺畅行使。因为，一个国家倘若听凭一个人朝令夕改、反复无常，那就什么也定不下来，因而也就没有基本法可言。

贵族的权力是最天然的中间和从属的权力，贵族在一定意义上构成了君主政体的本质，君主政体的准则就是：没有君主就没有贵族，没有贵族就没有君主，但有一个暴君。在某些欧洲国家里，有人曾想废除领主的一切司法权，他们没有看到，他们想要做的正是英国议会已经做过的事。如果在一个君主政体中废除领主、僧侣、贵族和城市的特权，这个政体立即就会变成平民政体或者专制政体。……

对于君主政体而言，仅有中间力量还不够，还需要一个法律的监护机构。这个机构只能存在于政治集团之中，法律制订出来时由它来发布，法律被人遗忘时由它来提醒。贵族天生无知，浑浑噩噩，而且蔑视民事机构，所以需要一个机构不断地为束之高阁的法律拂去尘埃。君主的枢密院不是一个合适的法律监护机构，就其性质而言，它是朝令夕改的君主旨意的监护机构，而不是基本法的监护机构。此外，枢密院更迭频繁，成员数量少，而且很不稳定，不能获得人民的高度信任，因此，它不能时刻安抚人民，也不能让人民重新听命于君主。

专制政体国家里根本没有基本法，也没有法律监护机构。因此之故，宗教通常拥有巨大能量，因为它在这些国家里成了一种常设性的法律监护机构。在专制政体国家中，倘若没有宗教，受到尊重的便是习俗，而不会是法律。

（五）与专制政体性质相关的法律

由于专制政体的性质使然，行使权力的只有一个人，受命替他行使权力的也只有一个人。

一个人如果自我感觉特别良好，唯我独尊，从不把别人放在眼里，那么，他必然懒惰、无知，而且耽于逸乐。于是，他撒手不管任何政务。如果把政务委托给几个人去办，这几个人难免发生纠纷，要尽手腕争当第一奴才，这样一来，君主就不得不亲自参加政务管理了。因此，最简便可行的办法就是将权力交付给一个宰相，宰相执掌与君主相同的权力。在专制政体国家中，设置宰相是一条基本法。

三、三种政体的原则

（一）政体性质和政体原则的区别

上面我们探讨了与各种政体的性质相关的法律，接下来我们探讨与政体的原则相关的法律。性质决定政体，原则推动政体，这就是政体的性质和原则的区别。前者是政体的特殊结构，后者是推动政体的人的情感。法律固然需要与每种政体的性质相关，它与每种政体的原则亦应如此。所以，应该探究一下原则究竟是什么，这就是本章将要论述的内容。

（二）各种政体的原则

前已述及，共和政体的性质是全体人民或若干家族执掌最高权力；君主政体的性质是君主执掌最高权力，但依据确定的法律行使权力；专制政体的原则是单独一人随心所欲，朝令夕改地治理国家。三种原则自然而然地衍生出各自的政体，因而无需我多费力气，便已充分彰显。我以共和政体作为开篇，首先谈谈民主政体。……

四、确立政治自由的法与政制的关系

（一）总体思想

我把确立政治自由的法律区分为两类，其一是从政治自由与政制的关系角度确立政治自由的法律，其二是从政治自由与公民关系角度确立政治自由的法律。前者在本章加以讨论，后者在下一章加以讨论。

（二）自由一词的多种含义

没有一个词比自由的含义更多，并以更多的方式影响人的精神。有人认为，有权轻易地废黜他们曾经赋予专制权力的人，就是自由。另一些人认为，有权选举他们应该服从的人，就是自由。还有一些人认为，有权携带武器和实施暴力，就是自由。也有一些人认为，有权受本民族人统治或受本民族法律制约，就是自由。在很长一段时间里，某个民族把蓄留长须视为自由。又有一些人把自由与某种政体联结在一起，排除其它政体。尝到过共和政体甜头的人声称共和政体下有自由，享受过君主政体的人说君主政体下有自由。总之，每个人都把自己所习惯的或喜爱的政体称作自由。共和政体下的民众为弊病而抱怨，可是弊端之所以产生的原委，并非总是明明白白地暴露在民众眼前，况且，法律的声音响亮，而执法者的声音比较微弱，所以，人们通常认为共和政体下有自由，君主政体下则没有自由。最后，由于民主政体下的人民仿佛几乎可以为所欲为，人们因而认为民主政体下有自由。其实，他们把人民的权力和人民的自由混为一谈了。

（三）自由是什么

不错，民主政体下的人民仿佛可以随心所欲，可是，政治自由绝不意味着可以随心所欲。在一个国家里，即在一个有法可依的社会里，自由仅仅是做应该想做的事和不被强迫做不应该想做的事。

我们应该牢记，什么是不受约束，什么是自由。自由是做法律所许可的一切事情的权利；倘若一个公民可以做法律所禁止的事情，那就没有自由可言了，因为，其他人同样也有这个权利。

（四）续前题

就其性质而言，民主国家和贵族国家都不是自由国家。政治自由仅存在于宽和的政治体制下。可是，政治自由并不始终存在于宽和的国家里。只有权力未被滥用时，政治宽和的国家里才有政治自由。然而，自古以来的经验表明，一切拥有权力的人，都倾向于滥用权力，而且不用到极限绝不罢休。谁能想到，美德本身也需要极限！

为了防止滥用权力，必须通过事物的安排，以权力制止权力。我们可以有这样一种政治体制，让任何人都不被强制去做法律不强迫他做的事，也不被强制不做法律允许他做的事。

（五）英格兰的政治体制

每个国家都有三种权力：立法权、适用万民法的行政权、适用公民法的行政权。

依据第一项权力，君主或执政官制定临时或永久的法律，修改或废除已有的法律。依据第二种权力，他们媾和或宣战，派出或接受使节，维持治安，防止外敌入侵。依据第三项权力，他们惩治罪行，裁决私人争执。人们把第三种权力称作司法权，把第二种权力则简单地称作国家的行政权。

公民的政治自由是一种心境平静状态，它源自人人都享有安全这种想法。为了享有这种自由，就必须有这样一个政府，在它的治理下，一个公民不惧怕另一个公民。

立法权和行政权如果集中在一个人或一个机构的手中，自由便不复存在。因为人们担心君主或议会可能会制定一些暴虐的法律并暴虐地执行。

司法权如果不与立法权和行政权分置，自由也就不复存在。司法权如果与立法权合并，公民的生命和自由就将由专断的权力处置，因为法官就是立法者。司法权如果与行政权合并，法官就将拥有压迫者的力量。

如果同一个人、由权贵、贵族或平民组成的同一个机构行使这三种权力，即制定法律的权力、执行国家决议的权力以及裁决罪行或个人争端的权力，那就一切都完了。……

第三节　选文讲解

一、法的概念及其分类

孟德斯鸠提供了一个迥然有别于以往的法的概念，“从最广泛的意义上来说，法是源于事物本性的必然关系。就此而言，一切存在物都各有其法。上帝有其法，物质世界有其法，超人智灵有其法，兽类有其法，人类有其法”。因此他说人不是依靠幻想生活的，在他的思想里，不仅人不是依靠幻想生活的，世间万物恐怕都不是依靠幻想生活，而是按照各自的法来生活的。法并非外在的事物所赋予的，而是孕育在事务本性之中。从这个意义上来说，他拓宽了法的视野，法不是只关乎人的，而是关乎一切存在物的。进一步讲，这些存在物之各为其本身，即在于他们遵守各自的法，他们的差别，也便是他们遵守的法的差别。

但是，他似乎有意将各个存在物之间的高下秩序淡化了，他的法已经不是以往所认为的法律是上帝意志的表达了，而是由存在物的性质产生出来的。从而，他改变了将法律视为人类以外的存在物强加给人类的看法。他试图将人类从屈服于上帝的意志之下解放出来，从而，他无形中消解了托马斯•阿奎那的永恒法。

他认为，世界上的一切东西都不是盲目的命运的结果，即便上帝对他的创造物的统治和管理，也是遵循法的。因而，他试图解救上帝的创世和统治是随心所欲的，从而重构上帝与其他存在物的关系。因此，人作为一个存在物，人的生活并不是由上帝操控的，同时也不是应该由上帝来负责的，人的生活甚至构成人的生活的法律，也都是应该由人自己来负责的。所有的存在物所谋求的生活之所以是可欲的，是因为没有什么能够超越初元理性(张雁深先生译为“根本理性”)，连上帝也无法超越，他用这个词来表示法本身的正当性，从而，暗中将上帝至高无上的地位取代了。

他紧跟在马基雅维利和霍布斯之后，将上帝的地位赋予给了初元理性。所以，他说：“法就是初元理性和各种存在物之间的关系，也是各种存在物之间的相互关系”。如此，法本身不仅意味着事物自身的必然关系，而且意味着事物之间的正当关系。各存在物之间即便存在创造与被创造的关系，也无法形成所谓的控制和被控制的关系，依附和被依附的关系。

正因为孟德斯鸠认为“法是源于事物本性的必然关系”，尽管“与众不同的智能存在物能够拥有他们自己创制的规则，但他们同样拥有一些并非由他们自己创制的法则”。进而他肯定了人作为“智能的存在物”，既不生活在上帝的奴役之下，但也不是毫无限制的自行其是。他认为“在人为法确立公正关系(张雁深先生译为“公道关系”)之前，就存在着公正关系”。那也就意味着，人类赖以建立生活的法律受制于公正关系，那么，凡是违反了公正关系的法律，从根本意义上讲，就是不能为人类所接受的。尽管他并未明确何为公正关系，但是，它一定源于人的本性的必然关系。而这种基于人的本性的必然关系，则需要到自然中去寻找。因此，我们才能理解，他把法律分为自然法和人为法。

他说：“先于所有这些法则和规则而存在的是自然法；之所以称作自然法，是因为除了我们的存在本质之外，再没有任何其他渊源。只有考虑了社会组成之前的人，才能较好地认识自然法。自然法就是人在社会组成之前所接受的法”。正像同时代的霍布斯和洛克一样，他实际上把自然法作为人之为人的重要标准。如此一来，他所说的公正关系就是自然法，是在人类自己创制法律之前便已存在的。因此，他说：“就总体而言，法是人类的理性，因为它治理着地球上的所有民族。”无论人们生活在怎样不同的条件、环境、气候等因素下，他们所建立的法律都不能违背自然法。人为法——“各国的政治法和公民法只不过是人类理性在各个具体场合的实际应用而已”。因为人的自然状态，有关于人本身的性质，对于人的性质或人性的探讨，均需诉诸人的自然状态。

但是，他反对霍布斯把自然状态当作人与人的战争状态，人与人之间是征服和被征服的关系，却恰恰认为这是人类进入社会当中才发生的。他主张人本身在其自然状态当中，以和平为最重要，其次是寻找食物，再次是相互的亲近和爱慕，以及过社会生活的愿望，这才是人类最根本的四条自然法。从而，他试图为人为法，确立新的自然法作为其正当性基础。在他看来，法律，作为人类的理性应用在社会状态当中，当然是为了实现其最根本的自然法，而不是违背它。因此，人类社会所建立的人为法，决定人类生活的方式，自然法却决定人类生活的目标。

但这个目标却往往不能实现，就人而言，便有自行其是、独立行动的本性。正因如此，人作为智能的存在物，其自身便存在违反自然法的可能，并且也不会始终如一地遵循他们自己制定的法律。因此，对于人类来说，既受到建立公正关系的限制，而不能为所欲为，又存在出自本性的诱导而违反法，产生独立行动的冲动。人类也常常因自身的此种冲突性而陷于非公正关系之中，甚至远离上帝和自己。孟德斯鸠直面人类的此种境况，来探索人类理性如何在各个具体场合实际应用，以实现人之为人。

他实际上改变了基督教关心人与上帝的关系，及希腊哲人关心人与自身的关系，暗中将人可能忘掉上帝和可能忘掉自身当作于人而言不那么重要的部分来处理，而将如何构建人与人之间关系的人为法作为重点。换句话讲，在孟德斯鸠的思想中，妨碍人过上属于人的生活的根本不是如何处理与上帝和自身的关系，而是如何处理人与人之间的关系，即在人类摆脱自然状态，进入社会状态之后，在人类的社会生活中，如何确保人与人之间不滑向战争状态，而维持其间的和平、亲密与共同生活，此种共同生活，也并不改变人与人之间的独立、自由与平等。

因此，它所揭示的人的自行其是、独立行动的本性，便不仅仅具有违反自然法和他们自己创制的法律的一面，而且是人类生活中应该予以限制，同时又是需要予以保护的。否则，人与人之间就无法建立起公正关系，这种公正关系得以实现的场合就是人类现实中千差万别的生存环境。因此，他所探索和考察的是，怎样的人为法才能实现人类的公正关系。

人类之间的关系展现在纷繁复杂的环境中，因而，即便是公正关系也并非以一种模式的方式实现。相反而言，即便不同的法律，却也未必一定不能实现公正关系。所以，他说，“我将要论述的不是法，而是法的精神，而法的精神存在于法与各种事物可能发生的关系之中”。所以，他才会研究影响法律的重要因素，包括地理、气候、土壤、政治体制、贸易、风俗、宗教信仰等。表面上，我们看到他似乎描述了世界上众多民族和国家的人民生活在什么法律当中，实际上他却在探讨人们应该生活在怎样的法律精神之下，在各自不同的环境和条件下，人们如何实现人与人之间的公正关系。公正关系，即是人们在人为法之下如何才能实现的自由。

因此，他在书中大量描述了不同的国家、地区、气候的人群建立了不同的法律，企图找出到底是什么东西支持了这些法律，以及这些法律成功运行所需要的条件。进一步探索怎样的人与人之间的关系或者说怎样的人为法，才能形成良好的人类关系——公正关系。

有人认为，他特别强调法律的历史正当性，而不是自然正当性。从表面上看，他描述了很多不同历史、各种类型的法律，他并不否认各地法律本身的合理性，但是，当我们进一步考察就会发现，他更为关注的是各种法律是不是符合人类的公正关系。因而，尽管可以说他将人类法律的基础拉向了历史，但只是主张人类的法律精神无法摆脱各自的历史和环境而得以实现，并未否定法律的自然正当性。如果不能实现人类之间的公正关系和人类的良好生活，就应该对其人为法进行改变。

二、政体的运行与法律

孟德斯鸠认为，统治者与被统治者之间、个人与个人之间的关系，是人与人之间关系构建的根本。这就是他所谓的政治法和公民法。人与人之间能否实现公正关系，也取决于此。因而，实际上，人与人之间形成的统治关系，决定了人与人之间的关系是否正当。

政体就是人与人之间的统治关系，也是最重要的政治法，对人类生活和法律起着最重要的作用。政体能否正常运行，取决于法律能否与政体的性质和原则适应。如果它们之间存在龃龉和冲突，其政体则无法正常运行。在孟德斯鸠看来，不同的政体有其不同的性质和原则。所谓“政体的性质是构成政体的东西；而政体的原则是使政体行动的东西。一个是政体本身的构造；一个是使政体运动的人类感情”。

因而，他说任何一种政体都应该有其得以构造的法律，而更为重要的是，这种构造了特殊政体的法律，还需要具有使其得以运行的原则，他称其为人类的感情。如果法律不能与其原则相适应，其政体则会发生溃败。在描述的意义上，他似乎只说明了何种政体如何构造和如何运行，其所需的法律究竟为何种。而细细体味便知，通过分析不同政体的原则，提示后人思考这些原则所需要的人类情感是否是值得支持的。进而我们就不得不思考，在人类社会当中，是不是所有的已建立起来的政体和与它相适应的法律都是良好的。如果无法得出这样的结论，就不得不深入思考，人类社会究竟需要基于什么样的人类感情，建构怎样的政体？

当我们如此理解《论法的精神》，就可以避免把孟德斯鸠当作地理决定论者，或者气候决定论者，甚至历史决定论者。因为，他的写作意图并不在于解释人类的法律和政治建构，而在于提醒人类，应该有怎样的法律和政治建构。尽管他试图解释各种不同的法律及其政治建构，尽管他也不会主张人类应该有一致的法律和政治建构，但是，他可能未必会否认法律和政治建构中共享某种一致的精神。

因而，我们能看到，他对于政体进行分类，意在探讨不同的政体实现的是怎样的人类生活。很显然，他的政体分类受到了亚里士多德的影响，他既遵循了亚里士多德的政体划分，但也有所改变，他同样将政体以统治者的人数作为标准，又不完全以人数作为标准，分为共和政体、君主政体和专制政体。而亚里士多德则完全按人数为标准，分为一人之治的君主制、少数人之治的贵族制、全体人之治的民主制，只是又将君主制分为好的君主制，称其为王制，而坏的则是僭政；贵族制又分为贵族制和寡头制，民主制分为民主制和暴民政治。

亚里士多德对于人类政体的分类表明，任何一种政体都可能被败坏，因而人类所追求的政治生活的好坏，就未必在于政体本身，而在于人本身。各种政体的德性应该加以综合，所以他崇尚混合政体。

孟德斯鸠显然改变了亚里士多德对政体的看法。他认为按照统治者的多寡，可以将政体划分为全体人民或仅仅一部分人握有最高权力的共和政体，以及由一人握有最高权力的君主政体，但是一人握有最高权力的君主政体，又根据是否依照法律进行统治分为君主政体和专制政体。从他的分类可知，实际上他只部分接受了亚里士多德的政体败坏思想，即君主制，因为君主抛弃所有法律，仅凭自己的意志和反复无常进行统治，被称为专制政体。他对于亚里士多德所谓的民主制和贵族制的蜕变，采取了保留的态度，他的共和制实际上并不包含败坏的风险。相对于亚里士多德而言，可以看出，他在一定程度上是个共和主义者，从政体的性质而言，他实际上认为人类应该建造共和政体，无论这个共和政体表现为民主政治还是贵族政治。

对于共和政体和君主政体而言，需要的基本法律在于能够维持其运作的结构，共和政体中民主政体的关键法律是有关选举和投票的法律，因为这是全体人意志的表达，该政体能否正常运作，关键在于全体人能否进行真实意志表达。因而，若不能实现选举公开，而常常流于作弊等，那么民主政体的结构就遭到了破坏。奇怪的是，他并没有因此认为民主政治会败坏。

而对于贵族政治的构造，他认为，掌握最高权力的一部分人与其余的人民，类似于君主政体中的君主和臣民的关系。因而，贵族政体的构造关键不在于被统治的人民，而在于统治的贵族。从这个角度讲，他认为贵族政体的根本在于贵族之间处在平等的地位，共同享有政权，而非由几个大贵族垄断权力，才是贵族政体顺利运行的良好基础。

换句话说，他尽管没有提及亚里士多德的寡头政体，但他是不是意在提醒：如果贵族政体一旦蜕变为寡头政体，那么，贵族政体实际上就受到了致命的打击？而作为他称之为共和政体一种的贵族政体恐怕就丧失了使其运行的原则——品德，实际上就是爱共和国。之所以爱共和国，就是因为共和国是他们自己的，爱共和国就是爱自己。当共和国不再是自己的，那么，当然这个爱国的品德就会大打折扣，而大打折扣，就会导致共和政体出现问题。

同时，他又坚持说构造良好的贵族政体，贵族应该尽量平民化，“贵族政治越是接近民主政治，便越是完善；越是近于君主政治，便越不完善”。因为贵族政治越接近民主政治，就越意味着全体贵族共享政权，而越接近君主政治，就意味着有部分贵族被排除于政权之外。而被排除于政权之外的贵族，还怎样具有爱共和国这个品德呢？

当我们看到他对君主政体的构造议论之时，实际可以说，孟德斯鸠的君主政体在一定程度上仍然是共和政体。他说“君主政体的性质是‘中间的、附属的和依赖的’这些权力所构成”，而“最自然的中间的、附属的权力，就是贵族的权力”。在他看来，“没有君主就没有贵族，没有贵族就没有君主。但是在没有贵族的君主国，君主将成为暴君。”那也就意味着，他所说的君主政体，在一定意义上能够得以确保运行，在于君主与贵族能够共享政权。对于君主政体来说，君主和贵族是相互依存的关系。这在一定意义上，可以认为是贵族政体。

因而，他才认为，对于君主国来说，仅仅有贵族阶级还不够，还需要一个法律的保卫机构，以确保君主能够遵守法律，按照法律来进行统治，有法律来确保权力的拥有和行使。在他看来，无论民主政治、贵族政治还是君主政治，都是以法律为最高的统治原则，只是因为政体的不同，其基本的法律有所不同，法律所致力的目标却是一致的：其中任何握有最高权力的人，无论多少，都不能以自己的意志凌驾于其他人之上，如此方能维护此种政体的结构和运行。

法律若不能有效控制最高权力不被某个人或某些人攫取，以超越法律，满足自己的欲求，实现自己的意志，那么，该政体将无法避免解体的下场。最有效控制权力的方式，则是将权力进行划分，互相制衡。他说，“立法权和行政权如果集中在一个人或一个机构的手中，自由便不复存在。因为人们担心君主或议会可能会制定一些暴虐的法律并暴虐地执行。司法权如果不与立法权和行政权分置，自由也就不复存在。司法权如果与立法权合并，公民的生命和自由就将由专断的权力处置，因为法官就是立法者。司法权如果与行政权合并，法官就将拥有压迫者的力量”。政体的构造，实际关乎人的自由。

他并不反对君主政体，也不反对贵族政体，甚至并不特别强调非民主政体不可。正如前述，君主政体和共和政体的差别仅仅在于政体原则的差别。如果我们能够如此理解他的政体理论，那么，就能更加深入地理解在后面的章节中，他为什么会称扬英格兰的宪政体制。他之所以区分君主政体和专制政体，根本就在于有无依照法律而确定的权力划分与制衡。

孟德斯鸠的政体理论表明，他是一个广义上的共和主义者，因而，他并不反对君主制，而反对败坏的君主制。他不忍心把这种君主制称为君主制，而称它为专制政体。专制政体，最令他深恶痛绝的是君主一人就是一切，其他人什么都不是。在处理人与人之间关系上，也无所谓法律，只有君主一人的意志。用黑格尔的话说，只有君主一人是自由的，其他人都是奴隶。因为这种政体的存在依赖于顺从，而此种顺从只能在人人恐惧当中实现，因而，他才会说恐惧是专制政体的原则。

然而，人类构建的政治社会是以实现人之为人为目的的。如果在人的社会生活中，没有让我们记得他人的存在，而只是独逞自己的意志，没有让我们实现自然状态的和平和亲密，而是徒然让人类落入种种控制、压迫之中，使人和人之间平添了种种的差别，甚至为了维护种种的不平等，而不惜刀兵相见，血流满地，那么，从孟德斯鸠的角度讲，恐怕就不得不深思人类社会究竟依靠什么动力生活在社会当中了。

所以，他更关注的不是政体的性质，而是政体的原则，他想检讨的是人类的感情究竟倾向于建构和推动什么性质的政体。尽管他表面上描述和分析了共和政体、君主政体以及专制政体的原则是什么。问题是：为什么“共和国需要品德，君主国需要荣誉，而专制政体则需要恐怖”？其所要说明的问题在于，人类怎样安于一种政治生活。

每一种政体的运行都依赖于一种人类的情感，共和国需要品德，君主国需要荣誉，而专制政体依赖恐惧。所谓品德，就是爱共和国，没有品德，共和国则无法运行。因为，共和国的根本在于每个公民都把对自己的爱投向国家，国家的权力掌握在全体公民手中，爱国家的公共事务，就等同于爱自己的私人事务。如果在共和国中，公民缺乏品德，仅爱自己的事物，那么共和国的权力就会变成人民抢夺的对象。因而，在共和国的民主政治中，品德建立在公民的平等基础上，人与人之间建构的是平等的关系，即便相互服从，也是对平等的人的服从，即使是发号施令，也是对平等的人发号施令。

同时，他强调民主政治不能追求极端平等，极端平等等同于民主政治的腐化。贵族政治中为了维护品德，则需要强调贵族的节制。因为只有贵族的节制，才能保障贵族之间的平等，才能保证贵族不将国家权力占为己有，不把其余的人民当作奴仆。换一句话说，在统治者和被统治者之间，需要通过节制，维持人和人之间的关系。所以他才会说，“最不完善的贵族政治，就是处于服从地位的那部分人民是处于统治地位的那部分人民的私人奴隶”。

君主政体需要荣誉，在于普通人民能够从君主那里获得他所需要的。因而，君主国并不需要人民爱国家，也就是不需要人民有品德，而只需要爱君主即可。所以，君主国中，人民追求的不是平等，不过荣誉是所有人可以共享的。专制政体得以维持需要的只是恐怖。我们无法想象人民可以在恐怖当中实现其生活，更令人不解的是，在专制政体之下，在什么意义上，才能称得上是人的生活？在一个无需法律的政体之下，怎么探讨法的精神。所以，我们绝对可以大胆地得出结论：孟德斯鸠法的精神，就是让每个人不置于任何意志之下，而是在平等基础上实现自由，这才是人与人之间公正的关系。

第四节　阅读思考与延伸阅读

一、阅读思考

1. 什么是孟德斯鸠说的理性和根本理性？他所谓的理性与古希腊的理性有什么区别？

2. 孟德斯鸠与亚里士多德的政体分类有什么不同？

3. 孟德斯鸠的法与托马斯•阿奎那的法的概念有什么区别和联系？

4. 如何理解个体自由与权力制衡之间的联系？

二、延伸阅读

1. 萨尔沃·马斯泰罗内. 欧洲政治思想史[M]. 黄华光，译. 北京：社会科学文献出版社，1998.（第二章第九节）

2. 阿兰·瑞安. 论政治：从霍布斯至今[M]. 林华，译. 北京：中信出版集团，2016.（第十四章）

3. 潘戈. 孟德斯鸠的自由主义哲学[M]. 胡兴建，郑凡，译. 北京：华夏出版社，2016.（第五章）

4. 列奥·施特劳斯. 从德性到自由——孟德斯鸠《论法的精神》讲疏[M]. 黄涛，译. 上海：华东师范大学出版社，2016.

5. 娄林. 孟德斯鸠论政治衰败[M]. 北京：华夏出版社，2015：20-46.

（本章由孔庆平撰稿）

孔庆平，男，法律史专业，法学博士，副教授，现任职于深圳大学法学院，美国哥伦比亚大学法学院中国法研究中心访问学者（2013 年 8 月至 2014 年 8 月），研究重点集中于中国法的近现代转型和先秦法律哲学，多篇文章发表于《中外法学》《法商研究》《政法论坛》等刊物，并出版专著《改造与适应——中西二元景观中法律的理论之思（1911—1949）》。

第十三章 从“活的生物”到审美经验——《艺术即经验》导读

第一节 作者及作品介绍

美国哲学家约翰•杜威(John Dewey，1859—1952)曾在美国约翰•霍普金斯大学和密歇根大学读书，并先后在密歇根大学和芝加哥大学、哥伦比亚大学等多所大学执教。杜威继承了皮尔士、詹姆斯的实用主义的哲学，是美国古典实用主义的三位重要的奠基者之一，他的哲学和美学在当代美国的美学界有着深远的影响。杜威一生著有 37 部著作，内容涉及哲学、教育学、心理学、逻辑学等许多学术领域。

杜威曾于 1919 年 5 月至 1921 年 7 月来华讲学，他的许多重要著作也很早就被翻译成了中文，因此是一位在中国学界有巨大影响的哲学家。但是，中国学术界一般只是将杜威看成一位实用主义哲学家和教育学家，过去对他的美学和艺术理论介绍不多。在国外，特别是在最近一二十年里，杜威的美学受到了广泛的重视。许多当代美学家将杜威美学当作向流行的德国古典美学和分析美学挑战的武器。

1932 年，杜威应哈佛大学之邀，作了关于美学的系列讲座，这个系列讲座的讲稿，于 1934 年以《艺术即经验》(*Art as Experience*) 的书名出版。这本书共分 14 章，前三章从“活的生物”讲到“一个经验”，此后还讲了“表现”“形式”“节奏”“媒介”，以及艺术与人、哲学、文明的关系，等等。内容非常丰富，被认为是 20 世纪最好的一本美学著作。

在美学上，杜威反对“艺术自律”和“审美无功利”的美学观，也反对只是对“艺术批评”的概念进行分析，而远离艺术的创作与欣赏的间接的美学。他强调恢复艺术与非艺术之间的连续性，包括以下几个层次。

(1) 艺术品的经验与日常生活经验之间的连续性。我们并非只在接触艺术品时才产生经验，在日常生活中，经验是无处不在的。任何能够抓住我们的注意力，使我们发展兴趣，给我们提供愉悦的事件与情景，都能使我们产生经验。

(2) 高雅艺术与通俗艺术之间的连续性。高雅艺术与通俗艺术的区分是现代社会发展的结果。这种区分使有教养者将自己的欣赏范围局限于前者，而人民大众则既由于缺乏财力、时间和教育水平，又由于觉得它苍白无力而去“寻找便宜而粗俗的物品”。这种分化对艺术的发展来说是具有灾难性的，前者失去了大众，后者则失去了品味。

(3) 美的艺术与实用的或技术的艺术之间的连续性。由于受审美无功利观点的影响，传统的看法是，只有那些不是为着实用目的而制造出来的制成品，才是艺术品。杜威认为，实用与否不是区分是否是艺术的标志。从这些可以看出，杜威正努力建立一种回到日常生活的艺术理论。对于他来说，艺术不是无用的摆饰，不是有闲阶级的无病呻吟。

本章从《艺术即经验》一书的前三章选取了部分段落，显示杜威的基本理论立场和几个核心概念。

第二节　原文选读[①]

一、活的生物

每一个需要，比如说渴望获得新鲜空气与食物，都是一种至少是暂时缺乏与周围环境足够谐调的表现。但这也是一种要求，一种深入到环境之中，补偿缺乏，通过建构至少是暂时的均衡来恢复谐调。生活本身是由这

① 选文所据版本：约翰·杜威. 艺术即经验[M]. 高建平，译. 北京：商务印书馆，2005.

样一些阶段组成，有机体与周围事物的同步性失去又再次恢复——或者通过努力，或者通过幸运的偶然。并且在一个生长着的生命中，这些恢复绝不仅仅是回到先前的状态，它在成功地经历了差异与抵制状态之后，使生命本身得到了丰富。如果有机体与环境间的间隙过大，这个生物就死亡了。如果它的活动没有为暂时的异化所加强，它就仅仅在维持。当一个暂时的冲突成为朝向有机体与其生存环境之间的更为广泛的平衡过渡时，生命就发展。

这些生物学的常识具有超出其自身的内涵；它们触及到经验中审美性的根源。世界上充满着对生命的漠视，甚至敌对的事物；生命所以维持的过程本身即倾向于使它脱离其环境。然而，如果生命持续并在持续中发展，即已存在着对于对立与冲突因素的克服；存在着使它们向由更有力而更有意义的生活所区分出来方面的转化。通过扩展(而不是通过矛盾与被动地适应)进行有机而有生命地调节的奇迹实际上发生了。在这里，通过节奏而达到的平衡与和谐初露端倪。均衡并非机械地而无生气地实现，而是来自于，并由于张力才得以实现。

二、一个经验

由于活的生物与环境条件的相互作用与生命过程本身息息相关，经验就不停息地出现着。在抵抗与冲突的条件下，这种相互作用所包含的自我与世界的方面和成分将经验规定为情感和思想，从而产生出有意识的意图。但是，所获得的经验常常是初步的。事物被经验到，但却没有构成一个经验。存在着心神不定的状态；我们所观察、所思考、所欲求、所得到的东西之间相互矛盾。我们的手扶上了犁，又缩了回来；我们开始，又停止，并不由于经验达到了它最初的目的，而是由于外在的干扰或内在的惰性。

与这些经验不同，我们在所经验到的物质走完其历程而达到完满时，就拥有了一个经验。只是在后来的后来，它才在经验的一般之流中实现内部整合，并与其他的经验区分开。一件作品以一种令人满意的方式完成；一个问题得到了解决；一个游戏玩结束了；一个情况，不管是吃一餐饭、玩一盘棋、进行一番谈话、写一本书，或者参加一场选战，都会是圆满发展，其结果是一个高潮，而不是一个中断。这一个经验是一个整体，其中带着它自身的个性化的性质以及自我满足。这是一个经验。

哲学家们，甚至经验哲学家们，在提到经验时，一般情况下都只泛泛而谈。然而，符合语言习惯的谈话都表示着这样一些经验，它们各自具有独特的特征，有其开头和结尾。这是由于生活也不是统一的，不间断的行进和流动。这就是历史，其中每一个都有着自己的情节，它自身的开端和向着终点运动，其中每一个都有着自身独特的韵律性运动；每一个都有着自身不间断弥漫其中不可重复的性质。一段楼梯，尽管它是机械的，却是由个性化的阶梯构成的，而不是连续的上升，而一个斜面至少通过突然的中断而与其他物分离开来。

在此关键的意义上，经验是由一些我们情不自禁地称之为“真经验”的情景和事件决定的；在回忆这些情形时，我们说，“那是一个经验。”它也许非常重要——与一个曾非常亲密的人吵架，千钧一发之际逃脱一场大灾难。或者，可能是某种相比之下微小的事件——也许正是由于它微小，因而更说明它是一个经验。有人将在一家巴黎餐馆的一餐饭说成是“那是一个经验”。它可以是由于对食品所能达到的水平的长久记忆而显得突出。那么，一个人在横渡大西洋时经历到的暴风雨——经验到暴风雨似乎在发怒，在它本身中由于集中了暴风雨所可能有的样子而完成了它自身，并以它与此前和此后的暴风雨不同而突出地显示出来。

在这样的经验中，每个相继的部分都自由地流动到后续的部分，其间没有缝隙，没有未填的空白。与此同时，又不以牺牲各部分的自我确证为代价。与池塘不同，河在流动。但是，它的流动赋予其相持续部分的明确性和趣味要大于存在于池塘中同质的部分。在一个经验中，流动是从某物到某物。由于一部分导致另一部分，也由于这一部分是跟在此前的一部分之后，每一部分都自身获得一种独特性。持续的整体由于其相连的，强调其多种色彩的阶段而被多样化。

由于不断的融合，当我们拥有一个经验之时，中间没有空洞，没有机械的结合，没有死点[①]。存在着休止，存在着静止之处，但这只是在强调和限定运动的性质。它们总结已进行的，防止其消散和无谓地失去。不断地加速会使人透不过气来，使其中的部分不能获得独特性。在一件艺术品中，不同的场和节出现融合，成为一个整体，但是，在这个过程中，各场和各节自身的特性却没有消除或失去——正如在一次亲切的谈话中，存在着意见的不断交换和混合，但是，每一个谈话者都不仅保持了他自身的特性，而且使这种特性获得了比通常情况下更为清晰的显现。

一个经验具有一个整体，这个整体使它具有一个名称，那餐饭、那场暴风雨、那次友谊的破裂。这一整体的存在是由一个单一的，尽管其中各部分的变化却遍及整个经验的性质构成的。这一整体既不是情感的或实践的，也不是理智的，因为这些术语只是说出了一些可以在其内部思考的特征。在关于一个经验的论述中，我们必须利用这些阐释性的形容词。在一个经验发生以后在头脑中温习它之时，我们也许会发现一种，而不是另一种特性充分占据着统治地位，因而可以用它来表示作为一个整体的该经验。存在着一些吸引人的研究与思考，科学家和哲学家强调这些是“经验”。从最终的意义上讲，它们是理智的。但是，在实际发生时，它们也是情感的；有意志和目的存乎其间。然而，此经验并非这些不同特征的总和；在经验中，这些特征失去了其独特性。除非被吸引，并从具有内在价值的总体经验得到回报，没有思想家会勤勉地从事自己的工作。没有这些，他不会知道真正去思想什么，并会在对真正的思想与虚假的东西进行区分时完全不知所措。思维是以意之链持续的，但意形成链是因为它们远不只是分析心理学所说的意。它们是在情感上和实践上所区分的一种发展中的潜在性质的阶段；它们是其运动中的变异，不是像洛克和休谟所说的分离而独

① 译者注：死点（dead center），原指蒸汽机的连接杆与曲轴成一条直线，从而无法加力的位置，这里指连续经验之中的中断点。

立的观念和印象，而是一种渗透和发展着的色调的微妙差异。

三、“一个经验”与情感性

如果我们从这一想象性的例证转回到我们自己的经验上来，我们就会发现，我们的经验比起其他来，更接近石头的情况，更符合想象所提供的条件。我们的经验在绝大部分情况下都不关注一个事件的前因后果。不存在着对于控制可被组织进发展中经验的关注性拒斥和选择的兴趣。事情发生了，但它们既不是明确地被包括在内，也不是被明确地被排斥在外；我们在随波逐流。我们屈服于外在压力，我们逃避、妥协。有开始，有停止，但没有真正的开端和终结。一物取代另一物，却没有吸收它，并将它继续下去。存在着经验，但却松弛散漫，因而不是一个经验。不用说，这样的经验是麻痹性的。

因此，非审美性存在于两种限制之中。其一极是松散的连续性，并不开始于某一特别的地点，也不结束于——从某种意义上讲是中止于——某一特别的地点。其另一极是抑制、收缩，在那些相互只有机械性联系的部分间进行活动。这两种经验存在着多种多样的情况，它们在无意识之中被当作所有经验的规范。那么，当审美出现之时，就与已有的关于经验的形象形成鲜明的反差，以致不能将其特殊的性质与此形象的特征结合起来，审美没有了它的位置。对于经验的，主要是理智的和实践的说明想要证实，在拥有一个经验时，不存在这样的反差；但实际上正好相反，经验如果不具有审美的性质，就不可能是任何意义上的整体。

审美的敌人既不是实践，也不是理智。它们是单调；松垮而目的不明；屈从于实践和理智行为中的惯例。一方面是严格的禁欲、强迫服从、严守纪律，另一方面是放荡、无条理、漫无目的地放纵自己，都是在方向上正好背离了一个经验的整体。也许，正是部分出于这些考虑，才促使亚里士多德求助于“比例中项”来对道德与审美的独特特征作出恰当的说明。在形式上，他是正确的。然而，“中项”与“比例”都不是自明的，也不能在一种先验的数学意义上来接受它们。它们的特性属于一种具有向着其自身的完满发展运动的一个经验。

由于经验只有在活跃于其中的能量起了合适的作用时才中止，我强调了每一个完整的经验都朝向一个完成和终结运动的事实。这一能量循环的封闭性是与静止和滞积正相对立的。成熟与定型构成两极对立。斗争与冲突是痛苦的，但是，当它们被体验为发展一个经验的中介之时，当它们成为经验向前发展的成分，而不仅仅作为事件存在之时，本身却可被欣赏。正像我们后面会看到的，在每一个经验中，都有着一个所经历的，从更大的意义上讲是所感到的痛苦的成分。否则的话，将不会包容以前的经验。在任何重要的经验中，“包容”都不仅仅是将某物放在对以前所知物的意识之上。它与重构也许是痛苦的东西有关。必要的经历阶段本身令人愉快还是痛苦，这是由具体的条件所决定的。它对总体的审美性质无动于衷，更不用说，很少有强烈的审美经验完全是愉快的。它们固然不应被描绘成是令人愉悦的，但它们在施加于我们身上之时，却确实部分地与对愉悦的完整的知觉相一致。

我曾谈到，使一个经验变得完满和整一的审美性质是情感性的。这个说明也许会带来问题。我们乐于将情感想象成像我们用来称呼它们的词那样是简单而紧凑的事物。欢乐、悲伤、希望、恐惧、愤怒、好奇被当作各自都是某种已经成形的实体出现在人们面前，当作某种也许会持续或长或短时间的实体，而这种持续或这种增长和遭遇与其本性无关。实际上，当情感重要时，它们是一个复杂的，运动和变化中的经验的性质。我说当它们**重要**时，是因为否则的话，它们就仅仅是婴儿被打扰后的吵闹而已。所有的情感都像是一出戏的特性，随着戏的发展，这些情感也在改变。常常有人说一见钟情。但是，他们所钟情的，并非是存在于那瞬间的某物。如果被压缩在瞬间之中，其中没有渴望和牵挂的任何空间的话，那么爱又从何谈起呢？情感的内在性通过人看戏和读小说的经验而显示出来。它参与了情节的发展；而情节需要舞台，需要在空间中发展，需要在时间中展开。

经验是情感性的，但是，在经验之中，并不存在一个独立的，称之为情感的东西。

四、经验的“做”与“受”

因此，不管各经验的对象在细节上是如何相互不同，各种各样的经验中存在着共同模式。存在着一些必须符合的条件，没有它们，一个经验就不能形成。这种共同模式的主要原则是由这样的一个事实所决定的，即每一个经验都是一个活的生物与他生活在其中的世界的某个方面的相互作用的结果。一个人做了某事；例如，他举起了一块石头。其结果是，他经受和遭受了某种东西：重力、张力和他所举之物的表面组织。所感受到的特性决定了下一步的行动。石头太重或太锐利，或者不够结实；或者，所感受到的特性显示，它适合于用来达到想要达到目的。这个过程在持续，直到自我与对象相互适应，而这一种特殊的经验结束。这个简单的例子所说明的道理与所有的经验形成的道理是一样的。行动着的活的生物可以是一个在从事研究的思想家，而与之相互作用的环境可以不是由一块石头，而是由一些想法组成的。但是，两者的相互作用构成所具有的总体经验，所达到的结果都是一种感受到的和谐的建立。

一个经验具有模式和结构，这是因为它不仅仅是做与受的变换，而是将这种做与受组织成一种关系。将一个人的手放在火上烧掉，并不一定就得到一个经验。行动与其后果必须在知觉中结合起来。这种关系提供意义；而捕捉这种意义是所有智慧的目的。这种关系的范围和内容衡量着一个经验的重要内容。一个孩子的经验可以是强烈的，但是，由于缺乏来自过去经验的背景，受与做的关系把握得比较少，因而这种经验在深度和广度方面不够。没有人成熟到看清所有相关的联系。曾经有人(欣顿先生)写了一篇名叫《无知无识者》的小说。这篇小说描绘了一个人在死后无穷无尽的生活延续中对发生在短暂的人世生活中事件的回顾，对与事件相关的关系的不断发现。

经验是受着所有干扰观察受与做之间关系的原因制约的。出现干扰的原因也许会是由于太多的做或者太多的接受性，或受。任何一方的不对称，都会使对关系的观察变得模糊，使经验变得片面和扭曲，使意义变得缺乏和虚假。做的热情，行的渴望，导致许多人几乎令人难以置信地缺乏经验，流于表面，特别是在我们生活于其中的这个忙乱而缺乏耐心的人文环境中，就更是如此。没有一个经验能够有机会完成自身，因为其他的东西来得是如此迅速。被称之为经验的东西变得如此分散和混杂，以至于简直不配用这个名称。抵抗被当作是需要被压制的障碍，而不是对思考的启发。人们更多的是通过无意识而不是故意选择，逐渐找到能在最短时间里做最多的事的情境。

经验也会由于过多的接受性而造成揠苗助长。这时，人们就珍视这样那样的单纯经历，而不管有没有看到任何的意义。人们将尽可能多的印象聚集在一起，并将之设想为“生活”，但这些印象只不过是一些浮光掠影罢了。比起被欲望所激发而行动者来说，感伤主义者与白日梦患者也许有着更多的幻想与印象穿过他们的意识。但是，这个行动者的经验同样也是扭曲的，这是因为，当不存在做与接受的对称时，没有什么能在心灵中扎下根。为了与世界的现实建立接触，为了使印象可以这样与事实关联，从而使它们的价值得到检验和组织，某种决定性的行动是必要的。

由于对所做与所受之间关系的知觉构成了理智的工作，由于艺术家在他的工作过程被他所把握的已做的与将做的之间的联系所控制，那种认为艺术家的思考不如科学研究者那样专心致志而敏锐透彻的想法是荒谬的。一位画家必须有意识地感受他画出的每一笔效果，否则的话，他就不会明白他在做什么，他的作品会向什么方向发展。此外，他必须联系到他所要产生的总体来看每一个做与受之间的联系。要理解这样的关系就要去思考，而且是最严格的方式的思考。同样，不同画家所作的画之间的区别，不仅是由于对色彩本身的敏感性以及处理技巧的不同，而且是由于进行这种思考的能力的不同。至于绘画的基本性质，区别确实是比起其他来更依赖于用于影响知觉的理智的性质——当然，理智与直接的敏感性密不可分，同时，尽管以一种更为外在的方式，与技巧联系在一起。

五、经验与艺术

艺术表示一个做或造的过程。对于美的艺术和对于技术的艺术，都是如此。艺术包括制陶、凿大理石、浇铸青铜器、刷颜色、建房子、唱歌、奏乐器、在台上演一个角色、合着节拍跳舞。每一种艺术都以某种物质材料，以身体或身体外的某物，使用或不使用工具，来做某事，从而制作出某件可见、可听或可触摸的东西。《牛津词典》引了一句约翰•斯图尔特•穆勒的话为例："艺术是一种在实施中对完善的追求"，而马修•阿诺德称之为"纯粹而无缺陷的手艺"。

"审美"一词，正如我们已经指出的，指一种鉴别、知觉、欣赏的经验。它代表一种消费者而不是生产者的立场。它是嗜好、趣味；并且，正如烹调，准备食品的厨师明显需要有技艺的活动，而消费者需要趣味；在园艺中，种植与耕作的园丁与欣赏完成了的产品的住户之间也有类似的差别。

然而，正是这些例子，以及拥有存在于做与受之间的一个经验的关系，表明我们不能走得太远，以至于将审美与艺术之间的区别扩展到将它们分开。实施中的完善不能根据实施来衡量和定义；它包含了对所实施的产物的知觉与欣赏。厨师为消费者准备食物，衡量所准备的东西的价值尺度是在消费中找到的。孤立地根据其自身来判断的，仅仅是实施中的完善，也许只有由机器而不是人才能做到。就其本身而言，它至多是技术性的。一些大艺术家在技术上并非是第一流的(塞尚就是一例)，正像一些大钢琴演奏家并非在审美意义上伟大，正像萨金特[1]并不是一位大画家一样。

归根结底，技艺成为艺术依赖于"爱"；必须深深地喜爱技能所施加

① 译者注：萨金特(John Singer Sargent，1856—1925)一般被认为是美国画家，生于意大利，1876年取得美国国籍，后赴欧洲学画，长期居住在伦敦。作者这里的意思是，萨金特在肖像画技术上非常出色，但却不是最伟大的画家。

的对象。一位雕塑家会留心使所塑的胸像奇迹般地精确。区分一张塑像的照片和一张塑像所再现的人的照片也许会很难。从技巧上讲，这些塑像是令人惊叹的。但是，人们会问，是否胸像的制作者自己也具有那些观看他的作品的人同样的经验。要想成为真正艺术的，一部作品必须同时也是审美的——也就是说，适合于欣赏性的接受知觉。经常的观察对于从事生产的制作者来说，是必要的。但是，如果他的知觉不同时在性质上是审美的，那么它就是苍白地、冷漠地对所做的事的认知，仅成为一个本质上是机械的过程的下一步的刺激物。

总之，艺术以其形式结合了做与受，能量的出与进的关系，这使得一个经验成为一个经验。由于去除了所有对行动与接受的因素间相互组织不起作用的一切，也由于仅仅选择了对它们间相互渗透起作用的方面和特征，其产品才成为审美的艺术作品。人们削、割、唱、跳、做手势、铸造、作素描、涂颜色。只有在所见到结果具有其所见之性质控制了生产问题的本性之时，做与造才是艺术的。以生产某种其直接接受经验可欣赏为意图的生产动作具有一种自发而不受控制的活动所不具有的性质。艺术家在工作时将接受者的态度体现在自身之中。

六、审美经验

前面所提出的想法，由于具体强调点方面的原因，意味着一个经验(取其所蕴含的意义)与审美经验之间既有相通性，也有相异性。前者具有审美性质；否则的话，其材料就不会变得丰满，成为一个连贯的经验。一个生机勃勃的经验是不可能被划分为实践的、情感的，及理智的，并且为各自确定一个相对于其他的独特的特征。情感的方面将各部分结合成一个单一整体；“理智”只是表示该经验具有意义的事实；而“实践”表示该有机体与围绕着它的事件和物体在相互作用。最精深的哲学与科学的探索和最雄心勃勃的工业或政治事业，当它们的不同成分构成一个完整的经验时，就具有了审美的性质。这是因为，这时，它的各种部分就联系在一起，而不只是一个接着一个。各部分通过它们在经验中的联系而推向圆满和结束，而不仅仅最后停止。不仅如此，该圆满并非只在意识中等待整个活动完成时才实现。它是全部活动的期待所在，并不断地赋予经验以特别强烈的滋味。

然而，这里所讨论的经验，受引起与控制它们的兴趣和目的制约，主要还是理智的或实践的，而不是独特地审美的。在一个理智的经验之中，结论有着自身的价值。它可以作为一个公式或一个“真理”被抽取出来，并由于它作为一个因素所具有独立的完整性，可以用于其他研究之中。在一件艺术品中，不存在这样单一的，自足的积淀物。结尾与终点的意义不在于它自身，而在于它是各部分的结合。它没有其他的存在。一部戏剧或小说的意义也是如此，它不在其最后一句话，即使人物被处理为从此幸福地生活着。在一个独特的审美经验中，那些屈从于其他经验的特征取得主导地位；从属的变成了统治的——也就是说，依靠这些特征，经验成了完整、完全而又独立的经验。

在每一个完整的经验中，由于有动态的组织，所以有形式。我将这种组织称之为动态的，是因为它要花时间来完成，是因为它是一个生长过程：有开端，有发展，有完成。材料通过与先前经验的结果所形成的生命组织的相互作用被摄取和消化，这构成了工作者的心灵。这种孵化过程继续进行，直到所构想的东西被呈现出来，取得可见的形态，成为共同世界的一部分。只有在先前长时间持续的过程发展到一个突出的阶段，一个横扫一切的运动使人忘记一切，在这个高潮中，审美经验凝结到一个短暂的时刻之中。使一个经验成为审美经验的独特之处在于，将抵制与紧张，将本身是倾向于分离的刺激，转化为一个朝向包容一切而又臻于完善的结局的运动。

经验过程就像是呼吸一样，是一个取入与给出的节奏性运动。它们的连续性被打断，由于间隙的存在而有了节奏，中止成了一个阶段的停止，另一个阶段的开始和准备。威廉·詹姆士巧妙地将一个意识经验的过程比作一只鸟的飞翔和栖息。飞翔和栖息密切地联系在一起；它们不是许多不规则的跳跃后的许多不规则的停息。经验的每一休止处就是一次感受，在其中，前面活动的结果就被吸收和取得，并且，除非这种活动是过于怪异或过于平淡无奇，每一次活动都会带来可吸取和保留的意义。正像随着一支军队前进，所有已经获得的都周期性地得到巩固，同时也将眼光放到下一步要做的事上。如果我们前进得太快，我们就会远离供给基地——即所积累的意义——从而经验就会变得混乱、单薄和模糊。如果我们在取得一个纯价值以后，磨蹭得太久，经验就会空虚衰亡。

因此，整体的形式存在于每一个成分之中。实现完成和完满是持续的活动，而不仅仅是结束，仅仅处于一个地方。一位雕刻家、画家或作家时刻处在完成其工作的过程中。他必须时刻处在保持和总结作为已经做的，作为一个整体的一切，又时刻考虑作一个整体的将要做的一切。否则的话，他的系列动作就没有连续性和稳定性。处于经验节奏之中的系列性活动，赋予多样性和运动；它们使作品免除了单调和无意义的重复。感受是节奏中的相应的成分，它们提供整一；它们使作品不会成为仅仅是一系列刺激的无目的性。当其决定任何可被称为一个经验的要素被高高地提升到知觉的阈限之上，并且为着自身原因而显现之时，一个对象就特别并主要是审美的，它产生审美知觉所特有的享受。

第三节　选文讲解

杜威的美学思想，主要集中在他的《艺术即经验》一书中。在这部著作中，他提出了许多重要的美学思想。本章所选的段落中主要包含了以下几点。

一、什么是“活的生物”

受达尔文的进化论生物学影响，杜威提出了“活的生物”(live creature)的概念。此前的哲学都是从人与动物的区别来定义人的本质。例如，将人定义为“有理性的动物”“发明和使用语言的动物”“制造和使用工具”的动物，等等。杜威则与此相反，看到从动物从低等到高等，再到人进化的连续性。从动物对环境的反应，看人与环境的关系，这既是杜威哲学的出发点，也是他的美学的出发点。他的美学从有机体与环境之间的相互作用谈起，致力于从动物身上找到一种经验的直接性和整体性。他认为，就针对当下事物形成经验这一点而言，人与动物是一致的。并且，我们可以从这种经验追溯审美经验的起源。

以“活的生物”观念为基石，杜威建立了他的一元论哲学。人是环境的一部分，环境也是人的一部分。我们的皮肤不是隔离自我与环境的墙，我们的活动是在环境刺激下形成的，我们的思想也是环境的产物。人的活动表现为与环境中的其他力量的相互作用。更进一步说，人并不是置身于环境之外对环境进行思考的。当人置身于环境之外时，环境就变成了对象。然而，我们无法置身于环境之外，而只能处于环境之中。我们不是世间诸种力量相互作用的旁观者，而是参与者。

二、杜威哲学中的“经验”

杜威美学的核心概念是“经验”。这里的经验不能简单地理解为“体验”“试验”“实验”等。经验既包括环境作用于活的生物所产生的“受”(undergo)，也包括活的生物作用于环境所产生的“做”(do)。因此，经验不仅有被动的一面，也有主动的一面。不仅如此，他还指出，经验是动态的而非静态的。活的生物在与环境的相互作用中，不断处于平衡丧失和平衡恢复的过程之中。这种平衡的失与得的过程，就是活的生物与环境相互改造的过程。由此，环境成了属于活的生物的环境，而活的生物也适应了环境。在这种动态平衡的过程中，就产生了经验。这种经验既不是纯粹主观的，也不是纯粹客观的，它是人与环境相遇时出现的。经验还具有积累性，过去的经验对当下的经验起作用。从哲学上讲，只有经验才是第一性的，一切关于“自我”和“对象”的意识、思考与理论都是第二性的，是在经验的基础上生长起来的。

三、关于“一个经验”及其意义

杜威进一步提出了他的“一个经验”(an experience)的概念。“一个经验”就是一次圆满的经验。在生活之流中，我们有各种经验，这些经验不完整：做一件事半途而废，听的话是只言片语，到处有过眼烟云的事，说了就忘了的话。不完整的经验不具有累积性，不给人以深刻印象，事过境迁，这些经验就消失了，不留下痕迹。但有时，我们会永远记住一些经验，这既可以是一次大难不死的经历、一次刻骨铭心的恋爱，也可以是一次聚会、一次旅游、一餐饭、一件事的处理，等等。“一个经验”给我们提供了一把理解审美经验的钥匙。

过去的美学家常常利用“审美感官”来论证审美经验。这种“审美感官”在一些人如夏夫茨伯里和哈奇生那里被看成是一种“内在感官”(internal sense)，并将这种“内在感官”看成是独立的，是与“外在感官”即我们通常所说的视听嗅味触感官并列的思想源泉。与这种观点不同，杜威致力于恢复审美经验与日常生活之间的连续性。对于他来说，人只有五种感官，而没有什么第六感官，并不存在“内在感官”。只要经验获得完满发展，就成了“一个经验”。审美经验也不是康德美学所强调的那样，其中没有实用的考虑，没有理智的概念。审美经验只是“一个经验”的集中与强化而已。具有整一性、丰富性、积累性和最后的圆满性的经验，就具有审美的特质。

四、审美经验与“一个经验”的关系

什么是审美经验？审美经验是“一个经验”，它具有自身的完整性。同时，它又是与艺术经验结合在一起的。我们对艺术的欣赏和创作的理解是分离的，而在杜威的美学中，这两者是结合在一起的。创作者在创作过程中，总是不断地在过程中对自己所做的产品的阶段性成果进行欣赏，并由此获得反馈。于是，欣赏在影响创作，而创作以欣赏为目的。审美经验既是被动的，是对既有作品的欣赏，也是主动的，是以创作为目的的经验。

杜威的美学观，对当代美学家所倡导的“日常生活审美化”具有重要影响，他的观点影响了生态自然美学、身体美学的建构，对美学中的实践观的发展也有着积极的作用。

第四节　阅读思考与延伸阅读

一、阅读思考

1. 杜威的经验主义与传统的英国经验主义有什么联系和区别？
2. 谈谈你对杜威所说“一个经验”的理解。
3. 谈谈“一个经验”学说对理解审美经验的意义。

二、延伸阅读

1. 约翰•杜威. 艺术即经验[M]. 高建平，译. 北京：商务印书馆，2005.
2. 约翰•杜威. 经验与自然[M]. 傅统先，译. 北京：商务印书馆，1960，南京：江苏教育出版社，2005.

3. 约翰·杜威. 确定性的寻求[M]. 傅统先，译. 上海：上海人民出版社，2004.

4. Sidney Hook，John Dewey：An Intellectural Portrait[M]，New York：Prometheus Books，1995. Originally published：1939. With an introduction by Richard Rorty.

5. Philip M. Zeltner，John Dewey's Aesthetic Philosophy[M]，Amsterdam：B. R. Grüner，1975.

6. Philip W. Jackson，John Dewey and the Lessons of Art[M]，New Haven and London：Yale University Press，1998.

7. 约翰·杜威. 杜威五大讲演[M]. 胡适，口译. 合肥：安徽教育出版社，1998.

8. 简·杜威. 杜威传[M]. 单中惠，译. 合肥：安徽教育出版社，1987.

（本章由高建平撰稿）

高建平，瑞典乌普萨拉大学美学博士，深圳大学特聘教授，人文学院院长，美学与文艺批评研究院院长；兼任中华美学学会会长，中国中外文论学会会长，中国文学批评研究会副会长；曾任中国社会科学院文学研究所副所长兼学术委员会主任，国际美学协会主席；著有《中国艺术的表现性动作》《西方美学的现代历程》等 12 部著作，译有《艺术即经验》《美学史：从古希腊到当代》等 4 部著作，发表中英文论文 200 多篇，担任多种杂志主编、副主编和编委，多次参加世界美学大会及其他重要国际学术会议。

第十四章 “我”分裂时发生了什么——《理与人》导读

第一节 作者及作品介绍

德里克·安东尼·帕菲特(Derek Antony Parfit，1942—2017)，英国人，执教于牛津大学哲学系，从事道德哲学研究，是20世纪后半叶最重要也最具影响力的道德哲学家之一。1971年，不到30岁的帕菲特因发表论文“个人同一性”而声名鹊起，而真正奠基他一生哲学地位的论著是1984年在牛津大学出版社出版的《理与人》，这本书曾被誉为自19世纪以来道德哲学领域中最重要的著作。其后一生笔耕不辍，晚年出版了第二本书《论重要之事》，全书共三卷，前两卷出版于2011年，第三卷出版于2017年。这本书的手稿在出版之前就已在学界得以分享与研讨，帕菲特本人也因之得到许多有益的反馈，从而使论著在出版时得到了丰富。

读者几乎很少会去触碰艰深的哲学著作，但《理与人》却得到了全球不同阅读层次的读者的青睐。该书问世以来，凭借其生动有趣的文风、简洁有力的语言，受到学术界、媒体和大众读者群的一致好评。《理与人》全书共分为四部分。从主旨上看，前两部分旨在反驳自利的理论。自利的理论认为，每个人都应该追求使他们的生活变得尽可能好的结果。帕菲特通过思想实验提供了一幅当今世界的道德图景：每个人的行为都或多或少地影响他人，很多时候这种影响构成了伤害，只是因为这种伤害非常微小，以至于人们倾向于忽略它，同时这些伤害也激发不起人们的任何道德反感。在书的第一部分，帕菲特邀请我们设想：如果将这种伤害扩大到1000倍，那么它就相当于施虐者对囚徒鞭打一般。同时我们也完全可以设想，这种微小的伤害系统性地普遍存在于整个社会之中。自利的理论得以成立的形而上基础在于自我是一个与他人相互分离的实体。换句话说，“我”的利益可以区别于他人的利益。但是帕菲特向我们指出，这种关于“自我”的形而上学说是错误的，人们所持有的“自我”观念是一种认知幻觉，这种幻觉主要源自近代哲学家笛卡尔的二元论哲学框架下的一个错误信念。

在书的后两部分，帕菲特旨在“解构”个人同一性理论和辩护效用主义(utilitarianism)传统。个人同一性问题是西方哲学从古至今探讨的核心问题之一，帕菲特闻名于世的研究正在于他对个人同一性问题的巨大推进。借用思想实验，帕菲特步步推理，为我们提供了一种接近于佛陀式的作为幻象的自我观，并据此进一步辩护了后果主义的规范伦理立场。其中，第三部分文风清晰简洁，论证干脆利落，可读性极强。本文所选的章节正是出自其中的核心论证部分。

第二节　原文选读①

我分裂时发生了什么

现在我将描述有关头脑分裂的另一个自然延伸的实际事例。假设我是一对同卵孪生兄弟中的一个，我的躯体和我的孪生兄弟的大脑都受了致命创伤。由于神经外科领域的进步，这些创伤将不会不可避免地导致我们两个都死亡。我们之间有一个健康的大脑和一个健康的躯体。外科医生们可以把它们放到一起。

即使用现有的技术这一点也是能够做到的。正如我的大脑能够被摘取出来并且通过与一个人工心肺机相联而保持活体状态一样，我的大脑也能够通过与我的孪生兄弟躯体内的心和肺的相联而保持成活。现今的缺点是我的大脑的神经还不能与我的孪生兄弟躯体内的神经相连接。我的大脑如

① 选文所据版本：德里克·帕菲特．理与人[M]．王新生，译．上海：上海译文出版社，2005.

果移植到他的躯体内的话会成活，但是作为结果的人会是瘫痪的。

纵然他是瘫痪的，作为结果的人会能够与他人交流。一个粗糙的方法会是把某个装置固定到那个控制这个人的右拇指的神经上，使他能够用莫尔斯电码传送信息。另一个装置固定到某个感觉神经上，会使他能够接收信息。很多人会对幸存持欢迎态度，即使是完全瘫痪的一种劫后余生，只要他们仍然能与其他人保持交流。一个现成的例子是一个伟大的科学家，他的生活的主要目标是继续思考某些抽象的难题。

不过，让我们假设外科医生能够把我的大脑与我的孪生兄弟躯体内的神经相连接。作为结果的人就不会瘫痪，就会是完全健康的。这个人会是谁？

这不是一个困难的问题。看起来物理的和心理的准则在此处可能存在分歧。尽管作为结果的人将在心理上与我连续，但是他将不具备我的整个躯体。但是，正如我已经主张的，物理准则不应该要求我的整个躯体的连续存在。

如果我的大脑全部连续存在并且是一个在心理上与我连续的某个活生生的人的大脑，那么我将连续存在。无论我(原来)的躯体的其他部分发生了什么变化，这都为真。当我被赋予某个别人的心脏的时候，我是幸存下来的接受者，而不是死去的捐献者。当我的大脑被移植到某个别人的躯体中的时候，可能看起来这里我是死亡了的捐献者。但是我仍然是真实的接受者，而且是幸存者。接受一个新头脑、一个新躯体正是接受新心脏、新肺脏和新手臂等等的极限事例。

我的新躯体像什么将当然是重要的。如果我的新躯体根本不像我的旧躯体，这会影响到我能干什么，而且或许会间接导致我性格上的变化。但是没有理由假设被移植到一个非常不同的躯体这一点会瓦解我的心理连续性。

有人已经提出诘难说，“拥有某些种类的性格特性要求拥有一种适当的躯体”。昆顿回答了这个诘难。他写到一个不太可能的事例：

> 一个 6 岁的小女孩展现出温斯顿·丘吉尔的性格会是件怪异的事，达到坚忍不拔这一点的确是怪异的，但不是完全不可想象的。毫无疑问，小女孩所展现的顽强忍耐力、对世界和历史的宏观把握等等，起初会让人感到在一个这么小的孩子身上会有些味道不对和自命不凡。如果她把这一点保持下去，这样的印象就会渐渐淡去。

更加重要的是，正如昆顿所论证的，这个诘难只表明重要的或许是我的大脑是否落户在某种躯体中，但是它并不表明重要的是我的大脑是否落户在任何特定的躯体中。而且在我想象出的事例中，我的大脑将落户在这样一个躯体中，这个躯体尽管在量上并不与我的旧躯体同一，却非常相似——因为这是我的孪生兄弟的躯体。

照心理准则的所有版本来说，作为结果的人都会是我。而且绝大多数信奉物理准则的人们会被说服，承认在这个事例中此为真。正如我已经主张的，物理准则应该只要求我的足量作为一个活生生的人的大脑的那部分大脑的连续存在。前提是没有任何别人具有这样的大脑。这会使那个手术后苏醒过来的人是我。而且如果我的孪生兄弟的躯体就像我的躯体一样，我甚至可能不会注意到我有了一个新躯体。

真的，事实上一个半脑就足够了。当脑中风或者意外伤害使许多人的两个半脑中的一个失去功能时，他们幸存了下来。以其尚存的半脑，这样的人可能需要重新习得某些东西，诸如成人的言语和如何控制双手等等。但这是可能的。在我所举的例子中，我假定就像在许多实际生活中的人的真实情况一样，我的两个半脑都各自完全具有一系列的能力。这样我会以其中的任何一个半脑幸存下来，而无需重新习得。

现在我将把这最后两个主张结合起来。如果我的大脑被成功地移植到我的孪生兄弟体内的话，我也会幸存下来。而且在我的大脑的一半业已被毁的情况下，我会只以我的大脑的另一半而幸存下来。鉴于这两个事实，显然，如果我的大脑的一半被成功地移植到我的孪生兄弟的体内，而另一半被毁，我亦会幸存下来。

如果另一半大脑不被毁掉又当如何？这正是威金斯所表述的一个事例，其中一个人像变形虫一样分裂了。为简化该事例起见，我假定我是同卵三胞胎中的一个。考虑一下

> **我的分裂**。我的躯体受了致命伤，就像我的两个兄弟的大脑受了致命伤一样。我的大脑被分割成两半，分别成功地移植到我的两个兄弟的体内。作为结果的两个人中的每一个都认为他是我 ，好像记得过去我的生活，具有我的性格，而且其他每一个方面都在心理上与我连续。而且他具有一个与我的躯体非常相似的躯体。

这个事例很可能仍是不可能的。尽管有主张说，在某些人中两个半脑可能具有完全一样的能力，但是这个主张或许是虚假的。我在这里假定这个主张在应用到我身上的时候为真。我还假定一个被移植的半个大脑与其新躯体中的神经相连接会是可能的。而且我假定我们能够分裂，不仅是指脑上部的两个半球，而且脑下部也能够分裂。如果神经生理学取得足够进步的话，我的前两个假定可能会成为现实。但是以一种不损坏其功能的方法来分割下脑，看来好像是永远不大可能的。

如果由于这个理由，这个想象的完全分裂的事例将总是不可能的，那么重要吗？鉴于我的讨论的诸目标，这并不重要。这种不可能纯是技术上的。或许被当作根本上不可能的一个该事例的特征——一个人的意识分裂为两个独立的意识流——是一个实际上已经发生了的特征。即使本不可能的话，它本来也是重要的。因为这可能已经支持某个有关我们真正地是什么的主张了。它可能已经支持我们是不可分的笛卡儿式的自我这一主张了。因而一个人的意识分裂事实上是可能的这一点是重要的。在我们真正是什么这样一个特定观点与分割下脑、成功移植下脑的两半之不可能性之间，好像没有什么相似的关系。于是这种不可能性并不为拒绝考虑那个想象出的事例提供根据，在那个事例中我们假设这是能够做到的。而且考虑这个事例可能既有助于决定我们相信我们是什么，又有助于决定事实上我们是什么。正如爱因斯坦的例子所表明的，考虑一些不可能的思想-实验

会是有益的。

事先陈述这个事例表明什么，可能有所助益。它进一步论证了有关我们是独立存在的实体的观点。但是有待得出的主要结论是个人同一性无关紧要。

认为我们的同一性重要是自然的。重新考虑一下那个支线事例，其中我已经与我在火星上的复制品谈了话，而且将要死去。假设我们认为我和我的复制品是不同的人。那么假定我的前景几乎像通常的死亡一样糟就是件自然的事。几天之内，将不会有一个是我的人在生活。假定这是重要的是件自然的事。在讨论我的分裂的时候，我将从作出这一假定开始。

在这个事例中，我的大脑的两个半脑将分别成功地移植到我两个兄弟十分相似的躯体内。两个作为结果的人将在心理上完全与现在这样的我连续。我身上发生什么？

只有四种可能性：(1)我没有幸存下来；(2)我作为两个人中的一个幸存下来；(3)我作为两个人中的另一个幸存下来；(4)我作为两者都幸存下来。

对(1)的诘难是这样的。如果我的大脑被成功地移植的话，我会幸存下来。而且事实上有些大脑损坏了一半的人幸存了下来。鉴于这些事实，如果我的一半大脑被成功地移植而另一半大脑被毁掉，我会幸存这一点好像很明显。这样，如果在我的另一半大脑也被成功移植的情况下，我又怎么不能幸存下来呢？

考虑一下接下来的两个可能性。成功大概就是最大程度的成就。也许我是两个作为结果的人中的一个。此处的诘难是：在这个事例中我的大脑的两个半脑是确切相似的，而且一开始两个作为结果的人也是如此。鉴于这些事实，我怎么能只是作为两个人中的一个而幸存下来呢？是什么能够使我成为其中的一个而不是另一个？

这三种可能性不能够因其不连贯而被拒绝考虑。我们能够理解它们。但是当我们假定同一性重要的时候，(1)是不可取的。我的分裂不会像死亡一样糟。(2)和(3)也是不可取的。剩下第四种可能性：我作为两个作为结果的人双双幸存下来。

这种可能性也许可以用数种方式加以描述。我可能首先主张：“我们所谓的‘作为结果的两个人’不是两个人。他们是一个人。我的确经历这个手术后幸存下来。其后果是赋予我两个躯体和一个分裂的头脑。”

这个主张不能直接加以摒弃。正如我论证过的，我们应该承认一个人会有一个分裂的头脑这一点是可能的。如果这是可能的，那么我的分裂头脑的每一半可能可以控制其自己的躯体。尽管对该事例的这个描述不能被当作不可想象的东西予以拒斥，但是它涉及到个人概念上的一个巨大的变化。在我想象出的那个物理考试事例中，我主张这个事例只涉及到一个个人。该事例的两个特征使之具有可取性。那个分裂的头脑很快得到重新统一，而且只有一个躯体。如果一个头脑被永久地分裂，而且其两半各自以不同的方式发展，主张该事例只涉及到一个人就会变得不合情理。（记住那个病人的实例，他抱怨拥抱自己的妻子时自己的左手把她推开。）

也涉及两个躯体的那个完全分裂的事例，好像远远超出了那个边际。在我做完手术之后，两个“产品”每一个都有一个人的所有特征。他们可能会生活在地球的两端。假设他们的记忆力不强，而且他们的外貌发生了不同的变化。在许多年之后，他们或许重新相遇，而且甚至没能相互认出对方。我们可能不得不就这一对浑然不觉地在打网球的人主张说：“你在那里所见到的是某个单一的个人，在同他自己打网球。在他的头脑的每一半中，他都错误地认为他正在同某个别人打网球。”如果我们尚不是还原论者，我们认为对于这两个打网球的人是否是一个单一的个人有一个真实的答案。有鉴于我们的“个人”一词的含义，答案一定是否定的。我相信是个陌生人的那个站在球网后面的人事实上却是我自己的另一部分，这一点不能为真。

假设我们承认那两个“产品”，就像他们看上去的那样，是两个不同的人。我们还会主张我作为两者幸存下来吗？我们能够另辟蹊径作如此主张。我会说：“我作为两个不同的人在手术后幸存下来。他们可以是两个不同的人，但是仍然是我，就像教皇的三个皇冠一起组成一个皇冠一样。”

这个主张也是前后一致的。但是它再次大大曲解了个人的概念。我们欣然同意，教皇的三个皇冠被放到一起时形成第四顶皇冠。但是难以把两个在一起的人看成是一个第三人。假设作为结果的人进行决斗。那么，这是一边一个人，一边两个人的决斗吗？而且假设发射的一粒子弹打死了人。这是一个谋杀与一个自杀的两种行为吗？多少人活下来了？一个还是两个？这个复合的第三人没有独立的精神生活。令人难以置信，实际上会有这样一个第三人。与其说作为结果的人共同构成我——以至于二重唱变成三重唱——不如把他们当作一对而且以一种更简单的方式表述他们与我的关系来得更好些。

人们可能会提出一些别的主张。可能会提出，两个作为结果的人现在是不同的人，但是在我的分裂之前他们曾是同一个人。在我的分裂之前，他们曾是我。这个解释是模棱两可的。该主张会说在我的分裂之前他们一起是我。照此说法，甚至在我的分裂之前就曾有三个不同的人。这比我刚刚拒斥的那个主张更加缺乏令人信服之处。（或许有人认为我误解了这一解释。该主张可能是说作为结果的人在我的分裂之前作为独立的人并不曾存在。但是，如果他们那时并不存在，那么他们曾一起是我就不能为真。）

人们可能转而提出在我的分裂之前每一个作为结果的人曾是我。在我的分裂之后，两个都不是我，因为我现在并不存在。但是，如果每一个这样的人曾是我，那无论我身上发生了什么，都一定已经发生在每一个这样的人身上。如果我在我的分裂之后不曾幸存下来，那么这些人没有一个幸存下来，既然现有两个作为结果的人，该事例涉及到五个人。这个结论是荒谬的。我们能够否定蕴含着这个结论的假定吗？我们能够主张尽管每一个作为结果的人曾是我，但是曾发生在我身上的并未曾发生在这些人身上吗？假定我还没有分裂。照此来说，每一个作为结果的人现是我现在为真。如果发生在我身上的并不发生在 X 身上，X 不能是我。

否定最后这个主张有一些牵强的方式。这些方式诉诸有关“时态性的同一性”。姑且称一个作为结果的人为老左。我或许问，“老左和德里克·帕菲特是同一个人的名字吗？”对那些相信时态性的同一性的人们而言，这不是一个适当的问题。正如这表明的，有关时态性的同一性的主张与我们现在所思考的方式极为不同。在此我只想陈述我认为别人已经表明的一点：这些主张并不能解决我们的难题。

大卫·刘易斯提出了一个不同的建议。照他的观点，甚至在我的分裂之前就有两个人分享我的躯体。在细节上，这个建议既雅致又机智。我在此将不重述为什么，就像我在别处已经主张的那样，这个建议并不解决我们的难题。

我们已经讨论了有关我分裂时发生什么的数个异乎寻常的观点。照这些观点，该事例牵涉到一个单一的人的独唱，一对二重唱，一组三重唱(其中两人组成第三人)和一组五重唱。我们毫无疑问会猜想出那个缺席的四重唱。但是考虑这些观点之外的更多的观点会显得冗长乏味。所有的观点都牵涉到对个人概念的巨大曲解。因而我们应该拒斥所提出的第四个可能性：即在某种意义上我是以两个作为结果的人而双双幸存下来的。

还有其他三种可能性：我将是这些人中的一个、另一个，或者不是两者中的任何一个。这三个主张曾看起来并不可取。下面请注意，就像以前，就算我们实际能操作这个手术，我们也不能发现什么。假设，例如，我的确作为一个作为结果的人而幸存下来。我会认为我已经幸存下来。但是我会知道另一个作为结果的人会虚妄地认为他是我，而且是他幸存下来。既然我会知道这一点，就会不信赖我自己的信念。我会是具有虚妄信念的那个作为结果的人。而且，既然我们两者都主张是我，他人就会没有理由认为我们中的一个而不是另一个。从而，就算我们实施了这个手术，我们也不会有所收获。

无论在我身上发生了什么，我们也不能发现发生了什么。这为我们的问题提出了一个更加极端的答案。它提示着还原论者的观点为真。这里大概没有不同的可能性，其中的每一个或许是所发生的，尽管我们永远不会知道实际上发生的是哪一个。大概，当我知道每一个作为结果的人会有我的大脑的一半，以及会与我在心理上连续的时候，我们也就知道了一切。例如，当我们提出作为结果的人中的一个或许是我的时候，我们在假设什么？什么会使这成为真正的答案？

我认为不能有不同的可能性，其中的每一个或许都是真相，除非我们是像笛卡儿式的自我那样的独立存在的实体。如果我所示的真是一个特定的自我，这就解释了作为结果的人中的一个是我这一点如何会为真。正是在这个人的大脑和躯体中这个特定的自我重获意识，这会是真的。

如果我们相信笛卡儿式的自我，我们或许会想起伯里丹的驴(Buridan's ass)这一典故，这头驴面对同样富有营养的两捆干草而被饿死。这头驴在吃这两捆干草中另一捆之前没有理由吃这干草中的这一捆。作为一个过分理性的牲畜，它拒绝作出没有理由的选择。在我的例子中，为什么我所示的那个特定的自我应该作为两个作为结果的人中的一个而苏醒过来会没有理由。但是这或许就是随机地发生的，就像基本粒子一样。

对笛卡儿式的自我的信奉者们而言更加困难的问题是，我到底是否会幸存。既然每一个作为结果的人会在心理上与我连续，就不会有证据支持对于这个问题的任何一个答案。即使我是一个笛卡儿式的自我，这个论证也具有力量。

就像以前，一个笛卡儿的信奉者可能诘难说，我误述了所发生的事。他可能主张，如果我们进行这个手术，作为结果的人两者都会在心理上与我相连续事实上不会为真。这些人中这一个或者那一个在心理上与我相连续或许为真。在这些事例中的任何一个中，这个人会是我。也许两者中没有一个在心理上与我相连续反而为真。在这种情况下，我不会幸存下来。在这三种情况中的任何一种情况下，我都会获得真相。

这是否是一个好诘难取决于我们的心理特征和我们的大脑之间的关系是什么。正如我已经说的，我们具有有关心理连续性的承载者并不是不可分的决定性证据。在左右半脑业已被割裂的那些病人实例中，产生了两个系列的思想和感觉。这两个意识流在心理上都与原先的意识流相连续。心理的连续性于是已经在数个实例中呈现出一个分裂的形式。这个事实驳斥了刚才的诘难。它证明我的这一个主张是正当的，即在我的分裂这个想象的事例中，两个作为结果的人都会在心理上与我相连续。既然如此，能够被提出的笛卡儿式的观点也只能是一种更加令人怀疑的版本，这个版本并不把自我与任何可观察的或者可内省的事实相连接。即使我是这样的一个自我，我也决不会知道我是否已经幸存下来。对笛卡儿的信奉者们而言，这个事例是一个不可解的难题。

假设，鉴于早先给出的理由，我们拒斥有关我们每一个人其实都是一个笛卡儿式的自我的主张。而且我们拒斥有关个人是与其大脑、躯体和各种各样的精神、物理事件相分离的其他任何种类的独立存在的实体的主张。那么，我们应该如何回答有关我分裂时发生什么的问题？我区分过四种可能性。当我讨论每一种可能性的时候，好像都有一些针对该可能性就是会发生的情况这一主张的诘难。如果我们相信这四种可能性是一些不同的可能性，其中的任何一种都可能是所发生的情况，那么该事例对我们来说就也是一个难题。

依照还原论者的观点，这个难题消失了。照此观点，我已经讨论过的那些主张并不描述不同的可能性，其中的任何一个可能为真，而且其中的一个必定为真。这些主张只是对同一结果的不同描述。我们知道这个结果是什么。将有两个未来的人，其中的每一个将拥有我的一个兄弟的躯体，而且将在心理上与我相连续，因为他具有我的大脑的一半。知道了这一点，我们就知道了一切。我可能问，“但是我将是这两个人中的一个呢，还是另一个呢，抑或哪一个也不是？”但是我应该视之为一个空洞的问题。下面是一个类似的问题。在 1881 年，法国社会党分裂。发生了什么？法国社会党不再存在了吗？还是作为两个新的党的一个或者另一个而继续存在呢？鉴于某些进一步的细节，这会是一个空洞的问题。即使我们对这个问题没有答案，我们会知道究竟发生了什么。

我现在必须区分使一个问题可能空洞的两种方式。关于一些问题，我们应该主张它们既是空洞的又是没有答案的。我们会决定赋予这些问题答案。但是任何可能的答案都会是随意的这一点可能为真。如果是这样，给出此类问题以答案这一点会是无的放矢的，而且可能容易令人误入歧途的。联合谱系中那些主要事例中的那个“我将幸存吗？”的问题或许就是如此。如果在远端事例中我不会幸存的话，在其他谱系的主要事例中上述这点也适用。

还有另一类其中问题可能空洞的事例。在这样的一个事例中，这个问题在某种意义上有一个答案。该问题是空洞的，因为它并不表述不同的可能性，其中的任何一个可能为真，而且其中的一个必定为真。该问题只是赋予我们同一个结果的不同表述。我们不经选择这些表述中的一个就会知道有关这个结果的整个真相。但是，如果我们的确决定赋予这个空洞的问题一个答案，那么这些表述中的一个就比另一些要好些。既然如此，我们能够主张这个描述是对这个问题的一个回答。而且我主张就我分裂的那个事例而言有一个最佳的描述。最佳的描述就是，作为结果的两个人中将没有哪一个是我。

既然这个事例并不涉及到不同的可能性，重要的问题不是“哪一个是最佳描述？”而是“什么应该对我来说是重要的？我应该如何看待分裂？我应该把它当作像死亡一样，还是当作像幸存一样？”当我们已经回答了这个问题的时候，我们能够决定我是否已经给出了最佳描述。

在讨论什么是重要的之前，我将兑现一个早先的承诺。对心理准则的一个诘难是，心理连续性预设了个人同一性。在记忆事例中，通过诉诸那个更加宽泛的准记忆概念，我回答了这个诘难。珍妮的类记忆记得具有某个别人的过去经验。我的分裂事例提供了另一个例子。既然至少两个作为结果的人中的一个将不是我，他能够类记忆地记得过着某个别人的生活。

我并未表明在表述心理连续性中所牵涉到的其他关系时我们需要预

设个人同一性。既然我已经表述了我的分裂，这点就能够容易地得到表明。另一个直接的关系是某个意图和随后把这个意图付诸实践的行动之间的关系。我们可能试图只采取我们自己的行动，这一点可能在逻辑上为真。但是我们能够使用一个新的概念——类意图。一个个人可能会接近打算采取另一个人的行动。当这个关系成立的时候，它并不预设个人同一性。

那个分裂事例表明这涉及到什么。我能虚拟打算一个作为结果的人周游世界，同时另一个人呆在家里。我所虚拟打算的将不是由我来做，而是由两个作为结果的人来做。正常情况下，如果我打算某个别人应该做某事的时候，我只是通过形成这样的意向，而不能够使其做这事。但是如果我那时将要分裂，只是形成虚拟意向就会足够了。两个作为结果的人都会继承这些虚拟意向，而且，除非他们改变了他们所继承的想法，他们会把它们予以实施。因为他们或许改变他们的主意，所以我就不能肯定他们会做我所虚拟意向的。在我自己的生活内同理亦然。因为我可能改变我自己的主意，所以我不能肯定我将做我现在所打算去做的事。但是我具有通过形成坚定的意向来控制我的未来的某种能力。如果那时我将要分裂，我会刚好具有那么多的能力，通过形成虚拟意向来控制两个作为结果的人的未来。

相似的评述适用于所有其他的直接心理联系，诸如在性格连续性中所牵涉到的那些联系等等。所有的这样的联系处于我和每一个作为结果的人之间。既然至少这些人中有一个不能是我，这些联系中就没有任何联系预设个人同一性。

第三节　选文讲解

本节将简单地介绍什么是哲学论证，扼要地梳理与文本相关的背景知识和部分论证要点。如果想要了解整体论证，最好阅读《理与人》第三部分第 75～118 节的内容。

论证最典范的例子莫过于数学证明。很多数学论证是从自明的前提出发，一步一步推理，最后得出结论。说它是论证，是因为如果所有前提都为真的话，那么基于数学和逻辑的推理规则，结论就不可能为假。换言之，结论的真值由所有前提的真值和推理规则来共同保证，而论证结构就体现在这“一步一步推理”的真值传递之中。类似地，哲学论证也是如此。哲学论证也会假定，如果前提为真，那么会推出什么结论；但如果结论看上去很荒谬，那么由之出发的前提就会相当可疑，这时候论证者可能就会推翻前提，重新进行推理。有些哲学作品看上去晦涩难读，让人望而却步，部分原因在于哲学论证并不像数学论证那么显见和一目了然。但大体上，我们可以先通过考察一个论证在推理中的真值传递过程是否符合推理规则来判断它是不是一个有效论证，然后再通过考察它每一个前提是否是真命题来判断一个结构有效的论证是否是可靠论证。哲学晦涩的另一部分原因在于生僻的专业术语。有时候，作者对某些专业术语或概念未加说明，既会增加文本阅读的难度，也会显得对非专业读者不甚友好。下面先从解释帕菲特谈论的核心概念入手，再考察帕菲特的论证要点，以帮助大家更好地进入文本、理解论证。

一、个人同一性

想知道什么是个人同一性(personal identity[①])，首先需要知道同一性这个概念。同一性追问的是使得一物是其自身的那个东西。很多哲学家认为，一个东西是其所是，而不是别的东西，需要一个原因或解释，这就是同一性问题，它在数学中的表达是逻辑的同一律，即 A=A。再在前面加上限定语“个人”，就是关于个人的同一性问题。顾名思义，个人同一性追问这个问题：使得个体是其自身的那个东西或本质到底是什么？

大家或许听过“忒休斯之船”的故事。这艘船由一块块木板组合而成，它在使用消耗中不断被更换木板，如果只是更换一块木板，我们似乎没有理由觉得它不再是原来的那艘船；但当所有木板都被更换后，这艘船还是原来的那艘船吗？如果是，理由是什么？如果不是，又是为什么？

同样的疑惑也会出现在人身上。常识告诉我们，我就是我，小时候的我和现在的我是同一人，现在的我和以后的我也会是同一人——但果真如此吗？我们的身体似乎无时无刻不在发生变化，我们的思想亦然。从物理层面看，人的身体是不断变化着的，据科学研究表明，人身体中的细胞每 7 年就会全部更新一次，那么 7 年前的人和 7 年后的人还是同一个人吗？从精神层面看，人的心灵状态、记忆也是不断变化的，失忆前的人和失忆后的人是同一个人吗？更极端点的哲学追问甚至可以是：我可以确定昨天的我和今天的我是同一个人吗？或者我如何确定上一秒的我和下一秒的我是同一个人？如果我确定，那么我似乎应该对如此回答给出一个令人信服的说法。我们这里介绍的帕菲特的论述，正是这种历时中的个人同一性问题。简而言

---

① 有些学者也将之翻译为“人格同一性”。

之，它追问在历时中使得一个人是其自身的那个东西到底是什么。

二、“我的分裂”

如果我们认为支撑个人同一性的东西是存在的，那么我们应该给出一个足以令人信服的说明。一般而言，对个人同一性的探讨有物理准则和心理准则两个进路。物理准则说的是，个人同一性的持存在于物理上的特定事实，例如身体的连续性；心理准则说的是，个人同一性的持存在于心理上的特定事实，例如心理的连续性。帕菲特认为物理准则的解释问题很大，但是心理准则的解释也并不令人满意。让我们简单考察一下他针对心理准则进路的核心论证。

帕菲特邀请我们一起假想一个名为“我的分裂”（My Division）的思想实验。在“我的分裂”实验中，“我”的左右半脑被分别植入我的两个兄弟 A 和 B 的颅内，作为手术结果，产生了 A’和 B’两个新人。我们用 P 表示论证的前提，用 C 表示论证结论，通过阅读文本，我们知道帕菲特做了如下一组前提假设：

P_1没有理由认为，一个人不会幸存于只有一个脑半球的情况；

P_2没有理由认为，大脑被移植到一个新的躯体中会中断其心理连续性；

P_3即便两个脑半球被切开，各自也具有原来的完整的心理连续性。[①]

当然，列出这三个原命题作为论证前提，不是说它们是绝对无争议的，只是基于现有临床研究和证据表明，如此预设争议会比较小，而我们也很难设想它们的否命题是真的。暂且以此为前提，那么问题就来了：在“我的分裂”这一实验中，手术前原来的“我”和手术后作为结果的两个新人是什么关系？原来的“我”还继续存在吗？

帕菲特指出，这里只有四种逻辑可能性：

[1] “我”没有幸存下来；

[2] “我”作为两个人中的一个幸存下来；

[3] “我”作为两个人中的另一个幸存下来；

[4] “我”作为两者都幸存下来。

不难发现，P_1和P_2是反驳[1]的关键“证据”，P_3又反驳了[2]和[3]这两种情况，似乎四种逻辑可能中只有[4]最有可能胜出。不过帕菲特告诉我们，这四种可能性都有问题。如同数学论证一样，哲学论证也可以通过排列一组命题的方式来直观地“看”。让我们以命题序列的方式“看”一下帕菲特的推理过程。

P_2没有理由认为，大脑被移植到一个新的躯体中会中断其心理连续性；

① 用帕菲特自己的话说，两个半脑在心理层面上是“确切相似的”。

P_3'由 P_3 可知，两个脑半球之间以及它们与原来的我的大脑之间，在心理层面上都是“确切相似的”；

C_1 手术前原来的“我”与手术后两兄弟的 A'保持心理连续性。

C_2 手术前原来的“我”与手术后两兄弟的 B'保持心理连续性。

P_4 根据心理准则，如果 x 和 y 是心理上连续的，那么 x 和 y 是同一人。

C_3“我”是 A'，或者说，他们是同一人。

C_4“我”是 B'，或者说，他们是同一人。

C_5 A'是 B'，或者说，他们是同一人。

在这个命题序列中，P_3'由 P_3 蕴含，C_1 和 C_2 皆由 P_2 和 P_3'推出，P_4 是心理准则的标准，C_3 根据 C_1 和 P_4 推出，C_4 根据 C_2 和 P_4 推出，C_5 则根据 C_3 和 C_4 推出。看上去，这个推理是逻辑上有效的，且如果上述前提都是真的，那么结论也是真的。

这里做两点澄清。首先，我们看到 C_1 和 C_2 皆由 P_2 和 P_3'推出，它们为什么能够同时成立？这是因为，使得 C_1 成立的条件也是使得 C_2 成立的条件，没有理由认为 C_1 成立而 C_2 不成立，也没有理由做相反的设想，即认为 C_2 成立而 C_1 不成立。

其次，为什么 C_3 和 C_4 又能够同时成立？合取 P_2 和 P_3'推出 C_1，合取 C_1 和 P_4 推出 C_3，相当于说，合取 P_2、P_3'、P_4 推出 C_3；同理，合取 P_2 和 P_3'推出 C_2，合取 C_2 和 P_4 推出 C_4，也相当于说，合取 P_2、P_3'、P_4 推出 C_4。这意味着，使得 C_3 成立的理由也是使得 C_4 成立的理由，没有理由认为使得 C_3 成立的理由不能构成使得 C_4 成立的理由，也没有理由做相反的设想——认为使得 C_4 成立的理由不能构成使得 C_3 成立的理由。

换句话说，推论 C_1 和 C_2 推论 C_3 和 C_4 在论证上是“同构的”——逻辑上必然地，它们同真同假，而非一真一假。

看来，逻辑可能性[2]和[3]是同真同假关系。问题是，它们同时为真，逻辑上存在这种可能吗？如果可能，推理似乎指向了可能性[4]，即原来的“我”作为 A'和 B'两个个体而幸存，且由 C_5 可知，A'和 B'实际上是同一人。但这有点违背日常直觉，就好比说有丝分裂后的两个阿米巴虫不是两个虫而是同一个虫。我们应该进一步追问，手术前原来的单一个体作为手术后两个分离的个体而幸存，这是逻辑上可能的吗？

假设存在这种情况，手术后的 A'和 B'不是两个人而确实是一个人，那么，手术等于赋予原来的“我”以两个躯体和一个分裂的大脑。这是可能的，但是这种可能似乎极大地曲解了“个人”这个概念和其中的量词“个”。这种主张令人难以信服。

可能还有别的解释。比如，一种主张引入时态逻辑、基于回顾式的视角解释术前术后的看法是：在分裂前，作为结果的两个个体曾经是原来的我；在分裂后，他们现在加在一起是原来的我。这样做似乎有希望胜出。但这种解释似乎有点怪异，大众读者可能会觉得哲学家在玩语言游戏。帕菲特认为，这种主张同样令人难以信服。

看上去，四种逻辑可能性都不太可能为真，这个论证使我们处于这个尴尬的认识局面：我们很难说原来的“我”没有幸存，但果真原来的“我”幸存下来，穷尽所有逻辑可能，我们却发现，这些可能性都不太可能为真。

三、论重要之物

到目前为止，通过“我的分裂”实验，帕菲特向我们展示了四种逻辑可能各自的问题，但我们似乎仍必须追问“分裂后原来的人到底哪去了”这个问题的答案。帕菲特指出，这种追问反映了我们在认识上的两个信念误区，表达为命题如下：

P_5个人同一性对于人的幸存而言是重要的；

P_6追问个人同一性是重要的问题，而绝非是“空问题”。

P_5 的意思是：逻辑上，幸存蕴含同一性而不是相反，若丧失同一性，则不可能幸存，若幸存，则必根源于恒常之同一性；P_6 的言下之意是：在“我的分裂”实验中，一定存在一个答案，可以使得我们判断四种情况中的一种为真。帕菲特提出了“空洞的问题”(empty question)这个术语，我们简称它为“空问题”。说一个问题是空问题，是说在某件事或某种情况下追问相关事物的同一性不会得到答案，但实际上追问者不会不知道实际上发生了什么，也不会对这件事或这种情况感到迷茫。例如，当忒休斯之船被换掉一块或若干块木板时，我们虽然不好判断它到底是不是原来的那艘船，但实际上我们都知道“这件事”或“真实的情况”——用老百姓的大白话说，就是——事情就是这么个事情，情况就是这么个情况。而且，同样的事情或情况每天都在发生，体现在日常生活里的许多示例中。例如，最初有固定会员的某数学俱乐部，数年间不断有老会员退出和新会员加入，我们不禁问，现在的数学俱乐部还是原来的那个数学俱乐部吗？根据帕菲特的意见，这是一个典型的空问题，追问同一性不会让你有一个答案，但是毫无疑问，我们实际上都知道发生了什么。

这种解释似乎暗示了，同一性概念对于幸存概念而言不重要。倘真如此，什么对幸存重要？帕菲特指出，移植两个脑半球和移植一个脑半球都算原来的“我”幸存，两者都包含使得幸存得以成立所需要的一切，只是移植两个脑半球会令人疑惑幸存下来的两个独立意识——如果它们包含两个新的自我——到底哪个是原来的“我”的意识的继续。而且在这种“双重幸存”的情况下，我们几乎没有理由说原来的“我”没有幸存，因为如果没有幸存意味着死亡，那么双重幸存就远非意味着死亡，正如帕菲特自己所言：

双重幸存不同于通常的幸存。但是这并不使双重幸存成为死亡。双重幸存甚至更加不像死亡。①

有人可能觉得，幸存要求同一性，即如果原来的人幸存，那么必须首先是原来的人和作为结果的人是同一人。然而，双重幸存会让这一点变得匪夷所思，它留给我们一个问题：一个人与一个以上的人同一，这是逻辑上可能的吗？帕菲特认为这绝无可能，但“我的分裂”实验中“我”的幸存又是显而易见的。看来似乎应该重新思考“幸存蕴含同一性”这一命题。也许应该思考的是，如果同一性对于幸存而言不重要，那么重要的是什么呢？在后续论证中，帕菲特主张，对于幸存而言，重要的一组心理联系的连续性和联系性，即关系 R：

关系 R 重要。R 是有那类正确原因的心理联系性和/或者心理连续性。在对于什么重要的说明中，那类正确原因可以是任何原因。②

尽管如此，当关系 R 呈现为一对一的关系时，我们似乎仍可以使用个人同一性的概念来描述事情的经过，例如说昨日之我与今日之我“同一”，但如果关系 R 发生分叉，呈现为分裂示例中一对二的关系时，我们就很难用同一性语言来描述事件而不致造成认识麻烦。关于怎么进一步理解关系 R，帕菲特在书中有进一步论述，对他的论证的若干反驳意见，他在书中也一一予以了回应，限于篇幅，这里不再赘述。

帕菲特的个人同一性理论引起了当代形而上学和认识论领域的广泛探讨，对当代哲学的发展产生了重大的影响。至今仍有许多学者致力于研究帕菲特的著作，尤其是在哲学研究的重镇牛津大学，许多学者已将帕菲特的理论应用于生命伦理和战争伦理等当代哲学议题的探讨中，对实践哲学的发展做出了重要贡献。

第四节 阅读思考与延伸阅读

一、阅读思考

1. 帕菲特关于“我的分裂”思想实验的设想是一个合理的设想吗？为什么？

2. 通过哲学思想实验认识“我”与通过科学实验来认识“我”有什么不同？哪一个具有更基础的认识论地位？

3. 考虑同卵双生的情况。在同卵双生的情形中，原来的受精卵分裂为两个一模一样的胚胎，由于两个胚胎来自同一受精卵，两者具有完全一样的染色体和基因物质。那么，在分裂为两个胚胎后，原来的受精卵还继续存在吗？为什么？

① 德里克·帕菲特. 理与人[M]. 王新生译. 上海：上海译文出版社，2005：400.

② Parfit D. Reasons and Persons[M]. Oxford：Oxford University Press，1984：262.

4. 考虑帕菲特的电子传输示例。如果地球上的传输机复制了某个原来的人的所有信息并毁灭了这个人，在火星上根据传输信息创造了一个一模一样的新的人，你会认为这个新的人是原来的人吗？为什么？更进一步地，如果地球上的人并没有被毁灭，而火星上又产生了一个与地球上一模一样的新的人，你又会怎样认为呢？为什么？

5. 一个人与一个以上的人同一(例如两个)在逻辑上是可能的吗？为什么？

二、延伸阅读

1. 德里克·帕菲特. 理与人[M]. 王新生，译. 上海：上海译文出版社，2005.

2. Parfit D. Personal Identity[J]. Philosophical Review，80：3–27.

3. Bernard Williams. Bodily Continuity and Personal Identity. Bernard Williams，ed. Problem of the Self[M]. Cambridge：Cambridge University Press，1973：19-25.

4. Parfit D. Reasons and Persons[M]. Oxford：Oxford University Press，1984.

5. Martin R, J Barresi（eds.）. Personal Identity[M]. Oxford：Blackwell，2003.

（本章由王帅撰稿）

王帅，男，吉林伊通人，博士毕业于北京大学哲学系，现任深圳大学人文学院哲学系助理教授，研究领域：道德哲学、政治哲学。

第十五章　万物皆媒，万媒互联
——《理解媒介》导读

第一节　作者及作品介绍

我们正在迎接一个万物皆媒、万物互联的世界。越来越多的物和人将变成智能化的媒介，全球互联，万物互通，即时互动。可是，我们理解媒介吗？我们理解一个越来越媒介化的社会吗？身在其中，我们每个人何以自处？如何与人交往，与物互通？《理解媒介——论人的延伸》（*Understanding Media: The Extensions of Man*）（以下简称《理解媒介》）这本书是指引我们领略和参悟这个社会巨变的一把金钥匙。它是闻名全球的传播思想家马歇尔·麦克卢汉（1911—1980）的成名作和代表作。这本书开篇就提出了一个石破天惊的观点：传播真正重要的影响力不是来自媒介传播的内容，而是媒介本身。所谓，“媒介即讯息”。媒介本质上是人体的延伸。每一种媒介都会放大人的某些感官，同时弱化其他一些感官，进而引起人的认知和社会的结构性变动。由此出发，该书提出了“媒介是人体的延伸”“冷媒介”“热媒介”“地球村”等一系列新颖、奇绝而极富张力的概念、思想和预言。迄今为止，这本书依然是传播学领域最富有思想性的专著，也是在最多学科产生最广泛、最深刻影

响的一本传播学专著。

1928—1934 年，麦克卢汉在加拿大曼尼托巴大学学习传统高雅文学，学士学位论文是《作为诗人和诗意小说家的梅瑞狄斯》。1934 年进入英国剑桥大学，完全迷上并转向了当时风靡英美的文学新批评派。新批评派的形式主义思想、文艺思维认识论和修辞表达技巧，对他的研究产生了直接而重大的影响。1951 年出版了第一本专著《机器新娘——工业人的民俗》(*The Mechanical Bride: Folklore of Industrial Man*)，运用文学批评的方法讨论了当时新兴的媒介文化，市场反应波澜不惊。幸运的是，他恰在此时结识了加拿大经济史学家和传播学家哈罗德·伊尼斯，后者围绕传播媒介对知识垄断、权力转换、帝国盛衰的影响所展开的宏观历史研究，让他怦然心动。结合伊尼斯的传播理论和萨丕尔(Sapir Edward)的语言决定论，麦克卢汉在 1953 年申请获得了福特基金会的一个赞助研究项目，借此先后创办了《探索》杂志和多伦多大学“文化与技术研究所”，开始走上传播研究的道路，并且声名鹊起。受全美广播电视教育工作者协会的邀请和赞助，1960 年完成了一份面向 11 年级学生的媒介教育研究报告，后来以这个报告为基础在 1964 年出版了《理解媒介》这本书，一举名震天下，被誉为继牛顿、达尔文、弗洛伊德和巴甫洛夫之后最重要的思想家。

他用传播这根指挥棒，把心理、文学、艺术、教育等诸多领域组成了一个盛大的交响乐团，琴瑟齐奏，鼓乐和鸣，思想泉涌。他在这些方面所做的深刻洞察，给社会学、文学、艺术、教育、建筑等诸多学科和领域带来了丰富的思想遗产。除了麦克卢汉，没有哪位学者把研究“传播”的传播学“传播”到全球各地，没有哪位传播学大师在如此众多的领域享有盛名。传播学界自然有他的地位，文学、哲学、教育学等学科也不敢轻视他。学术界固然尽人皆知，艺术界、实业界、政界也都奉他为神明。不仅欧美世界风行，英语和法语词典都收录有麦克卢汉的词条，而且在东亚也炙手可热。“地球村”“媒介即讯息”“冷媒介”“热媒介”等概念虽然仁智各见，却流传全球，成为大众化的日常用语。

在传播学领域，麦克卢汉是媒介环境学派的旗手。他抓住一切机会向主流的美国经验学派叫板，批评经验主义研究就像乌龟看不到自己背上的花纹，完全漠视媒介环境的意义。媒介环境的意义不同于传播内容的效果。就作用的方式而言，媒介环境是滴水穿石一般地潜移默化，不为人察觉却影响至深；传播内容犹如皮下注射一样立竿见影，立即引起可见的行为反应。就作用的范围而言，媒介环境犹如水银泻地，无孔不入，全面且长期作用于生存于其中的人与社会；传播内容囿于自身局限只能在有限的时空产生影响。麦克卢汉提醒我们，媒介不仅传递世界变化的讯息，更重要的意义在于它本身恰恰是世界变化的原因。以他为代表的媒介环境学研究的正是媒介环境的深远意义，而非传播内容的短期效果。在研究方法上，麦克卢汉决然反对经验学派的实证研究，而且也不遵守思辨研究的基本规范。他坚信，印刷时代的研究和表达方法已经不适合用来解读新的电子社会，必须代之以右脑思维方式、

“模式识别”的认知方法和“马赛克”的表达方式。他以截然对立之姿态，分庭抗礼之气势，为媒介环境学正名，立言，呐喊，造势。媒介环境学这个独特的研究范式，经麦克卢汉之手而矗然屹立于传播学的理论版图。

第二节 原文选读[①]

不按常规的线性逻辑行文而刻意使用碎片化的马赛克语言和先知式隐喻，是《理解媒介》一书的一大特点。所以，这里遴选该书提出的其中三个重要思想观点，分别把相应的主要段落原文拼贴在一起，紧随原文之后对这三个观点的内在意义做出必要的解读。

一、媒介即讯息

我们这样的文化，长期习惯于将一切事物分裂和切割，以此作为控制事物的手段。如果有人提醒我们说，在事物运转的实际过程中，媒介即是讯息，我们难免会感到有点吃惊。所谓媒介即是讯息只不过是说：任何媒介(即人的任何延伸)对个人和社会的任何影响，都是由于新的尺度产生的；我们的任何一种延伸(或曰任何一种新的技术)，都要在我们的事务中引进一种新的尺度。比如说，由于自动化这一媒介的诞生，人的组合的新型模式往往要淘汰一些就业机会，这是事实，是其消极后果。从其积极因素来说，自动化为人们创造了新的角色；换言之，它使人深深卷入自己的工作和人际组合之中——以前的机械技术却把这样的角色摧毁殆尽。许多人会说，机器的意义不是机器本身，而是人们用机器所做的事情。但是，如果从机器如何改变人际关系和人与自身的关系来看，无论机器生产的是玉米片还是卡迪拉克高级轿车，那都是无关紧要的。人的工作的结构改革，是由切割肢解的技术塑造的，这种技术正是机械技术的实质。自动化技术的实质则与之截然相反。正如机器在塑造人际关系中的作用是分割肢解的、

① 选文所据版本：麦克卢汉. 理解媒介[M]. 何道宽，译. 北京：商务印书馆，2000.

集中制的、肤浅的一样，自动化的实质是整体化的、非集中的、有深度的。

……

……我们对所有媒介的传统反应是，如何使用媒介才至关重要。这就是技术白痴的麻木态度。因为媒介的“内容”好比是一片滋味鲜美的肉，破门而入的窃贼用它来涣散思想看门狗的注意力。媒介的影响之所以非常强烈，恰恰是另一种媒介变成了它的“内容”。一部电影的内容是一本小说、一个剧本或一场歌剧。电影这个形式与它的节目内容没有关系。文字或印刷的“内容”是言语，但是读者几乎完全没有意识到印刷这个媒介形式，也没有意识到言语这个媒介。

【注解】

这是麦克卢汉对工业时代的认知模式与文化惯例的深刻批判，更是对媒介意义的全新发现：人与社会在媒介环境之中生存演化；人是媒介化的人，社会是媒介化的社会。在他看来，技术的重要意义不是机器生产出来的物品，而是技术本身。媒介的重要性不是体现在它们传播的内容，而是媒介本身。但我们却全然被前者所迷惑，而对后者浑然不觉。麦克卢汉先是在《机器新娘》一书中用“乌龟”之喻来警醒我们对媒介本身的无知：“工业人的觉悟与乌龟不无相似之处，就像乌龟对自己背甲上美丽的花纹是一无所知的。……这种身在庐山看庐山的观点，与只知道吃乌龟肉的实用观点是一致的：这种人宁可吃乌龟肉，也不会欣赏龟甲上美丽的花纹；他们宁可沉溺于报纸中，也不愿从审美或思想的角度去把握报纸的性质和意义。”[①] 后来援用的“看门狗”比喻，来自英国新批评派的代表艾略特(T. S. Eliot)对如何理解诗歌的一个形象化表达：“一个诗歌的内容是为了满足读者的习惯，使读者高兴和安静，而诗歌本身才真正作用于他：就像一个夜贼总是带着一块鲜美的肉以防看门狗。”此外，麦克卢汉还用鱼和水之间的关系来作比，批评人们对身处其中的媒介环境没有觉察，就像鱼对水的存在浑然不觉一样。只有环境发生了激烈变化，比如水源枯竭，环境的意义才会凸显。

从“媒介即讯息”这一命题出发，麦克卢汉认为，一种媒介环境塑造一种特定类型的社会。原生口语带动的是全部感官即时反应型的互动沟通，塑造了有机的声觉空间世界和深度卷入、亲密无间的部落社会。拼音文字和印刷媒介强化了线性、逻辑的认知方式，产生了分裂、专门化的印刷社会。电子媒介延伸了人的中枢神经系统，把人的所有感官卷入与整个世界的即时沟通之中，使万物恢复到一个无所不包的此在。

---

① 麦克卢汉. 机器新娘——工业人的民俗[M]. 何道宽，译. 北京：中国人民大学出版社，2004: 4-5.

人类社会将因此重新部落化，变成一个地球村。西方20世纪60年代发生的社会运动以及其后"地球村"成为人类社会的现实，验证了麦克卢汉的这些洞见和预言，也验证了"媒介即讯息"这一观点给我们的重要启示：媒介环境的革命性变化必将引发社会的巨变；媒介环境变革之时，正是把握媒介环境之重大意义的最好时机。

二、媒介是人体的延伸

人体无法探查或避免刺激的根源时，就诉诸自我截除的力量或策略。……(人为什么被迫用自我截除来延伸自我的肢体？)身体受到超强刺激的压力时，中枢神经系统就截除或隔离使人不舒适的器官、感觉或机能，借以保护自己。因此发明创造的刺激，就构成加快速度和增加负担的压力。比如轮子，它是脚的延伸。文字与货币媒介加速交换过程，形成新的负担，造成压力，这是脚需要延伸的直接原因，或者说是从人身上"截除"脚的功能的直接原因。反过来，轮子作为应付加重负担的对抗手段，它通过一种分离出来或者说隔离出来的功能(即转动的脚)所产生的放大，就引起了行动中新的强度。

电力技术到来之后，人延伸出(或者说在体外建立了)一个活生生的中枢神经系统的模式。到了这一步，这一发展意味着一种拼死的、自杀性的自我截除，仿佛中枢神经系统再也不能依靠人体器官作为保护性的缓冲装置，去抗衡横暴的机械装置万箭齐发的攻击了。自从印刷术发明以来，人体器官功能相继实现机械化。这样的社会经验太猛烈、刺激性太强，人的中枢神经系统无法承受这样的经验。很可能正是这样的原因才延伸出一个神经系统的模式。

……收音机对重文字、重视觉的人施加的影响，是重新唤起他对部落生活的回忆。无声电影配上声音的结果，是减少模仿、触觉和动觉的作用。同样，游徙的人转向静止的、专门分工的生活方式时，其感觉也出现专门化倾向。书写的发展，以视觉形象组织生活的方式，使人发现个人主义和内省等等成为可能。

任何发明或技术都是人体的延伸或自我截除。这样一种延伸还要求其他的器官和其他的延伸产生新的比率、谋求新的平衡。比如说吧，电视形象所引起的新的感觉比率或感觉关闭，是没有办法不去服从的。但是，电视形象进入生活所产生的效果，却因文化的不同而不同，其差别随每一文化现存的感觉比率而定。在偏重听觉和触觉的欧洲，电视强化了视觉，驱使听觉和触觉走向美国式重外观、重装潢的风格。在高度倚重视觉文化的美国，电视打开了听觉和触觉的大门，使感觉通向有声语言、膳食和造型艺术的非视觉世界。作为感知生活的延伸和加速器，任何媒介都立刻影响人体感觉的整体场。

【注解】

麦克卢汉说："为了对付各种环境，需要放大人体的力量，于是就产生了身体的延伸……"①猛兽来袭，人类赤手空拳无有胜算，于是发明了弓箭和长矛。箭和矛是手的延伸。面对气候变化或者强敌来犯，人们徒步难以长途征战和迁徙，于是发明了车轮和舰船。车和船是脚的延伸。延伸脚的不仅有车船。林·怀特(Lynn White)在《中世纪技术与社会变革》(*Medieval Technology and Social Change*，1962)一书中详细论述了马镫对于脚的延伸意义。衣服是皮肤的延伸，语言是一切感官的同步延伸，文字印刷是视觉的延伸，电子媒介是中枢神经系统的延伸，今天和未来的数字媒介是人的意识的延伸。所有的技术都是人体器官或感官的代理，都是人的延伸。

不仅是延伸，麦克卢汉提醒我们注意媒介本质的另外两层含义。其一，媒介在"延伸"的同时意味着"截除"。"延伸"是代理并强化人体某一部分器官或感官的功能。"截除"是指被代理、被延伸的那部分器官或感官不再像之前那样参与和外部环境之间的互动，不再像以前那样直接发挥作用。衣服延伸了皮肤的功能，有了衣服，肌肤抗冷的功能被弱化了。电话延伸了人的嘴巴和耳朵的功能，有了电话，人可以听传千里之音，但是嘴巴和耳朵被用于面谈的机会会减少很多。其二，每一种媒介都会强化人的某一部分器官或感官，导致感官之间的失衡，从而提出进一步延伸的要求。默片强化了人的视觉，让人看到了活动的图像，但是耳朵却没了用武之地。于是，既能看又能听的需求产生了，有声电影很快面世。电话强化了人的听觉，却让视觉变得可有可无。于是，人们产生了在声音之外附加图像的愿望，可视电话出现了。

麦克卢汉对媒介本质的这一概括，揭示了媒介在人与外部世界的矛盾关系中至关重要的作用。

① [加]马歇尔·麦克卢汉. 麦克卢汉如是说[M]. 斯蒂芬尼·麦克卢汉，戴维·斯坦斯，编. 何道宽，译. 北京：中国人民大学出版社，2006：39.

三、地球村

凭借分解切割的、机械的技术，西方世界取得了三千年的爆炸性增长，现在它正在经历内向的爆炸(implosion)。在机械时代，我们完成了身体在空间范围内的延伸。今天，经过了一个世纪的电力技术(electric technology)发展之后，我们的中枢神经系统又得到了延伸，以至于能拥抱全球。就我们这个行星而言，时间差异和空间差异已不复存在。我们正在迅速逼近人类延伸的最后一个阶段——从技术上模拟意识的阶段。

……

经过 3000 年专业分工的爆炸性增长之后，经历了由于肢体的技术性延伸而日益加剧的专业化和异化之后，我们这个世界由于戏剧性的逆向变化而收缩变小了。由于电力使地球缩小，我们这个地球只不过是一个小小的村落。一切社会功能和政治功能都结合起来，以电的速度产生内爆，这就使人的责任意识提到了很高的程度。正是这一个内爆的因素，改变了黑人、少年和其他一些群体的社会地位。

【注解】

尽人皆知的“地球村”之说，正是来自麦克卢汉的预言。1959 年，他在给一位编辑的信中写道：“在电子条件下，地球宛如一个小小的村落。”①在 1960 年完成的那份媒介教育研究报告和 1962 出版的《谷登堡星汉璀璨》(*The Gutenberg Galaxy*)一书中，麦克卢汉重申了这个预言。在他去世之后的第 9 个年头，他与布鲁斯•鲍尔(Bruce R. Powers)合著的《地球村》(*The Global Village: Transformations in World Life and Media in the 21stCentury*，1989)一书出版。

在麦克卢汉的预言之前，温德汉姆•刘易斯在 1948 年的专著《美国和宇宙人》(*America and Cosmic Man*)中，就曾把地球比作一个用电话线可以瞬即联络的大村落。再往前推 100 年，莫尔斯在发明电报的过程中已经展望过未来的“地球村”。②当时美国小说家霍桑(Nathaniel Hawthorne)也曾写道：“借助电力，整个世界已成为一个巨大的神经，瞬息之间遥及数千里。更准确地说，圆形地球就是一个硕大的头颅，一个大脑，充满智慧！”麦克卢汉引古为今，把这句话放在《地球村》一书的

① [加]马歇尔•麦克卢汉. 麦克卢汉书简[M]. 梅蒂•莫利纳罗，科琳•麦克卢汉，威廉•托伊，编. 何道宽，译. 北京：中国人民大学出版社，2005：293.
② [美]切特罗姆. 传播媒介与美国人的思想[M]. 曹静生，黄艾禾，译. 北京：中国广播电视出版社，1991：10.

扉页，可见他自认深受启发。

到了《理解媒介》这本书，“地球村”已不只是一个“比喻”，也不再是一个模糊的电子村落形象。它意味着一场由感官革命引发的社会关系、社会结构、社会文化以及人的存在的巨变。首先，麦克卢汉的“地球村”思想建立在他的“媒介延伸论”“感官革命论”及其对媒介发展历史的宏观考察上。电子媒介延伸了人的中枢神经系统，消灭了时空距离，使万物恢复到一个无所不包的此在。人类社会从原生口语时代的部落社会，经过印刷媒介环境的非部落化阶段，将在电子传播环境中重新部落化，“环球同在一村”。所以，麦克卢汉的“地球村”思想出自他一整套的话语和理论体系，包含着技术之外更多的社会内涵。

其次，麦克卢汉描绘了未来“地球村”的具体情状。在那里，电子媒介引起的非集中化趋势将突出多样性和碎片化，各自为战的专业主义将让位于大范围的合作。城市和超大型的国家将不复存在。任何一个地方，只要有大众化的电子传播媒介，都可以像纽约、巴黎一样具有天下在此的国际性。处处是中心，无处是边缘。文化也将变得高度感性，强调造型。商品越来越突出符号的功能，财富积累越来越依赖商品的虚拟品质。“地球村”里的居民会变成“无形无象”的电子人，身处一地却神游全球。人不再只是肉身的此在，而是幻化成了信息的形象和符号的尘埃，变成了“无形无象之人”，无处不在，无所不及。个人权利意识将被唤醒，边缘群体的社会地位发生逆转。这些预言在今天已经成为现实。假面舞会一般的赛博空间里，到处都是熙熙攘攘的信息幽灵在游荡。“全球化”的浪潮也在无声而有力地演绎着“地球村”的剧情。

第三节　选文讲解

“媒介即讯息”强调媒介才是传播效果的力量源泉；“媒介是人体的延伸”说明了媒介为什么具有这种强大的力量；“地球村”则是电子媒介所带来的一个社会巨变。这三个观点是《理解媒介》这本书的思想精髓，它们之间的关系也正是麦克卢汉传播思想推演的逻辑。

一、传播的魔力到底来自哪里

在麦克卢汉所处的时代，传播学的主流是发源于美国的经验主义研究。他们专注于对传播内容的效果进行实证化的研究，比如电视上播出的暴力节目是否会诱发和增加儿童的暴力行为，商业广告如何通过内容创意来增进人们对产品的正面评价和对品牌的忠诚度，总统竞选如何通过大众传播改变选民的态度。经验主义研究主要服务于政治劝服和商业营销。前者是一种行政导向，研究者从政府的立场来看问题，在认可现有基本制度和现存社会秩序的前提下开展研究，研究的核心目标是增进政府对社会的控制。行政导向的研究心态总是不断的“协调引导、设法稳定、追求和谐、避免批判”。后者是一种市场导向，研究人员应商业机构的委托，聚焦于如何通过商业促销活动刺激市场需求，对传播作为一种社会公器的责任完全不加考虑，更不会去探讨媒介所有权可能造成的文化与社会问题。经验学派对具体传播内容及其特定效果的研究，在战时劝服、商业营销和政治宣传中屡建奇功，受到政府和商业组织的特别青睐。但是，他们把传播学压缩成为现行制度框架内一种可测量的短期效果的实证研究，裁掉了社会学芝加哥学派早在 19 世纪末 20 世纪初提出的许多重要的传播问题，比如城市传播与移民融入，城市的可沟通性，传播对自我和社会的建构，也把原本开放而长远的研究视野回缩锚定在了当下的现实。

在素有思辨传统和批判精神的欧洲，法兰克福学派首先向经验主义研究发难，批评后者的实用主义研究取向，指责他们把传播变成了政治控制和商业操纵的工具，认为大众传播生成的大众文化不过是自上而下整合社会的“胶水”，背后实际上是资本主义的意识形态控制。“如果说法兰克福学派最早尝试在主流传播学之外寻求新的研究方法的话，那么马歇尔•麦克卢汉的工作也同样体现出这样的尝试，只不过前者是从大众媒介的内容及其控制对于整个社会的影响着手，而后者则是从大众媒介工具本身，尤其是广播电视等电子传播工具对人的认识及人类的社会作用着手。”[①] 就革命路线而言，批判学派选择在意识形态立场上与经验学派分道扬镳，麦克卢汉选择在研究对象上与经验学派决然对立。他用“乌龟”“看门狗”的比喻，来撕开主流研究范式所建构的传播效果等同于传播内容的效果这个最大的假象，警醒人们对媒介本身的无知。用一个表面“悖论”、内里“反讽”的命题——“媒介即讯息”——发出了一声振聋发聩的巨响：传播的影响力来自传播媒介，而不是传播内容。媒介的特质决定了其所长于呈现的内容，感性的或是知性的，严肃的或是通俗的；决定了其所刺激的感官类型，听觉偏向的或是视觉偏向的，或者是整个中枢神经系统的；进而在大规模长期的社会应用中型塑人们的认知方式、社会行为、社会关系、文化风格。人在媒介环境中生存，各方面深受媒介环境的影响，是媒介化的人。社会在媒介环境中演化，各领域也深受媒介环境的影响，是媒介化的社会。

二、媒介环境何以有此魔力

为什么媒介具有如此魔力？因为，媒介是人体的延伸。每一种媒介都有延伸人体某些器官或感官的偏向。车轮是脚的延伸，衣服是皮肤的延伸，文字是视觉的延

---

① 殷晓蓉. 战后美国传播学的理论发展——经验主义和批判学派的视域及其比较[M]，上海：复旦大学出版社，2000：79.

伸，广播是听觉的延伸，互联网是人的整个中枢神经系统系统的延伸。因而，每一种媒介的大规模社会应用都会为社会引入一种新的尺度，进而改变社会结构、社会关系、文化模式和文明形态。犹如“语言”和“神话”，媒介也潜存有巨大的力量。正如《地球村》一书开门见山所说：“在这本书中，我们提供了一个研究技术对社会产生的结构性影响的模型。这个模型来自于一个发现，即所有媒介和技术都有一个基本的语言结构。不仅它们像语言，而且在它们的基本形式中它们就是语言。”[①]麦克卢汉还套用斯特劳斯(Claude Lévi-Strauss)的“神话”来解释媒介，建议把媒介当作“神话”来研究，当作群体经验和社会现实的大规模语码编程来研究。各种媒介组成的媒介矩阵便是人、社会及文化在其中生存演化的大环境。一种媒介环境塑造一种类型的社会文化。以原生口语为主导的媒介环境，塑造的是村落式的原始农业社会。以文字为主导的媒介环境，启动了民族国家的成长路程。以电子媒介为主导的媒介环境，推动了全球化的滚滚浪潮。麦克卢汉说，“环境不是消极的包装，而是一个积极的过程，它全面而彻底地作用于我们，改变感官的比例，强加它们的沉默的逻辑”[②]，“为什么要说媒介即是讯息，就是这个道理”。[③]所以，媒介不只是告诉我们世界发生的变化，实际上，它们自己就是导致这些变化的重要原因。用麦克卢汉的话说，“媒介是一种‘使事情所以然’的动因，而不是‘使人知其然’的动因。”[④]这是他对“媒介即讯息”所做的最准确、最精炼和最通俗的解释了。

媒介是媒介，讯息是讯息。麦克卢汉借用“悖论”和“反讽”这两种文学修辞手法，刻意高呼“媒介即讯息”，旨在破立兼取，以彰显媒介才是传播的中心和效果的主因。与传播内容的短期可见效果不同，媒介本身的效果体现在对人与社会的潜在深远影响。早在1959年3月全美高等教育学会上，麦克卢汉就已经说得很明确：从长远的观点来看，媒介即是讯息。[⑤]理解“媒介即讯息”，一定不能忽视这个结论的前提——“从长远的观点来看”。造就经验学派神话的威尔伯·施拉姆(Wilbur Lang Schramm)也承认：“大众传播的效果，除了已经看到的加强业已被遵循的现存观点外，许多潜在的效果是隐藏着的，或是在一些不被知道的领域中，抑或在一些并不被强烈遵循的观念中才起着作用。”[⑥]当代美国传播学者梅尔文·德弗勒(Melvin L. DeFleur)和桑德拉·鲍尔-洛基奇(Sandra Ball-Rokeach)更是强调：“大众传播对社会的真正意义并不在于它对具体受众的即时效果，而在于它对人类文化和社会生活组

① Marshall McLuhan，Bruce Powers R. The Global Village：Transformations in World Life and Media in the 21stCentury. NewYork：Oxford University Press，1989. Preface.

② 转引自 Arthur Kroker. Technology and The Canadian Mind，Innis/McLuhan/Grant. St. Martin’s Press，1984：62.

③ [加]麦克卢汉. 麦克卢汉精粹[M]. 埃里克·麦克卢汉，秦格龙，编. 何道宽，译. 南京：南京大学出版社，2000：343.

④ [加]麦克卢汉. 理解媒介[M]. 何道宽，译. 北京：商务印书馆，2000：82.

⑤ [加]马歇尔·麦克卢汉. 麦克卢汉如是说[M]. 斯蒂芬尼·麦克卢汉，戴维·斯坦斯编. 何道宽译. 北京：中国人民大学出版社，2006：2.

⑥ [美]施拉姆，波特. 传播学概论[M]. 陈亮，等译. 北京：新华出版社，1984，228.

织所产生的间接的、微妙的和长期的影响。”①

三、媒介环境学的另眼洞见

短期效果可以观察测量，深远意义何以求解？从早期的“魔弹论”到“二级传播理论”，再从“议程设置”“涵化理论”发展到“知沟理论”，经验主义的效果研究不断向社会的纵深推进，希望不仅可以计算即刻的态度和行为改变，更可探查广延的社会结构变化。但是，局限于具体内容的研究从根本上限制了研究的视野和范围。研究人员无法处理几十年、上百年甚至更长时期内的传播内容。即使增加再多的变量，经验主义研究的显微镜都无法显现传播的长远效果。所以，他们的一路修正注定是尘里振衣，泥中濯足。这从根本上否定了经验主义研究在应付宏观社会问题上的有效性。麦克卢汉在评价《电视对儿童生活的影响》一书时批评说，作者施拉姆不研究电视媒介的具体性质，只偏重电视的“内容”、收看时间和词汇频率，这种方法无论是研究电视还是印刷书籍的影响，都不可能发现这些媒介给个人和社会带来的结构性变化：印刷术在 16 世纪造就了个人主义和民族主义；到 20 世纪末，电子媒介把人类社会变成了一个“地球村”。②

第四节　阅读思考与延伸阅读

一、阅读思考

1. 四川姑娘李子柒通过拍摄并发布乡村古风生活、传统美食、传统文化等内容的微视频，微博圈粉 2000 多万，B 站粉丝将近 300 万，更在国外视频网站爆红。在 YouTube 上的粉丝达 749 万，超过了 BBC 的 559 万，引发了“李子柒现象”。“口红一哥”李佳琦全网粉丝超过 5000 万，2019 年“双 11”直播带货估计或超 10 亿元。如何从媒介的角度来看这些社会热点和潮流？

2. 影片《黑客帝国》反映了未来什么样的人机关系？ 怎么看待未来人工智能与人和人类社会之间的关系？

3. “媒介即讯息”是技术决定论吗？为什么？

4. 任何媒介对人体的延伸都会产生新的不平衡，这就预示着会有新的媒介发明对其予以矫正。那么，互联网这种媒介对人体的延伸存在不平衡吗？互联网之后，会有什么样的媒介革命？

---

① [美]德弗勒，鲍尔-洛基奇. 大众传播学诸论[M]. 杜力平，译. 北京：新华出版社，1990：227.
② [加]麦克卢汉. 理解媒介[M]. 何道宽，译. 北京：商务印书馆，2000：47-48.

二、延伸阅读

1. [加]麦克卢汉. 理解媒介[M]. 何道宽，译. 北京：商务印书馆，2000.

2. [加]麦克卢汉. 机器新娘——工业人的民俗[M]. 何道宽，译. 北京：中国人民大学出版社，2004.

3. [加]麦克卢汉. 麦克卢汉精粹[M]. 埃里克·麦克卢汉，秦格龙，编. 何道宽，译. 南京：南京大学出版社，2000.

4. [加]菲利普·马尔尚. 麦克卢汉：媒介及信史[M]. 何道宽，译. 北京：中国人民大学出版社，2003.

5. [美]林文刚. 媒介环境学——思想沿革与多维视野[M]. 何道宽，译. 北京：中国大百科全书出版社，2019.

6. 李明伟. 知媒者生存——媒介环境学纵论[M]. 北京：北京大学出版社，2010.

(本章由李明伟撰稿)

李明伟，男，中国社会科学院博士，现为深圳大学传播学院教授，博士生导师；国家公派美国密苏里大学新闻学院访问学者(2016—2017)，韩国大田大学访问学者(2011—2012)，香港城市大学访问学者(2009)；主要研究领域是媒介环境学、传播法，代表性论著有《知媒者生存：媒介环境学纵论》(北京大学出版社，2010 年)、《作为一个范式的媒介环境学派》《媒介环境学派与“技术决定论”》《以消费者为本的适度强管机制：美国广告监管机制的演进及启示》《以信息对抗信息：美国广告披露制度的法经济学分析》《谁来负担广告证明的义务?——广告证实制度的法理求证及其对中国广告制度的矫正》；荣获广东省哲学社会科学优秀成果著作类二等奖，深圳市哲学社会科学优秀成果著作类新人奖，以及首届全国新闻学青年学者优秀学术成果奖；主持两项国家社科基金课题及多项省级课题。

第十六章 大学何谓与大学何为
——《大学的理念》导读

第一节 作者及作品介绍

纽曼的《大学的理念》是西方教育史上第一部系统研究“大学理念”的经典著作，其实质是以博雅教育为核心的古典主义教育观。

一般认为，现代大学有三大基本职能：人才培养、科学研究、直接为社会服务，或简称教学、科研、为社会服务。大学的第一大职能——培养人才（或简称教学），就是由纽曼的经典大学理念总结和提炼而来。美国当代高等教育专家布鲁贝克教授曾说：“高等教育哲学领域的所有著述中，影响最为持久的或许当推红衣主教纽曼的《大学的理想》。”[①] 英国当代学者科尔（I. T. Ker）曾说，“在纽曼以后，所有关于大学教育的论著都是对他的演讲和论文的脚注。”[②]西方还有学者认为，不了解纽曼，就不了解西方高等教育的历史。

之所以这么说，是因为纽曼的大学理念，既反映了他所处时代牛津大学的教育情况，也总结了英国大学传统的精髓，也是总结了西方大学办了几百年之后的古典

① 见科尔为《大学的理想》（*The Idea of a University*，Clarendon Press，1974）一书所写的前言。参见：任钟印. 世界教育名著通览[M]. 武汉：湖北教育出版社，1994，790.

② 任钟印. 世界教育名著通览[M]. 武汉：湖北教育出版社，1994，790.

主义大学教育思想的精髓。大学诞生于欧洲的中世纪，自诞生之后的很长一段时间内，大学提供的是自由教育(liberal education)。自由教育源于古希腊哲学家亚里士多德(也译为亚里斯多德)的教育思想。亚里士多德认为，人应追求更高级的东西，“自由人”需要闲暇和自由思考，需要用理性引导和控制情感，促成智慧、道德、身体和谐，这就需要自由教育。经过中世纪、文艺复兴时期以及十八九世纪的演变，中文通常将十八九世纪以后的自由教育译为“博雅教育”。“博雅”的拉丁文原意就是“适合自由的人”。

在英国，最早的两所大学是诞生于中世纪的牛津大学和剑桥大学，它们都提供典型的博雅教育，影响了英国的绅士文化。另一方面，起源于 18 世纪 60 年代的工业革命冲击着传统的教育形式，实科教育思潮兴起，并片面强调知识的实用性。至 19 世纪，特别是 19 世纪三四十年代，英国发生了持续的科学教育与古典教育的大论战，集中地体现为《爱丁堡评论》学派与牛津大学之间的大争论。在这种背景下，毕业于牛津大学的约翰•亨利•纽曼(John Henry Newman，1801—1890)，作为古典教育的维护者参与了论战。幸运的是，在这个过程中，纽曼参与筹建，继而担任爱尔兰新天主教大学(Catholic University of Ireland)[①]的首任校长，他发表了一系列对于大学教育的见解，系统阐述了他有关大学教育的主张，从而为历史留下了经典篇章。

纽曼是个典型的“牛津人”。他 16 岁那年(1817 年)进入牛津大学三一学院攻读，到 1845 年离开牛津大学，纽曼在牛津大学呆了近 30 年。纽曼浸润着、享受着、推崇着牛津大学古典教育模式，崇尚亚里士多德的学说，信奉博雅教育。纽曼是个性格坚毅、意志坚强、对自己的信仰深信不疑的人。1833 年，英国国教内部兴起宗教改革运动，通称“牛津运动”(The Oxford Movement)，其宗旨在于强化国教的天主教因素，希望按照 1—5 世纪的教会模式整顿国教，抵制政府对教会的干预。纽曼是这场“牛津运动”的领袖之一。当时，他们曾以一些宗教性的诗歌做宣传，以表达改革宗教的决心。例如，纽曼摘录了这样一段荷马的诗：“如今我们回来了，你们的看法便不同了！”

1851 年，经过长期酝酿，位于都柏林的爱尔兰新天主教大学的建校进入实质性阶段。经友人推荐和爱尔兰大主教的邀请，纽曼于 1851 年到都柏林，正式参与爱尔兰新天主教大学的创校工作，并于 1854—1858 年担任正式建校后的首任校长。由于与爱尔兰大主教的教育观发生冲突，纽曼于 1858 年离开爱尔兰新天主教大学，此后他到伯明翰地区进行传教活动，还主编天主教月刊《漫谈者》。1878 年，纽曼成为牛津大学三一学院的院士，1879 年被教皇利奥十三世 (Leo XIII)任命为天主教红衣主教，所以后人称纽曼为“红衣大主教纽曼”。

---

① 也就是现在的都柏林大学学院(University College，Dublin)，该校将其创校校史追溯至 1854 年，尊纽曼为创校校长。

纽曼于 1851 年在都柏林发表了一系列有关大学教育演讲，系统阐述了他的教育主张。1853 年，纽曼将他的系列演说稿整理出版。在担任大学校长期间，他又做了一系列的演讲，对前面的内容进行一些修订，并于 1859 年重新增补、删节和修订出版，1873 年出版时正式定名为《大学的理念》(*The Idea of a University*)。

纽曼对自己的“大学的理念”充满执着，他一生不断修订自己的“大学的理念”，一直到他逝世的前一年，即 1889 年 88 岁时，他还在修订这本书，当时已经修订到第九版。其中最为精彩的篇章有序言(Preface)、知识本身即目的(Knowledge as Its Own End)、知识与学习的关系(Knowledge Viewed in Relation to Learning)、知识与专业技能的关系(Knowledge Viewed in Relation to Professional Skill)等。

纽曼的著作 *The Idea of a University*，在世界各地被不断翻印。中文最初的译名为《大学的理想》。例如，1994 年，由任钟印主编、湖北教育出版社出版的大部头著作集《世界教育名著通览》，节选了纽曼这本书的部分内容，并将书名翻译为《大学的理想》。2001 年，浙江人民出版社出版了由徐辉、顾建新翻译的版本，书名也译为《大学的理想》。这种译法没有错，因为这其中的关键词“idea”的确包含“ideal”(理想)的意思，它的确是在讨论“理想的大学”应该具有怎样的教育理念与措施，即“理想的大学”应该具有怎样的“大学理想”。现在也许是受港台地区的影响，人们更多地将其译为《大学的理念》，例如，北京大学出版社 2016 年出版的由高师宁等人的译本就译为《大学的理念》。本章的原文选读主要依据任钟印主编的《世界教育名著通览》中节选的赵卫平的翻译，笔者认为其信、达、雅方面做得更好。《世界教育名著通览》中没有节选的，则是参照徐辉、高师宁等人译本的笔者自译，因为笔者多年从事这方面的专业外语教学。

第二节 原文选读

一、大学的宗旨[①]

(一)

大学是一个教授普遍性知识的场所。这意味着，一方面，大学的目的是智力的，而不是道德的；另一方面，大学是进行知识的传播和推广，而不是提升或发展。如果大学的目的是进行科学和哲学的发现，我不明白为什么一所大学要有学生；如果大学的目的是进行宗教训练，我不明白它为

① 这部分内容摘自《大学的理念》的序言，序言比较集中体现了作者的思想，一开篇就表明作者的观点：“大学是一个教授普遍性知识的场所”。

什么会成为文学和科学之府。

（二）

发现和教学是两种不同的过程，也是两种不同的禀赋，但却很少并存于同一个人身上。一个人致力于向后来者传播他现有的知识，就不大可能还有闲暇或余力来探寻新的知识。人类的常识已将对真理的探索与一种宁静隔绝的状态联系起来。最伟大的思想家都是专注于自己的研究，而容不得任何打扰的。他们往往神游天外，我行我素，并且或多或少想避开教室和公共学校。毕达哥拉斯，“大希腊之光”，曾经居住在山洞里。泰勒斯这位爱奥尼亚先贤终身未婚，独来独往，拒绝了许多王公的邀请。柏拉图则自雅典退隐到学园的树丛中。而亚里斯多德追随他学习了 20 年。培根修士居住在伊西斯河畔的高塔里。牛顿沉浸于冥思苦想，几乎使理性动摇。化学和电学上的伟大发现，都不是在大学里做出来的。大学外面的天文台总比里面的多，即使设在里面，也不一定和大学本身有什么联系。波尔森从来不开课，埃姆斯利大半生都居住在乡村。我并不是说没有相反的例子存在，苏格拉底大概算是一个，当然还有培根爵士。但我仍然认为，总的来说，教学所涉及的是外部的活动，而实验和思考则需要隐居的生活。

（三）

这才是真正的智力培养。我并不否认其中包含了一个绅士特有的优秀品质，他们理应被包括在内，对此，我们不必感到羞赧，因为古诗云：“潜心研习博雅艺术，可使行为风度优雅。”博雅教育确实能使人言行举止文明礼貌，得体涵养，气质优雅，既美于内，又外悦于人。但它的作用远远不止如此，它更能训练智力，因为智力和身体一样需要塑造。博雅教育能够修心养性，因为心灵和身体一样需要塑造。男孩们发育迅速，精力旺盛，但他们的肢体需要协作，心性需要和谐。如果错误地把血气旺盛当成充满活力，过于自信自己的健康，不了解自身的承受力，不能学会自我控制，他们就会变得放纵无度，自高自大，深陷恶疾。这就是他们心智的一种表现：起先是没有内在的原则作为心智的基础，没有明确的信念，不知行为的后果，说话随意，夸夸其谈，显得轻率无礼，或是“幼稚”，他们迷惑于表象，不能看清事物的本质。……

一旦智力经过正确地训练和塑造，就会获得一种联系的观点，以及对事物的领悟力。智力对不同的人都会显示其力量。对大多数人而言，它会表现出良好的见识，清醒的思维，理性、公正、自制、有主见等；在一些人身上，它会发展出事业的习惯，影响他人的能力和聪明才智；在另一些人身上，则挖掘出哲理性的智力，并追求智力的卓越；对所有人来说，它都是较容易进入任何思想主题，以及胜任任何科学或职业的能力。智力会以某种方式完成这一切，它就是这一切，即使智力的形成是模仿某种榜样，但是仍然有部分是真实的。

二、神学与其他知识分支的关系

（一）

真理是任何类型知识的目标。当探索真理的意味时，真理意味着事实与事实之间的关系。真理与它所意味之物的关系，就像逻辑上的主词和谓词一样。在由人类智力进行思考时，所有存在着的一切，构成了一个宏大的体系或事实复合体。而这个体系又可分解为无数具体的事实，作为一个整体的各个组成部分，他们彼此之间又有着各种各样无穷的关系。知识就是对这些事实的领悟，或是在它们自身之中，或是在他们的相互位置和关联之中来领悟。并且，由于所有这些合在一起形成了思想的一个完整主题，所以在各个部分之间不存在任何天然的或真正的界限，一个部分会渗透到另一个部分之中。所有这些，就像我们的心智所观察到的那样，都结合在一起，都有着彼此关联的特性，上至神圣本质的内在神秘，下至我们自己的感官和意识，从万物之主最庄严的神意，到一时的偶然事件，从最荣耀的天使到邪恶之徒，再到最低等的爬行动物，都是如此。

（二）

所有的知识形成了一个整体，因为它的研究对象是同一的。无论是在广度上还是在深度上，宇宙都是紧密地交织在一起的，无法将一个部分同另一个部分、一个活动同另一个活动截然割裂开来，除非借助心智的抽象作用。……

其次，诸学科是智力抽象的结果。正如我所提到过的，他们都是知识的整个研究对象的某一方面合乎逻辑的记录。他们都属于诸客体组成的同一个范畴，因而全部都结合在一起，它们仅仅涉及事物的各个方面。因此，尽管在各自的理念中对于各自的目标而言是完美的，但它们在自身与事物的关系上又是不完全的。由于这两个理由，它们都会既相互需要，又相互帮助。进而言之，对不同学科之间相互关系的理解，对彼此的作用，所有学科之间相互的定位、限制、调整，以及适当的评价，我想，这些都应属于一门与众不同的学科，这门学科在某种意义上可称为学科中的学科，在哲学一词的真正含义上，它就是我心中关于哲学的概念，它就是我关于哲学思考习惯的概念。

三、知识本身即目的

（一）

我已说过，知识的各个部分是联系在一起的，因为知识的学科内容在本质上是完全统一的，如同上帝的行为和造物是统一的一样。因此，各门学科(我们的知识可以分为各门学科)可以彼此增加联系，增加内在的一致性，同时，允许或者更确切的说，要求比较与调整。它们相互完善、纠正和平衡。

（二）

即使为了学生起见，扩大大学的讲授范围，也是有极大的意义。而且，尽管他们不可能学习学校开设的每一门课程，但是他们只要生活在那些代表全部知识的人群中间，并且受到后者的指导，他们就会获益匪浅。这就是在大学学习的好处，这样的大学才可以被认为是教育的场所。

学者们云集大学，虽然他们各自都热衷于自己的学科，又相互竞争，但是他们为了创造和谐的学术环境而走到了一起，他们亲密地相互交往，相互调整各自的主张，以及彼此之间的关系。他们学会了相互尊重、相互磋商、相互帮助。这样，就形成了一种纯洁清澈的思想空气，学生们也呼吸这种空气。虽然就学生们来说，他们仅仅学习众多学科中的少数几门。学生得益于一种理智的传统，这种传统并不依赖于特定的教师。这种传统指导学生去选择课程，并能充分解释他的选择。学生理解知识的要点、知识的原理、知识的各个部分以及它们相互之间的比例，否则就不能称之为理解了知识。因此，这样一种教育，可以称之为“博雅教育”。这种教育培养了一种理智的习惯。这种习惯伴随人的一生，它具有自由、公正、平静、温和、智慧的特征。我在前一讲中已大胆地把它称之为一种哲理的习惯。我把这看作是大学教育的一种特殊的成果，它和其他教学场所或教学方式不同。这也是大学对待学生的主要目的。

四、知识与学习的关系

（一）

知识的交流，要么是一种条件，要么是意识的扩大或启发的手段。有关这一问题，目前我们在一些地方听到不少议论。这是不能否认的。然而，同样清楚的是，这种交流不是过程的全部内容。

所谓扩大，不只是由头脑被动地接受至今未知的一些观念，而是由头脑针对那些新涌入的观念采取有力的或同步的行动。这是一种形成能力的行动，它减少了命令，表现了求知。它使我们知识的对象主动为我们自己所有，或用熟悉的话说，它是把我们所获得的东西消化吸收，和我们以往的思想融为一体。没有这些，便没有后来的扩大。除非头脑中有观念之间的相互比较和系统化，否则无扩大可言。然后，我们感到我们的智力逐渐发展和扩展，这时我们不仅学习，而且参考我们已知的东西，并用以指导目前的学习。这不只是对所阐明了的知识的补充，而是智力中心的向前运动，我们已知的和正在学习的东西运动，向我们需求的积聚的倾向运动。因此，人类所普遍承认的一种真正伟大的智力，能够用一种相互联系的观点来看待旧和新、过去和现在、远和近等各种关系，能够洞察它们之间的相互影响。

（二）

智力的扩展就是具有这样的能力，即：能即刻把许多东西看成一个整体，能把它们归属到各自在宇宙体系中的准确位置，能够理解它们各自的价值，能决定它们的相互关系。这就是普遍知识的形式，这我在前面未曾说到，它存在于个人智力之中，并使智力趋于完善。受到这种真正的启发，人的头脑在考虑知识的内容时，就不会不想到这种内容只是一个部分，也不会没有许多联想。这种启发，多少使每种东西和别的东西发生联系，它可以把整体的形象传达到各个单独的部分，直到整体成为一种想象中的精神，遍及各个部分，并赋予它们一种明确的意义。……

现在，如果可以确认：智力训练和一所大学的真正而合适的目的，不是学问或学识，而是思想或理性(它们以知识为练习的对象)，或者可以称之为哲理，那么，就能够解释目前困扰大学教育问题的各种错误。

如果要提高智力，首先必须提高水平，不能指望在一种水平上得到真正的知识。我们必须形成概念，必须归纳出方法，必须掌握原理，并依靠它们把所学的东西加以归类与具体化。我们的工作领域是宽还是窄无关紧要。总之，控制了智力，就是提高了智力。

（三）

当一大群年轻人，具有青年所特有的敏锐、心胸开阔、富于同情心、善于观察等等特点，来到一起，自由密切交往时，即使没有人教育他们，他们必定能互相学习。所有人的谈话，对每个人来说就是一系列的讲课，他们自己日复一日学得新的概念和观点，簇新的思想，以及判断事物与决定行动的各种不同原则……因为学生们来自不同的地方，带着许多不同的观念，在这个过程中有许多东西值得概括，有许多东西有待适应，有许多东西需要消除，还有许多内部关系需要确定，有许多习惯规则需要建立。凭借这过程，这整个的集体就得到了塑造，并且获得了某种基调和某种特征。

五、知识与专业技能的关系

（一）

在前面两次演讲中，我一直坚持两点：首先，智力的培养本身就是一种目的，这是合情合理的。其次，要重视这种培养的性质或内容。无论哪一种真理，都是智力作用合适的对象。智力的培养，在于使其能够理解和思考真理。智力的培养，不是通过一种直接、简单的观察或一目了然就能完成，而是通过逐步的日积月累，通过一种心理过程，通过对客体的反复观察，通过许多概念的比较、综合、相互纠正和不断适应，通过对大脑多种官能的运用、集中以及共同运作和训练，最终才能完成。智力的这样一种联合和协调，这样一种扩大和发展，这样一种综合，必然是一件训练的事情。这样一种训练是一种习惯的问题。不管如何举例，训练不只是运用（即向头脑灌输真理），也不只是读很多书，不只是收集了很多素材，不只是观看了很多实验，不只是听了很多演讲。这些都还不够。一个人可能在做了以上全部事情之后，仍然在知识的大门之外徘徊——他不能理解他所说的话，他不能用智慧眼光去观察他所碰到的东西，他不能依照事物的本来面目去理解它们，或者他完全没有能力在已有的知识基础上继续前进，没有区别真理和谬误的能力，不能从许多东西中精选出真理的果实，不能根据事物的真实价值来排列事物，并且，如果允许我这样说，他没有组合概念的能力。这样一种能力是科学培养智力的结果，它是一种后天获得的判断能力，是聪明的本质，是洞察力，是智慧，是哲理性的智力，是理智地自制的能力和使智力趋于宁静的能力——这些品质并非仅仅来自学识。肉眼(认识物质体的器官)是自然所提供的，心眼(其认识对象是真理)则是训练和习惯的成果。

这一训练过程就叫做博雅教育。这种教育不是为了某一特定的或偶然的目的，不是为了某种特定的职业或专业，不是为了研究或科学，而是为了智力而训练智力，是使智力能够感知其合适的对象，是为了最高级的文化。虽然没有一个人的智力能被训练得像想象中的那么好，或者他的智力是其他知识分子的榜样，然而，确实有人知道真正的训练是什么，至少有人为这种训练做好了准备，他们把这种训练的准确范围和结果作为优秀的标准，而不是别的什么东西。许多人可能会受到这种训练，并真正获益。确定正确的标准，并根据这个标准进行培养，根据学生的不同能力促使他们接近这个标准。我认为，这就是大学的事业。

(二)

可以用身体健康来打比方。身体健康本身是件好事，虽然它并不产生什么东西，但它格外值得追求和珍惜。并且伴随健康的幸福如此之大，幸福和健康的关系又是如此密切，幸福增进健康和包围着健康，因此我们想起健康就觉得它既有用又令人愉快。我们赞美和珍视健康本身，又赞美和珍视健康所带来的一切，尽管同时我们不能指出什么具体明确的成果或产品是健康所造成的。

智力的培养也是如此。我不否认，实用在广义上可以作为教育的目的，同时我也认为，智力培养本身也是件好事，智力培养本身就是目的。我不会把智力培养的必然属性从有关智力培养的观念及各种事物的本质中排除出去。我只是不主张：在说智力培养有用之前，我们必须能够指出产生于智力培养的技术、事务、专业、职业或工作，都是智力培养的真正和终极目的。以下的对比是确切的：正如身体可以担当适当的或沉重的体力劳动，智力也可以用于某种特定的专业。但我并不认为这就是智力培养。还有，正如身体的某种器官可以超常规地使用和发展，人的记忆力，想象力和推理能力也是如此。但这也不是智力培养。另一方面，正像单纯为了一般的健康，身体需要照料、保健和锻炼那样，智力也可以通过广泛的训练而趋于完善。这才是智力的培养。

再则，正如健康应先于劳动，正如一个健康的人能够做一个病人所不能做的事，正如健康的特征是力量、精力、敏捷、优美的身姿和行动、身手灵活、耐劳等；同样地，智力的全面培养是对学习专业和科学研究最好的帮助，受过教育的人能够做文盲所不能做的事。一个人学会了思考、推理、比较、辨别和分析，练就了审美能力，养成了判断力，增强了内心的想象力，这之后他的确不一定马上成为一名法学家、一名辩护律师、一名演说家、一名政治家、一名医生、一名店主、一名商人、一名工程师、一名化学家、一名地质学家或一名文物工作者等，但是，他将处于一种智力状态，即他能够从事以上任何一门学科的研究，或者从事以上任何一门职业。而且，他一旦干起来，就会干得轻松，优雅，灵活，成功。从这个意义上讲，智力培养是特别有用的。

第三节 选文讲解

在纽曼的大学理念中，最核心的内容是关于大学性质和功能的讨论与阐释。实际上，这也是关乎大学教育最基本的，也是具有永恒价值的问题。它关乎以下几点：①大学是什么，或大学是个什么地方；②大学应该提供什么样的教育；③大学应该培养什么样的人才等。概括起来，纽曼的大学理念主要有以下几点：

其一，大学是教授普遍性知识的场所；

其二，大学的宗旨是提供博雅教育和从事智力训练；

其三，大学教育的目的是训练良好的社会成员，提升社会格调。

一、大学是教授普遍性知识的场所

关于“大学是什么”的回答，是大学理念中最基本、最核心的内容。纽曼的大学理念中，一个最基本、最核心的观点就是：“大学是一个教授普遍性知识的场所”。他将大学“教授普遍性知识”（teaching universal knowledge）上升到理念的高度，鲜明提出大学传授的知识应该是具有普遍意义的知识。

这一观点是基于纽曼对知识的整体性的看法。他认为，所有知识构成一个整体，知识的各分支是相互联系，相互需要，相互帮助的。从存在而言，知识是一个整体；从分析而言，借助心智的抽象作用，可以分成不同的分支，而各个分支是相互联系的。不仅如此，知识和智力相互联系。知识促进人智力的扩展，知识是智力发展的必不可少的条件和工具。如果没有知识的获得，就没有智力的扩展，也就没有真正的培养。因而，知识本身就是目的，自由的知识或哲理是大学的教育目的。大学是进行智力训练的最高机构，应吸纳人类所有的艺术、科学、历史和哲学等方面的知识，并赋予每门学科以合适的地位。

既然“大学是一个教授普遍性知识的场所”，那么大学就是一个“教学机构”(teaching organisation)。大学从事的是知识的传播与推广(diffusion and extension)，而不是提升或发展(advancement)。纽曼认为，在教学与研究之间，没有必然联系。发现(discovery)和教学(teaching)是两种迥然不同的职能，而且需要不同的天赋才能，不太容易统一在同一个人身上。牛顿、毕达哥斯拉等例子可以说明思想家在研究时必须全神贯注、专心致志。

因而，大学的职能是教学，不是科研，大学是为传授知识而设，它提供普遍性的知识，归结为“大学是教授普遍性知识的场所”。

二、大学的宗旨是提供博雅教育和从事智力训练

纽曼大学理念的另一个核心观点是，大学应该提供博雅教育。博雅教育与大学“教授普遍性知识”相互联系。“教授普遍性知识”是为了提供“博雅教育”，提供“博雅教育”需要“教授普遍性知识”。

那么，博雅教育的内涵是什么呢？当时不少人认为，博雅教育应注重培养风度翩翩的绅士风度、礼貌教养等，而纽曼则认为，博雅教育不仅是“生活的技艺”层面的外显行为，其真正内核是“认知的技艺”，是“智力的训练”。大学要培养或造就绅士，这种绅士不仅仅是有修养，更重要的是有智慧、有哲理性。大学是智力的代表，大学的目的就是智力训练。大学的职责，就是提供智力、理性、思考等练习，把智力训练作为它直接活动的范围。大学的心智训练的真正的和恰当的目标，不是学问或学识，而是作用于知识的思维或理性，或者说哲学。博雅教育的核心就是“智力的训练”。纽曼不断反复强调这一概念，并且用不了同的表述来表达“智力的训练”这一丰富的内涵，诸如 discipline of intellect（智力的训练）、cultivation of intellect（智力的培育）、refinement of intellect（智力的改进）、cultivation of mind（心智的培养）、discipline of mind（心智的训练）、enlargement of mind（心智的拓展），等等。

纽曼认为，这种“智力的训练”是一种联合和协调(union and concert)，一种扩大和发展(enlargement and development)，是一种综合(comprehensiveness)，其目标

是追求真理。博雅教育存在于知识之中，人要做知识的主人。知识是心智拓展不可或缺的条件，是达到心智扩展的手段。培养一种具有“思考及创新探究的才能”，以及“把事物推向基本原则的理解力”，是良好的教育或博雅教育的主要部分。“智力的训练”不能仅仅停留在知识的表层，而要把握知识之间的联系，用联系的整体的眼光看问题；不仅仅用肉眼(bodily eye)看问题，还要用心眼(mental eye)看问题。大学的事业是确立正确的标准，帮助所有学生朝向目标努力，就好像人的一生要保持身体健康一样。

智力的训练是长期训练的结果。更为重要的是，博雅教育有其自身的目的，它不是为了某一特定或偶然的目的，不是为了某种特定的职业或专业，也不是为了研究或科学，而是为了发展智力，为了智力而训练智力，使智力能够感知其合适的对象，为了最高级的文化。也就是说，博雅教育提供智力训练，智力不是被塑造成手段，去达成某种特定的目的，不是去适应某些具体的行业或专业。相反，智力的培养是为了心智本身。

博雅教育是与商业教育或专业教育相对的，但是比专业教育更有用，因为哲学的心智一旦养成，便可以广泛应用于各种领域，智力的全面培养是对学习和科学最好的帮助，受过教育的人能够做文盲所不能做的事。博雅教育能够使一个人准备去胜任任何职务，去精通任何一门学科。不能把专业知识或科学知识作为大学教育的全部。如果从实用性的角度来看，博雅教育是“有用”(useful)的教育。因为，人有了智力，就可以从事任何一种职业。

三、大学教育的目的是训练良好的社会成员，提升社会格调

在纽曼看来，大学教授普遍性知识、实施博雅教育的目的，是训练良好的社会成员，提升社会格调，因为真正的智力培养包含了绅士优秀品质的培养。这种绅士具有开化的心智、高雅的品味、和谐的心灵、高贵而有教养的举止。这既是整合知识的核心，也是大学教育的目的。

博雅教育提供理想的学习环境和良好的智力训练，可以培养良好的社会成员，促进智力和社会格调的提升。大学的智力训练是达到一种伟大而又平凡目的的伟大而又平凡的手段，它旨在提高社会的思想格调，提高公众的智力修养，纯洁国民的情趣，为大众的热情提供真正的原则，为大众的志向提供确定的目标，扩展时代的思想内容并使这种思想处于清醒的状态，推进政治权力的运用，以及使个人生活之间的交往文雅化。

大学所提供的博雅教育，使人对自己的意见和判断能有一种清楚而自觉的认识，能用真理去发展它们，能雄辩地说明它们，能有力地提倡它们。这种教育告诉他，如何去适应别人，如何去了解别人的思想，如何在别人面前显露自己的思想，如何影响别人，如何与别人达成谅解，如何宽容别人。而且一大群年轻人走到一起，即使没

有人教育他们，他们也能互相学习、互相帮助，形成一种有益的学生团体气氛。纽曼指出，正在成长的青年人身体发育迅速，精力旺盛，需要进行心智上的训练和指导。如果不进行指导，心智发育跟不上，不能很好地驾驭和控制自己，就容易走入歧途，辜负了本应属于人的良好的天赋。

总之，在纽曼的大学理念中，大学是一个传授普遍性知识的场所，大学提供博雅教育，训练人的智力，造就社会的绅士，提升社会格调。纽曼的大学理念的许多合理内核，诸如“大学传授普遍的知识”“知识本身即目的”“大学旨在提高社会的思想格调”等，仍应是现代大学追求的目标。一直到今天，英国大学教育模式仍被认为是注重绅士培养，注重陶冶价值观，注重思维培养和智力的训练。今日的大学教育中，博雅教育所追求的三重目标是：

(1) 了解自然、社会和人自身。

(2) 掌握一定的清晰表达、科学方法和智力训练等基本技能。

(3) 形成对学问的忠诚、宽容的价值观，以及做出明智判断的能力等。

这三点仍然具有极强的现代意义。

第四节 阅读思考与延伸阅读

一、阅读思考

1. 如何理解纽曼所说的大学是传授普遍知识的场所？

2. 谈谈你对博雅教育的理解。

3. 纽曼的大学理念对现代大学教育有何意义？

二、延伸阅读

1. 任钟印. 世界教育名著通览[M]. 武汉：湖北教育出版社，1994.

2. [英]约翰·亨利·纽曼. 大学的理想[M]. 徐辉，顾建新，译. 杭州：浙江人民出版社，2001.

3. [英]约翰·亨利·纽曼. 大学的理念[M]. 高师宁，等译. 北京：北京大学出版社，2016.

4. 肖海涛. 大学的理念[M]. 武汉：华中科技大学出版社，2001.

5. 金耀基. 大学之理念[M]. 台北：时报文化出版企业有限公司，1983.

6. 克拉克·科尔. 大学的功用[M]. 陈学飞，等译. 南昌：江西教育出版社，1993.

7. 雅斯贝尔斯. 什么是教育[M]. 邹进，译. 北京：三联书店，1991.

8. 约翰 S 布鲁贝克. 高等教育哲学[M]. 王承绪，译. 杭州：浙江教育出版社，1987.

（本章由肖海涛撰稿）

肖海涛，女，湖北浠水人，华中科技大学首届高等教育学博士，厦门大学潘懋元先生的第一个博士后，深圳大学师范学院教授，主要从事大学理念、高等思想、学校制度等高等教育理论与实践研究；个人专著《大学的理念》(2001)为大陆首批大学理念研究著作，获得第三届全国教育科学研究优秀成果二等奖(教育部，2006)；参撰著作《现代高等教育思想的演变——从20世纪到21世纪初期》获第六届高等学校科学研究优秀成果奖(人文社科)一等奖(教育部，2013，潘懋元，肖海涛)；个人专著《中国高等教育学制改革》获第八届中国高等教育优秀研究成果一等奖(2013)。